U0527303

编委会

主　编：韩　良
副主编：张言非　刘红玉
撰稿人：高慧云　裴　斐　柏高原
　　　　郁　璇　邓安娜　滕　杰
　　　　王帅锋　魏东达　戎　晨

保险金信托
法理与案例精析

韩良 ◎主编
张言非 刘红玉 ◎副主编

Legal Theory and Cases Analysis of
Insurance Trust

中国法治出版社
CHINA LEGAL PUBLISHING HOUSE

序 PREFACE

自我国恢复信托业以来，以投融资为主要功能的资产管理信托一直是信托公司的传统优势业务，资产管理信托有效地连接了货币、资本、实业三大市场，在完善我国金融市场结构平衡方面发挥了重要作用，为经济增长做出了重要贡献。但资产管理信托注重短期投资收益，带有较强的投机性，在经济转型发展的大背景下，信托业积累了大量的风险资产，蕴含了较大的市场风险。《中国人民银行、中国银行保险监督管理委员会、中国证券监督管理委员会、国家外汇管理局关于规范金融机构资产管理业务的指导意见》(银发〔2018〕106号，以下简称"资管新规")对于打破"刚性兑付"以及"去通道"的规定也使信托公司从事传统的资产管理信托业务难以为继。因此，我国信托业向"受人之托、代人理财"的资产服务信托本源转型是大势所趋。

随着我国进入推动高质量发展与共同富裕的新阶段，民众对财富管理的需求日益旺盛。财富管理业务以家庭财富保护、管理和传承为主要目的，综合运用信托、保险、遗嘱、基金会等法律工具，为客户提供境内外财富规划、资产配置、风险隔离、家族治理、家庭成员照护、子女教育、公益慈善等定制化事务管理和金融服务。2023年3月，原银保监会下发了《关于规范信托业务分类有关事项的通知》（银保监规〔2023〕1号，以下简称《信托分类通知》），将信托业务分为资产服务信托、资产管理信托、公益慈善信托三大类，在"资产服务信托"大类项下，提出了财富管理服务信托的概念，并将家族信托、家庭服务信托、保险金信托、特殊需要信托、遗嘱信托、其他个人财富管理信托、法人及非法人组织财富管理信托作为财富管理服务信托的七个业务品种，标志着我国信托业从资金融通向资产管理、从产品导向向服务导向、从服务高净值人士向普惠大众的转变。可以想见，信托作为财富管理与传承领域运用最为广泛的法律工具，正由"旧时王谢堂前燕，飞入寻常百姓家"，财富管理行业的普惠化时代正在到来！

如果说资产管理信托是以短期盈利为目的的"投资项目"，财富管理服务信托则是将为客户提供财富管理与代际传承服务作为毕生事业，财富管理服务信托的从业者需要具备忠实勤勉的"信义精神"。怀揣着对"信义精神"的推崇以及对我国财富管理行业发展的良好预期，2014年我们团队的"家族信托法律事务中心"正式组建。到2025年，已经是我们从事财富管理与传承法律理论研究及实践工作的第十二个年头。十二年来，我们逐渐形成了包括2名正教授、2名副教授、3名博士在内的规模化、专业化团队，在境内外家族治理、家族信托、税务筹划、投融资、婚姻家事、公益慈善等法律研究与服务领域打造了核心竞争能力，为多家金融机构和多位私人客户提供了私人财富管理法律服务，在业界形成了良好的口碑和声誉。

我们团队践行"理论研究与实践并重、知行合一"的理念，在财富管理法律理论研究领域取得了累累硕果。截至目前，团队一共出版了六部著作，完成了中国法学会、国家社科基金、中国信托业协会组织的财富管理研究课题，公开发表了上百篇财富管理与传承专业文章。此外，我们已经连续举办了三届"国际信托法前沿研讨会"，取得了深远的行业影响力。以下是我们的主要学术成果介绍：

2015年，我们在中国法治出版社（原"中国法制出版社"）出版了国内最早的家族信托法律专著——《家族信托法理与案例精析》。随着我们在家族信托领域理论研究的深入与实践经验的积累，2018年又对该书进行了修订再版。《家族信托法理与案例精析》受到了财富管理业界的欢迎，被多家商业银行私人银行部、信托公司、保险公司、家族办公室作为培训教材，并被具有广泛国际影响力的国际信托与财产规划学会（The Society of Trust and Estate Practitioners，STEP）作为重要的中文读物推荐给读者，为家族信托在我国的启蒙和普及做出了贡献。

2018年，我们团队承担了国家社科基金"我国民事信托的法律制度创新问题研究"课题的研究工作。团队运用了《中华人民共和国民法典》（以下简称《民法典》）中成熟的民法理论和完善的民事法律制度对《中华人民共和国信托法》（以下简称《信托法》）进行了重新的审视，将英美法系的"委托人权利保留制度""公共受托人制度""虚假信托制度"等引入我国民事信托制度的设计中，运用"受信理论"对民事信托受托人及其他法律关系人的权利义务关系进行了重构，补足了《信托法》缺乏其他法律关系人制度的空白。团队对我国民事信托设立制度、目的信托制度、登记制度、民事信托税收制度、民事信托的法院监督机制等民事信托发展配套制度进行了研究和设计，对民事信托在家族治理、人身保险、特殊群体照护、债权人保护等方面的应用进行了探索。

2022年，我们作为牵头单位，主导研究了中国信托业协会课题"《信托法》修订内容研究"，起草了《信托法》修订的学者建议稿，该修订建议稿针对我国现行《信托法》存在的信托登记制度、信托财产非交易性过户制度、信托税制、营业信托制度等关键制度缺失问题进行了完善，提出建立以"功能主义"为指导的信托法律关系登记制度的观点。该修订建议稿对委托人权利保留、受托人义务与责任边界、公益信托与慈善信托的关系、信托法的涉外法律适用、法院对信托的监督等问题进行了增补。

2023年，我们出版了由高慧云教授主编、团队成员历时五年倾力创作的法税专著——《高净值人士家族税收与身份规划实务》。本书立足全球视野，不仅着重分析了我国的法税制度，还深度探讨、剖析了美国、英国、澳大利亚、新西兰、加拿大、新加坡法税制度以及我国香港特别行政区和我国台湾地区的相关规定。本书理论与实务并重，聚焦家族企业的税收筹划与家族成员的身份规划，从家族面临的税收法律环境出发，系统分析了家族企业和个人面临的法税风险，通过对60个实务案例的解析，从整体规划视角为高净值人士提出了境内外税收风险防范和解决方案。

2024年6月，我们与中国对外经济贸易信托有限公司联合举办了"第三届国际信托法前沿研讨会"，并联合发布了《找准定位、转型创新、普惠服务、助力强国——中国信托高质量发展报告》。该报告提出了我国发展新阶段信托法律制度的完善建议，包括《信托法》修订，建立全国统一信托登记体系，确立符合我国特点的信托纳税原则，加强信托行业自律监管，制定信托公司的行为规范和指引，发挥人民法院对信托的监督作用，构建自然人受托人、中介服务机构受托人、公共受托人、共同受托人等多元受托人机制。该报告旨在通过构建科学合理的新机制、新规则，为我国信托发展提供制度保障和指引建议。

在从事家族信托法律制度研究与实践的过程中，我们很早就关注了保险金信托这一特殊的财富管理与传承工具。2014年我国出现首单保险金信托产品，[①]但一直不温不火，近年来受无风险利率下降、信托业转型等大趋势的影响，保险金信托发展进入快速车道，保险金信托同家族信托已成为财富管理领域认可度最高的两种产品。然而，受"分业经营、分业监管"的金融监管体系影响，保险与信托两大金融行业在产品设计与服务理念、当事人资质、合同成立与生效、事务与投资管理、风险控制、金融监管等方面都具有各自的特点，保险金信托展业过程中面临的规则交叉适用或规则缺失的问题格外突出。保险金信托的发展需要理论研究的支撑，更离不开跨行业金融监管部门的协调与合作。为保险金信托提供法学理论支持、构建展业规则、提出发展建议，是我们写作《保险金信托法理与案例精析》这本专著的初衷。

本书第一章为"保险金信托概述"。保险与信托两种工具在财富管理领域的功能各有侧重，各有局限。保险金信托将保险与信托的功能优势进行叠加和互补，实现了财富风险管理领域的价值提升。本章对保险金信托的概念、模式、优势及不足进行了分析，同时在立足我国保险金信托发展的基础上，系统分析了我国台湾地区，以及美国、日本的保险金信托发展模式，为本书的保险金信托理论研究提供了比较法基础。

本书第二章为"人身保险及保险金信托当事人"。人身保险当事人与保险金信托当事人存在角色重合与转化的特征，因此需要针对该特点论述不同法律关系下当事人的权利义务。在此基础上，本章结合实务案例，针对保险金信托当事人常见法律风险提出了设计方案与风险防范建议。

本书第三章为"保险金信托财产"。保险金信托财产如何界定，一直是保险金信托发展过程中的一大难题。本书提出保险金信托财产是"保险合同权益"这一观点，并结合保险类型、保险强制执行规则、保险受益人

---

① 中国信托业协会编：《中国信托业发展报告（2021—2022）》，中国财政经济出版社2022年版，第270页。

变更、保险合同解除、保险合同无效、保险公司终止等保险理论与实务问题，分析了"保险合同权益"是否满足确定性、独立性、合法性等信托法要求。

本书第四章为"保险金信托的设立"。本章的特点是站在委托人的立场上，从选择保险公司、信托公司、保险产品的考量因素，到保险金信托的尽职调查、设立门槛、相关费用，完整介绍了保险金信托的设立全流程。

本书第五章和第六章分别为"保险金信托的事务管理、变更与终止"与"保险金信托的投资管理"。这两章的特点在于没有局限于信托法律关系，而是立足于保险的特点对保险金信托的管理进行论述。

本书第七章为"保险金信托的监督、监管与救济"。本章分别从保险金信托内部监督、行业监管和法院救济的角度展开论述，并针对每个具体部分提出了完善建议。

本书第八章为"保险金信托的典型应用场景与发展趋向"。本章通过保护保障、激励驱策、风险隔离三个典型场景分析保险金信托的应用与方案设计，并从"信托委托人范围的扩张""'保单所有权'概念的引入""对接保险金信托的保险类型的扩展"三个角度总结了保险金信托发展展望与导向建议。

本书第九章为"跨境保险金信托的设计与税务筹划"。本章重点聚焦于受益人具有境外税收居民身份时受益人本人及保险金信托的税务风险，并以受益人具有美国、加拿大、澳大利亚税收居民身份为研究场景，提出跨境保险金信托的方案设计建议。

本书是我们团队共同研究、紧密协作的成果。在本书的写作过程中，我们采取资深专家指导、团队主力成员担纲的写作方式。在持续一年的写作和修改过程中，团队成员不断进行本书的架构及结构研讨，对观点及案例进行推敲，历经十余稿才最后成书。在修改的过程中，裴斐副教授、张言非律师倾注了巨大的心血与精力，对此表示特别感谢！在本书的写作过程中我们也向财富管理业界资深人士进行了深入的调研，对在调研过程中给予我们悉心指导的以下专家表示衷心的感谢：

平安信托有限责任公司　马燕宇女士

中信信托有限责任公司　刘加冕先生

招商信诺人寿保险有限公司　祁娜女士

中英人寿保险有限公司　贺尔晨先生

中信保诚人寿保险有限公司河北省分公司　韩亚楠先生

明亚保险经纪股份有限公司北京分公司　张朝华女士

（以上排名不分先后）

刘长坤先生、李升先生对本书的一些观点提出了非常中肯的修改建议，对此一并表示衷心的感谢！

韩　良

2025 年 7 月

目录

第一章　保险金信托概述 / 001

第一节　具有财富管理功能的人身保险 / 002

一、我国人身保险业的发展历程 / 003

二、具有财富管理功能的人身保险种类 / 004

三、人身保险在财富管理与传承中的优势与局限性 / 007

第二节　具有全面财富管理功能的财富管理服务信托 / 010

一、我国财富管理服务信托的发展历程 / 010

二、财富管理服务信托的分类 / 012

三、财富管理服务信托在财富管理与传承中的优势与挑战 / 015

第三节　集合保险和信托双重功能的保险金信托 / 018

一、我国保险金信托的发展历程 / 018

二、保险金信托的分类 / 023

三、保险金信托在财富管理与传承中的优势与挑战 / 027

第四节　我国台湾地区保险金信托 / 030

第五节　美国、日本保险金信托 / 034

　　一、美国不可撤销人寿保险信托 / 034

　　二、日本生命保险信托 / 038

第二章　人身保险及保险金信托当事人 / 043

第一节　人身保险当事人 / 044

　　一、投保人及其权利义务 / 044

　　二、被保险人及其权利义务 / 050

　　三、受益人及其权利义务 / 053

　　四、保险人的权利义务 / 056

第二节　保险金信托当事人 / 061

　　一、委托人及其权利义务 / 062

　　二、受托人及其权利义务 / 067

　　三、信托受益人及其权利义务 / 069

第三节　保险金信托当事人常见风险防范的方案设计 / 070

　　一、利用保险金信托机制防范投保人早亡风险 / 070

　　二、利用信托受益权机制防范受益人道德风险 / 071

　　三、利用自我承诺机制防范投保人/被保险人减损信托财产风险 / 072

第三章　保险金信托财产 / 073

第一节　保险金信托财产的界定 / 074

　　一、业界关于保险金信托财产的观点 / 074

　　二、本书对保险金信托财产的界定 / 076

第二节　保险金信托财产的确定性 / 079

　　一、保险产品种类对信托财产确定性的影响 / 079

二、"保险合同权益"减损、灭失对信托财产确定性的影响 / 083

第三节 保险金信托财产的独立性 / 083

一、保险权益强制执行规则的发展现状 / 084

二、保险金信托财产的独立性分析 / 088

第四节 保险金信托财产的独特风险对信托效力的影响 / 089

一、保险受益人变更风险对信托效力的影响 / 090

二、保险合同解除风险对信托效力的影响 / 092

三、保险合同无效风险对信托效力的影响 / 097

四、保险公司终止风险对信托效力的影响 / 099

第四章 保险金信托的设立 / 105

第一节 保险金信托的成立与生效 / 106

一、民事法律行为的成立与生效 / 106

二、保险金信托的成立与生效 / 107

第二节 设立保险金信托的考量因素 / 112

一、选择保险公司的考量因素 / 112

二、选择对接信托的保险产品的考量因素 / 114

三、选择信托公司的考量因素 / 118

第三节 保险金信托设立的实务指引 / 121

一、保险金信托的尽职调查 / 122

二、保险金信托的设立流程 / 125

三、保险金信托的设立门槛 / 129

四、保险金信托的相关费用 / 130

第五章　保险金信托的事务管理、变更与终止 / 133

第一节　保险信托一般事务管理 / 134
一、保险合同理赔事务管理 / 134
二、信托账户管理 / 137
三、信托事务记录的保存管理 / 139
四、信息披露管理 / 139

第二节　信托受益权及信托利益分配事务管理 / 141
一、信托受益权管理 / 142
二、信托利益分配事务管理 / 145

第三节　保险金信托变更与终止事务管理 / 152
一、保险金信托变更事务管理 / 152
二、保险金信托终止与清算的管理 / 156

第六章　保险金信托的投资管理 / 165

第一节　保险金信托投资概述 / 166
一、保险金信托投资的监管规定 / 166
二、受托人的投资义务 / 167
三、保险金信托的投资特点 / 171

第二节　保险金信托的投资原则与策略 / 172
一、保险金信托的投资原则 / 172
二、保险金信托的投资风险偏好 / 175
三、保险金信托的资产配置策略 / 182

第三节　保险金信托的投资决策与资产配置 / 189
一、保险金信托的投资决策管理 / 189

二、保险金信托的资产配置管理 / 192

三、保险金信托的估值管理 / 198

第七章　保险金信托的监督、监管与救济 / 201

第一节　保险金信托的监督 / 202

一、委托人的监督 / 202

二、受益人的监督 / 207

三、保护人的监督 / 212

第二节　保险金信托的监管 / 218

一、保险业的监管 / 219

二、信托业的监管 / 221

三、保险金信托的监管 / 222

第三节　保险金信托的救济 / 229

一、我国信托救济措施与发展现状 / 230

二、衡平法信托救济措施借鉴 / 233

三、我国保险金信托救济的发展展望 / 235

第八章　保险金信托的典型应用场景与发展趋向 / 243

第一节　保险金信托的典型应用场景 / 244

一、保护保障型保险金信托的应用场景 / 244

二、激励驱策型保险金信托的应用场景 / 252

三、风险隔离型保险金信托的应用场景 / 256

第二节　保险金信托的发展趋向及展望 / 262

一、保险金信托的发展趋向 / 262

二、保险金信托的发展展望 / 265

第九章　跨境保险金信托的设计与税务筹划 / 271

第一节　设立跨境保险金信托需要考量的风险因素 / 272

一、税负增加风险 / 272

二、信托利益直接汇出境外时的外汇管制风险 / 273

三、CRS、FATCA 等涉税信息情报交换风险 / 276

第二节　涉及遗产/赠与税法域的保险金信托方案设计 / 280

第三节　涉及无遗产/赠与税法域的保险金信托方案设计 / 287

一、涉及加拿大受益人的保险金信托方案设计 / 287

二、涉及澳大利亚受益人的保险金信托方案设计 / 291

第一章 保险金信托概述

　　人身保险与财富管理服务信托作为财富管理与传承的有效工具，利用各自不同的功能优势对客户面临的财富管理与传承问题提出了不同的解决方案。但客户面临的财富管理与传承风险是多方面的，需求也是多角度的，两种工具在财富管理领域的功能各有侧重，各有局限。将人身保险与财富管理服务信托的功能优势进行叠加和互补，就会实现财富管理风险管理领域的价值提升，从而提高客户对财富管理需求的满足维度！

第一节 具有财富管理功能的人身保险

引导案例1-1

2012年3月,王先生[①]购买了一份以人的生命为保险标的、以死亡为给付保险金条件的人寿保险,一次性交费28万元,保险金额60万元。投保人/被保险人都是王先生,保险受益人是其子小王。

2015年10月,王先生生意亏损,向李先生借款50万元。2017年2月,王先生因心脏疾病猝死,保险公司给付小王保险金60万元。

李先生在向王先生的继承人小王主张债权无果的情况下,得知小王获得保险理赔60万元,于是向人民法院起诉,请求用小王取得的保险金来偿还自己的50万元借款。人民法院认为:小王作为保险受益人取得的保险金,不属于王先生的遗产,可以不用于清偿王先生的债务。

可见,在满足某些特定条件的情况下,人身保险可以起到资产保全、财富传承、依法对抗债务的作用。而如果王先生没有离世,或王先生虽然离世,但没有指定保险受益人,李先生向人民法院起诉后的结果会怎样呢?让我们带着这些问题,走进本节内容。

---

① 除特殊说明外,本书案例中的人名和公司名均为化名。

一、我国人身保险业的发展历程

我国保险业的发展总体上分为四个阶段。第一阶段是自1949年至1958年，这个时期我国只有一家保险公司——中国人民保险公司。第二阶段是自1958年至20世纪80年代，国内所有保险业务停止，我国保险业的发展按下了暂停键。第三阶段是20世纪80年代至2001年。改革开放后，国务院批准恢复保险业的发展，从中国人民保险公司独家经营逐步步入中国人民保险公司、中国平安保险公司和中国太平洋保险公司"三足鼎立"的阶段。1995年《中华人民共和国保险法》（以下简称《保险法》）颁布，确立了财产保险和人身保险分业经营的原则。很多知名的保险公司如新华保险、泰康保险、华泰财险等都是在这个时期成立的。第四阶段是2001年至今。2001年我国正式加入WTO，外资纷纷涌入中国保险市场，原保监会多批次下发保险牌照，保险中介公司也开始涌入市场，至此我国保险业进入极速发展时期，总保费收入从1980年的4.6亿元增长至2024年的5.7亿元。[1] 截至2024年12月31日，已登记注册的保险机构349家，其中保险集团（控股）公司13家，财产保险公司86家，人身保险公司93家，再保险公司14家，资产管理公司18家，保险中介机构71家，地方保险协会（含中介协会）43家，保险相关机构11家。[2]

自1980年恢复保险业以来，我国人身保险产品从保障程度较低的简易人身保险逐渐拓展为保障程度更高的定期寿险、终身寿险和两全保险。1999年后，为应对利差损失及满足客户更多元的理财需求，分红险、万能

---

[1] 国家金融监督管理总局统计与风险监测司：《2024年12月全国各地区原保险保费收入情况表》，https://www.nfra.gov.cn/cn/view/pages/ItemDetail.html?docId=1197408&itemId=954&generaltype=0，2025年2月8日访问。

[2] 《中国保险行业协会会员单位名单》，载中国保险行业协会网站，https://www.iachina.cn/col/col19/index.html，2025年2月8日访问。

险、投连险等投资型寿险产品诞生。2013年后，健康险和万能险进入快速更迭时期。得益于产品迭代创新和政策支持，重疾险初期也得到了较快发展，但由于其覆盖面的快速扩大，随后销售出现疲态；百万医疗险紧抓市场空缺，多次升级以满足消费者的需求。万能险在初期由于政策、资本市场、产品创新等因素得到发展，但由于2015—2016年间万能险资金在A股市场上频繁举牌，引发监管层对系统性风险的高度关注，2016年以来，监管部门出台了《中国保监会关于规范中短存续期人身保险产品有关事项的通知》（保监发〔2016〕22号）等多项规定，对万能险的规模、经营管理等进行了限制和规范，万能险的发展进入调整阶段。2020年后，惠民保、年金险、增额终身寿险等产品迎来争相发展时期。2022年，国务院办公厅及监管部门先后出台《国务院办公厅关于推动个人养老金发展的意见》（国办发〔2022〕7号）、《个人养老金实施办法》（人社部发〔2022〕70号），"个人账户制+税收优惠政策"的基本框架得以确立。

二、具有财富管理功能的人身保险种类

人身保险是以人的寿命和身体为保险标的的保险种类，是商业保险体系的重要组成部分。根据原保监会《人身保险公司保险条款和保险费率管理办法》（中国保险监督管理委员会令2015年第3号）第七条和第十七条的规定，按保障责任类型划分，人身保险分为人寿保险、年金保险、健康保险、意外伤害保险；按产品设计形态划分，人身保险分为普通型、分红型、投资连结型、万能型。

因健康保险和意外伤害保险在保险合同约定的风险事故发生时，才可获得保险金，赔付具有不确定性，所以这两类保险虽具有保障性，但不具有通常意义上的财富规划功能。而人寿保险和年金保险的大部分产品具有

长期储蓄与投资的功能，保险金的给付具有确定性，可以作为个人与家庭进行财富管理的工具。

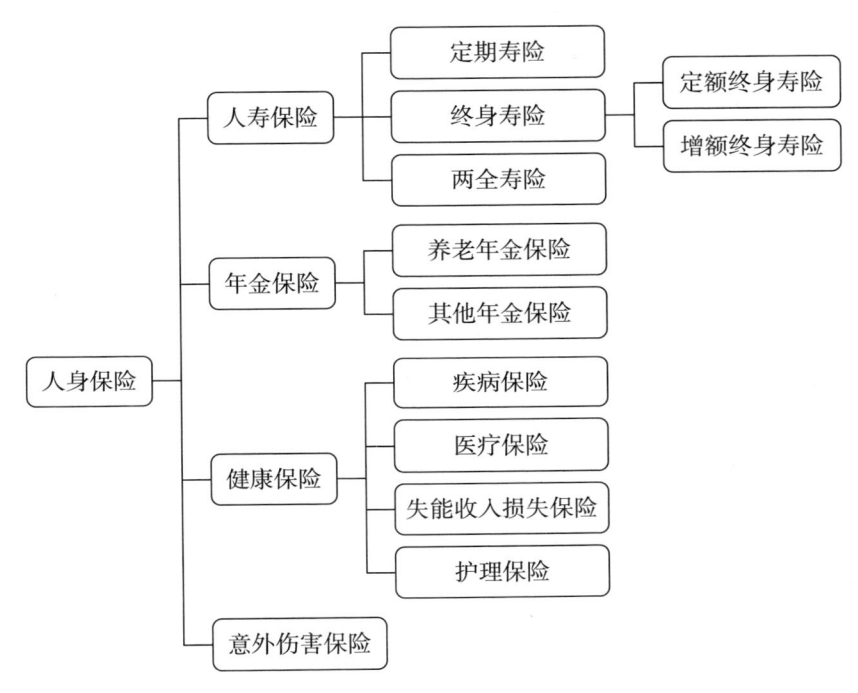

图1-1 我国人身保险的种类

（一）人寿保险

1.定期人寿保险

定期人寿保险简称"定期寿险"，是以被保险人死亡为给付保险金条件，且保险期间为固定年限的人寿保险。如果在保险期间内被保险人未死亡，保险公司无须支付保险金，但可能依据保险合同的约定返还现金价值或保费。"定期寿险"分为消费型和返还型两种，具有财富管理功能的是返还型"定期寿险"。

2.终身人寿保险

终身人寿保险简称"终身寿险",是以被保险人死亡为给付保险金条件,且保险期间为终身的人寿保险,是一种不定期且不附生存条件的保险,保险公司要一直承保到被保险人死亡时为止,最终给付保险受益人一笔保险金。因而,终身寿险具有储蓄、投资功能和传承功能。

终身寿险又分为定额终身寿险和增额终身寿险。所谓定额终身寿险是指有效基本保额在保险合同生效时确定且一直固定不变,保单的现金价值会按照固定的利率递增的寿险。定额终身寿险具有杠杆作用,故多用于定向传承。所谓增额终身寿险是指有效基本保额会按保证利率随时间积累而不断复利增加的寿险。保险期间内,保单的保额及现金价值将逐年增长,且投保人可以按照保险合同约定减少保额并获得相应现金价值,故其具有抵抗部分通胀损失及投资的功能。

3.两全寿险

两全寿险又称"混合保险"或"储蓄保险",是指既包含以被保险人死亡为给付保险金条件,又包含以被保险人生存为给付保险金条件的人寿保险。若被保险人在保险期间内身故,则保险公司理赔一笔身故保险金;若被保险人在保险期间届满时仍生存,则保险公司也会给付一笔生存满期保险金。因此,两全寿险的保险金给付也具有确定性,具有传承功能。

(二)年金保险

年金保险是指保险公司承诺在一个约定时期以被保险人生存为条件定期给付保险金的一种保险。按领取时间分类,年金保险分为即期年金险和延期年金险;按用途分类,年金保险分为教育年金险和养老年金险;按保障时间分类，年金保险分为短期年金险和终身年金险。如果说人寿保险的作用是补偿被保险人家庭因被保险人过早离世而遭受的预期收入损失，年金保险则是为规避被保险人的长寿风险而储蓄的养老费用，其本质上是投保人通过保险公司进行的一项能够向被保险人提供稳定现金流及被动收入的投资。

三、人身保险在财富管理与传承中的优势与局限性

（一）人身保险在财富管理与传承中的优势

1.具有长期投资的杠杆效应

人身保险产品具有"以小博大"的特点，即投保人利用较少的保费可以撬动较大的资金杠杆。同时，保险公司通过对保费的投资管理与运作，保障客户可以得到保单红利、现金价值等收益。而且，投保人还可以享有保单质押贷款的权利，在不退保的情况下，实现资金融通，充分发挥保险的长期投资杠杆效应。

2.具有一定的债务隔离功能

案例1-1表明：在满足某些特定条件的情况下，人身保险中的人寿保险可以起到资产保全、财富传承、依法对抗债务的作用。但假设李先生在王先生生前起诉主张债权，在无其他财产可供执行的情况下，依当下司法实践，王先生作为投保人的这张保单的现金价值是可能被强制执行的。也就是说，即便是人寿保险，在保险事故发生之前也并不具备所谓的"债务隔离"功能。甚至其在保险事故发生之后也并非一定能达成"债务隔离"的目的。举例来说，如果王先生作为被保险人没有指定保险受益人，则保

险理赔金构成遗产，应优先用来清偿王先生生前所负债务。基于此，可以考虑将投保人设置或变更为没有债务或债务风险很小的家庭成员，即通过投保人在家庭成员间的调整，实现一定程度的保单债务隔离功能。

3.具有良好的财富传承功能

人身保险的被保险人可以指定身故受益人。基于当下的司法实践，即便保险受益人一栏仅写为"法定"，仍视为已指定身故受益人，在被保险人身故后，其法定继承人为合法保险受益人，保险理赔金不仅不构成遗产，而且在保险受益人已婚的情况下，也不构成夫妻共同财产。从这个意义上来讲，具有人身保险合同特别是人寿保险合同是一份投保人/被保险人以合同形式处分现金资产的"遗嘱"，但其在财富传承中所具有的便捷、顺利传承、隐私保护、依法构成保险受益人婚后个人财产等功能，比法定继承甚至遗嘱继承等都具有更多优势。

4.具有一定的免税延税功能

人身保险的免税和递延纳税功能主要表现在以下三个方面：第一，根据《中华人民共和国个人所得税法》（以下简称《个人所得税法》）第四条第五项规定，保险赔款免征个人所得税；第二，我国法律目前对人身保险的分红是否征收个人所得税尚无明确的规定，因此，保险分红暂时无须缴纳个人所得税，[①]实务中保险公司也未进行代扣代缴；第三，如人身保险合同指定了身故受益人，被保险人身故后的保险理赔金就不属于被保险人的遗产，不排除在未来我国开征遗产税、赠与税的情况下，该保险理赔金不仅不属于遗产税、赠与税的征收客体，还可能成为其他遗产的应税现金储备。

---

① 编者注：在美国，只有在分红没有超过保费的情形下，保险分红才是免征个人所得税的。

（二）人身保险在财富管理与传承中的局限性

人身保险在家庭财富管理与传承中有诸多优势，但其局限性也是不容忽视的。

1.人身保险只能规划现金资产且收益较低

当下私人财富形态多样，除了资金，还有不动产、企业股权、艺术藏品、交通工具、知识产权以及虚拟资产等。而人身保险管理的财产只限于现金，无法实现对其他类型财产的有效管理。另外，除了定额终身寿险可以利用杠杆实现较高的确定性增值外，大多数人身保险本质上是风险管理工具，其主要功能是保障本人和家庭成员生活及弥补收入损失。虽然一些人身保险产品也具有投资功能，但其预期投资收益通常会低于证券、基金等产品。即便是理财属性最强的投资连结型人身保险，其平均收益也与大额存单相差无几，因此，人身保险产品不能用来作为家庭财富增长的主要工具。

2.人身保险合同的存续状态和理赔具有很大不确定性

保险公司对人身保险的被保险人年龄、身体状况等资格限制较多，当被保险人的年龄超过保险公司规定的上限或患有某些特殊疾病、体检不合格的情况下，保险公司一般会拒保、除外承保或加费承保。另外，《保险法》要求订立保险合同的双方都奉行"最大诚信原则"，如果投保人对被保险人的重要信息有所隐瞒或疏漏，则保险人可能拒绝理赔并解除保险合同；[1]如果保险人在订立合同时没有对免除保险人责任的条款向投保人作出明确说明，则该条款不产生效力。[2]因此任何一方不遵守"最大诚信原则"

---

[1] 《保险法》第十六条。
[2] 《保险法》第十七条。

都将为人身保险合同的存续状态与未来保险理赔增加不确定的因素。

3.人身保险合同的稳定性与债务隔离功能是相对的

除《保险法》另有规定或保险合同另有约定外,《保险法》赋予了投保人、被保险人变更保险受益人的权利以及投保人随时解除保险合同的权利,[①]因此,人身保险合同的存续状态与当事人的架构都具有不稳定状态,人身保险合同的这种特性也为财富管理与传承筹划带来不稳定因素。而如前所述,人身保险的债务隔离功能也是相对的。

4.人身保险合同无法实现多代及有序、有目的传承

现有法律框架下,不能将未出生的人指定为保险受益人,投保人或被保险人想要惠及多代的愿望无法实现。而被保险人出险后,保险金需要一次性支付给保险受益人,无法实现投保人基于特定目的、分次给付给保险受益人的意愿。若保险受益人未成年,则财富由监护人管理和占有,很难保证保险金实际是为了保险受益人的利益而被使用;如保险受益人已成年,一大笔保险金可能因不善保管而损失,或因挥霍无度而丧失,甚至产生保险受益人为了尽早取得保险金而故意杀害被保险人的道德风险。

第二节 具有全面财富管理功能的财富管理服务信托

一、我国财富管理服务信托的发展历程

早在民国时期,信托就已经随着西学东渐传入了我国。改革开放后,

[①] 《保险法》第十五、第四十一条。

我国信托业开始恢复，1980年6月，中国人民银行根据国务院关于银行要试办信托投资公司的指示，[1]正式开办信托业务，随后各家银行、各部委和各地政府等纷纷设立信托投资公司，信托投资机构如雨后春笋。但由于信托乱象频出，1982年至2007年我国信托业经历了六次整顿，信托机构数量从1000多家减少至目前的67家。[2]

从信托业发展之初至21世纪10年代，我国信托业以营业信托为主流，信托产品主要是为了满足企业的融资需求。但随着私人财富的日益增长，高净值人群对财富管理的需求不断升级。2013年，我国第一单家族信托成功落地，因此2013年被称为"家族信托元年"。

2018年，原银保监会信托监督管理部下发了"37号文"——《关于加强规范资产管理业务过渡期内信托监管工作的通知》（信托函〔2018〕37号，以下简称"37号文"），首次定义了家族信托，且明确规定了家族信托设立门槛、信托受益人资格等业务规则，家族信托迎来井喷式发展，截至2023年第一季度末，存续家族信托规模约为4976亿元，存续家族信托个数约2.6万。[3]随着监管机构对信托业务回归本源的不断引导，信托公司也在不断创新服务信托的产品类型，很多机构开始试水保险金信托、遗嘱信托、特殊需要信托等新类型信托业务。

2023年3月20日，《信托分类通知》下发，并于2023年6月1日起施行，

---

[1] 参见《中国信托业大事记》，载中国银行保险报网站，http://xw.cbimc.cn/2019-09/26/content_306121.htm，2025年5月29日访问。

[2] 参见中国信托业协会网站，http://www.xtxh.net/xtxh/memberslist/index.htm，2025年4月27日访问。

[3] 钟源：《家族信托存续规模近5000亿元 产品服务日益丰富》，载《经济参考报》2023年12月6日。

正式确立了"财富管理服务信托"这一类型，归入"资产服务信托"大类项下，至此我国财富管理服务信托的内涵已经确定，财富管理服务信托体系初步形成，为其良好发展打下了基础。

二、财富管理服务信托的分类

《信托分类通知》将信托业务分为资产服务信托、资产管理信托、公益慈善信托三大类，共25个业务品种。资产服务信托共分为4个小类，其中之一的财富管理服务信托就是防范私人财富管理与传承风险的信托工具。

根据《信托分类通知》的规定，财富管理服务信托又具体分为7个子类：①家族信托；②家庭服务信托；③保险金信托；④特殊需要信托；⑤遗嘱信托；⑥其他个人财富管理信托；⑦法人及非法人组织财富管理信托。除法人及非法人组织财富管理信托外，财富管理服务信托的前6个子类都服务于个人及家庭财富管理，可以很好地实现私人财富管理及风险防范。下面就以《信托分类通知》中对财富管理服务信托的分类为基础，对前6类子信托做简单介绍。

（一）家族信托

《信托分类通知》将家族信托定义为："信托公司接受单一自然人委托，或者接受单一自然人及其亲属共同委托，以家庭财富的保护、传承和管理为主要信托目的，提供财产规划、风险隔离、资产配置、子女教育、家族治理、公益慈善事业等定制化事务管理和金融服务。"《信托分类通知》中所呈现的"财产规划、风险隔离、资产配置、子女教育、家族治理、公益慈善事业等"诸多功能，以及对不同资产类型的涵盖，对于私人财富风险管理，特别是家族风险隔离、家族治理和财富传承，都具有独特的意义和价值。

（二）家庭服务信托

《信托分类通知》将家庭服务信托定义为："由符合相关条件的信托公司作为受托人，接受单一自然人委托，或者接受单一自然人及其家庭成员共同委托，提供风险隔离、财富保护和分配等服务。"与家族信托相比，家庭服务信托因信托资产规模较小、起点较低、风险承受能力弱等特点，更好适应了中产家庭的需求，具有了更广泛的适用性，满足了信托"走进寻常百姓家"的需要。

（三）保险金信托

《信托分类通知》将保险金信托定义为："信托公司接受单一自然人委托，或者接受单一自然人及其家庭成员共同委托，以人身保险合同的相关权利和对应利益以及后续支付保费所需资金作为信托财产设立信托。当保险合同约定的给付条件发生时，保险公司按照保险约定将对应资金划付至对应信托专户，由信托公司按照信托文件管理。"鉴于本书后续章节将对保险金信托的相关内容做全面阐释，这里就不再赘述。

（四）特殊需要信托

《信托分类通知》将特殊需要信托定义为："信托公司接受单一自然人委托，或者接受单一自然人及其亲属共同委托，以满足和服务特定受益人的生活需求为主要信托目的，管理处分信托财产。"有学者认为：特殊需要信托能够为残疾人、精神病人、老龄人提供经济、生活、精神多方面的保障，相对于成年监护制度更加全面，能够满足失智失能者提高生活质量的需要，契合当前老龄残疾群体对福利需求扩张的趋势。[①]

（五）遗嘱信托

《信托分类通知》将遗嘱信托定义为："单一委托人（立遗嘱人）为实现对遗产的计划，以预先在遗嘱中设立信托条款的方式，在遗嘱及相关信托文件中明确遗产的管理规划，包括遗产的管理、分配、运用及给付等，并于遗嘱生效后，由信托公司依据遗嘱中信托条款的内容，管理处分信托财产。"该定义明确了通过遗嘱信托方式对遗产进行传承、分配管理的内容、时间安排等问题，解决了困扰信托理论界与实务界关于遗嘱信托成立与生效要件的问题，实现了理论上的合理回归与实践操作的便利。

（六）其他个人财富管理信托

《信托分类通知》将其他个人财富管理信托定义为："信托公司作为受托人，接受单一自然人委托，提供财产保护和管理服务。委托人应当以其合法所有的财产设立财富管理信托，不得非法汇集他人财产设立财富管理信托。其他个人财富管理信托的信托受益权不得拆分转让。其他个人财富管理信托初始设立时实收信托应当不低于600万元。"就功能来说，其他个人财富管理信托侧重于个人财富管理与保值增值，弱化了财富传承功能，与家族信托和家庭服务信托"既能管理家族（庭）财富又能管理个人财富"的定位明显不同，且设立门槛介于家族信托和家庭服务信托之间。《信托分类通知》生效后，单一资金信托的适用空间被压缩，单一自然人作为委托人设立的信托应归入其他个人财富管理信托，单一法人或非法人组织设

[①] 陈雪萍、张滋越：《我国成年监护特殊需要信托制度之构建——美国特殊需要信托制度之借鉴》，载《上海财经大学学报》2020年第1期。

立的信托应归入法人及非法人组织财富管理信托。

《信托分类通知》对财富管理服务信托的分类，体现了信托在私人财富管理方面的多重功能。但该分类是在我国信托登记和信托税收制度缺失的基础上，为便于风险控制与监管而划分的，其分类标准的合理性存在很多值得商榷之处。然而《信托分类通知》的积极意义不容小觑，不仅体现了监管对信托业高质量发展的重视，更有助于信托业务回归本源，丰富信托产品供给，且对将来信托业的转型发展起到了重要的指引作用。

三、财富管理服务信托在财富管理与传承中的优势与挑战

（一）财富管理服务信托在私人财富管理与传承中的优势

1. 实现更全面的财富风险防范

根据《信托法》的相关规定，信托财产独立于委托人与受托人，甚至独立于信托受益人。[①]正是基于信托财产的独立性，信托可以提供比法定继承、遗嘱继承和人身保险更为全面的债务隔离功能。

2. 保障私人财富的有效传承

财富管理服务信托对私人财产传承的有效保障体现在：第一，可以实现家族各类资产的管理和传承，现金、保险金、房产、股权等家族资产都可以转移到信托名下进行管理和传承。第二，可以实现家族财富的个性化分配和传承。委托人可以根据信托目的灵活确定信托受益人和信托利益的分配时间、方式、类型和数额，并通实现中长期的权益分配。相比一次性

---

① 《信托法》第十五条、第十六条，《全国法院民商事审判工作会议纪要》第95条。

给付的继承和仅限于资金给付的人身保险,信托安排更有利于家族财富的个性化分配和传承。

3. 实现家族企业的治理和持续发展

将家族企业的股权转移到信托名下,可以保持家族企业股权的同一性和完整性,避免由于子女分家导致企业控制权分散和企业竞争力下降。同时,配合家族宪章和家族治理机制,为家族人才制定有针对性的选拔和培养制度,为家族企业培养接班人,实现家族企业的可持续发展及永续。

4. 保障私人财富管理与传承中的保密性、持续性与稳定性

受托人对委托人和信托受益人的机密负有保密义务。同时,已成立的信托不因委托人或受托人的存续而影响其效力,由于信托财产具有独立性,即使受托人在信托存续期间破产、被解散、注销,信托财产也不作为受托人破产财产或清算财产,委托人可以委托新的受托人继续管理,因此信托也具有持续性与稳定性。

(二)财富管理服务信托在私人财富管理和传承中面临的挑战

1. 受托人的忠诚度及管理能力带来的挑战

信托合同无法对未来所可能发生的每一种情况都进行详细的约定,无论委托人如何事无巨细地约定受托人的义务,也无法使其完全确定化,因此信托合同属于不完备合同。即使双方能够订立一个完备合同,但由于信息不对称,受托人在事务执行过程中也无法避免"道德风险"。"道德风险"是指受托人在使其自身效用最大化的同时,损害委托人或信托受益人的风险,典型行为包括受托人自我交易、关联交易、侵占信托财产、放任信托财产的损失等。虽然受托人负有信义义务,但"道德风险"依然无法彻底

消除，因此受托人的忠诚程度是财富管理与传承过程中的重大挑战。

与"道德风险"同等重要的是"操作风险"。"操作风险"是指由于信托公司内部程序、员工、信息科技系统存在问题以及外部事件造成信托财产损失的风险。"操作风险"的可控程度与受托人的管理能力息息相关，构成财富管理与传承过程中的另一大挑战。

2. 信托相关制度供给不足带来的挑战

信托法律关系的稳定性取决于信托法律环境是否成熟、完善以及信托制度的供给是否充足。我国信托法律关系仍面临着制度供给不足的问题：

（1）信托登记制度

我国普通家庭的资产构成中，房产、股票（权）等非现金类资产占到了70%以上，而以非现金类资产设立信托都面临信托登记缺失的问题。《信托法》第十条确立的信托登记生效主义，使直接运用这些资产设立信托面临法律障碍。

但令人欣喜的是，北京、上海等地已于2024年、2025年陆续出台关于不动产信托财产登记、股权信托财产登记的试点安排，为信托登记的发展与完善迈出宝贵的"第一步"。①

（2）信托税收制度

目前我国信托税收制度尚处于空白状态。如委托人欲将非现金类资产置入信托，只能采取先设立资金信托再将房产、股权装入信托的迂回方式，这般操作虽然绕开了信托登记制度，但给当事人带来了巨额的税收负担。

---

① 参见《信托登记试点扩容提速：助力京沪破局财产确权 跨区域协同与税制突破或成未来焦点》，载和讯网，https://baijiahao.baidu.com/s?id=1834147147829265439&wfr=spider&for=pc，2025年6月8日访问。

第三节　集合保险和信托双重功能的保险金信托

引导案例1-2

刘总与妻子婚后育有一子，妻子全职在家操持家务。刘总经多年打拼，名下有大小公司3家，每年总流水过亿元。但近两年，由于企业经营面临困境，刘总有些身心俱疲。担心自己出现意外给妻儿生活带来重大影响，刘总便以自己为被保险人购买了大额年金保单，保险受益人为妻子和儿子。但该大额年金保单至少面临以下法律风险：第一，刘总和妻子已为公司向银行的借款作了连带保证责任担保，一旦公司出现债务危机，刘总和妻子已经领取的大额年金保单生存金存在被法院强制执行的风险；第二，一旦刘总身故，作为身故受益人的妻子和儿子一次性获得身故理赔金，很难起到鼓励儿子学习上进的作用。于是，刘总和妻子决定设立保险金信托，将生存金受益人和身故受益人均更改为信托公司，刘总的妻子与儿子作为保险金信托的信托受益人，将信托利益分配设计为：为妻子提供生活保障金，为儿子提供教育支持金。

一、我国保险金信托的发展历程

（一）保险金信托的前世今生

我国保险金信托的发展历程可以分为三个阶段，第一阶段是2014年至2017年。2014年5月，中信信托和中信保诚人寿推出了"传家"系列保险金信托产品，标志着保险金信托的诞生。由于相较当时其他的高收益理财产品来说缺乏吸引力，保险金信托诞生之初并未受到过多关注。

第二阶段是2018年至2023年6月。2018年"资管新规"颁布和实施，资产管理信托风险出清，信托公司依赖通道业务和融资业务的传统模式已经不可持续，信托业面临业务转型的巨大压力，信托公司开始发力于保险金信托；加之受疫情影响及全球政治经济不稳定因素增多等风险叠加，高净值人士越来越重视资产的保全与传承。基于此，保险金信托进入快速扩张时期，亿元大保单、复杂架构设计、创新场景频现。

第三阶段是2023年6月至今。《信托分类通知》的出台使保险金信托获得了正式的"身份证"，摆脱了此前保险金信托跨业监管模糊的尴尬境地，为未来保险金信托业务创新的有序发展奠定了良好的基础。中国信托登记有限责任公司数据显示，2023年1月，新增保险金信托规模89.74亿元，环比增长67.05%，规模创近11个月新高。截至2023年4月，仅平安一家保险金信托业务的规模就已突破1000亿元。[①]

（二）保险公司与信托公司布局保险金信托业务

国内已有中信保诚、平安人寿、泰康人寿等40余家保险公司与中信信托、平安信托、国投泰康信托等30多家信托公司开展了保险金信托业务。此外，商业银行、保险代理公司、保险经纪公司和第三方财富管理公司也已布局其中。从统计数据上来看，保险公司正在积极持股信托公司，以期形成对保险金信托业务的联动。据不完全统计，共有9家保险机构入股8家信托公司，见表1-1。[②]

---

① 《保障|规模突破1000亿，服务2万个家庭！平安保险金信托领跑市场~》，载微信公众号"平安银行广州分行"2023年11月13日，https://mp.weixin.qq.com/s/iL8P-i21ihGGHzBjzsU3sw，2024年12月12日访问。

② 编者注：表1-1数据更新至2025年2月6日，数据来源为国家企业信用信息公示系统。

表 1-1　保险公司入股信托公司一览

保险公司	信托公司	直接持股比例
中国平安	平安信托	99.88%
富德生命人寿	国民信托	40.73%
人保集团	中诚信托	32.92%
泰康保险	国投泰康信托	27.06%
国寿保险资管	重庆信托	26.04%
长城人寿	兴宝信托	14.64%
大家人寿、安邦保险	天津信托	3.90%、1.36%
人保投资	华能贵诚信托	0.16%

保险业拥有"信托背景"的公司也不在少数，据不完全统计，已经有13家信托公司入股14家保险公司，见表1-2。①

表 1-2　信托公司入股保险公司一览

信托公司	保险公司	直接持股比例
江苏信托	利安人寿	22.79%
民生信托	亚太财险	20%
中泰信托	都邦财险	19.07%
北方信托	渤海财险	11.15%
重庆信托	农银人寿	10.34%
山东信托	泰山财险	9.85%
吉林信托	中融人寿	6.15%
陕西信托	永安财险	5.56%
建元信托	渤海人寿	3.85%

---

① 编者注：表1-2数据更新至2025年2月7日，数据来源为国家企业信用信息公示系统。

续表

信托公司	保险公司	直接持股比例
雪松信托	天安财险	4.46%
粤财信托	珠江人寿	1.79%
上海信托	上海人寿	1.33%
平安信托	平安健康	0.09%
	平安养老	0.02%

不论是保险公司入股信托公司还是为保险公司加上"信托背景",均有利于信托公司与客户建立长期陪伴式的信任关系,促进保险金信托的进一步发展。

(三)保险金信托的跨界发展

我国的保险金信托经过十余年的发展,不断推陈出新,更好地满足了客户多样化需求。在保险金信托业务跨界方面,业界结合其他工具,创造出了更加多元的服务场景,如"保险金信托+遗嘱""保险金信托+养老社区""保险金信托+慈善"等。

1. "保险金信托+遗嘱"服务

保险金信托和遗嘱作为财富传承的两大工具,各有其优势和不足。"保险金信托+遗嘱"的服务可以充分发挥两种工具的优势,弥补各自的不足。遗嘱作为财富传承和身后安排的传统工具,可以起到财产清单列示、财富定向传承等作用,但如果运用不当,可能会带来传承纷争,不能有效地实现立遗嘱人的心愿。保险金信托融合了保险和信托的优势,可以实现财富的定向与灵活传承,通过设置信托分配条件来鼓励、祝福和约束家庭成员,从而实现委托人财富传承和福泽后代的心愿。

2021年，中信信托正式推出"保险金信托+遗嘱"服务模式，[1]即客户在信托公司设立保险金信托后，可以通过订立遗嘱的方式，指定名下遗产在其身后追加至指定保险金信托。中信信托通过遗嘱追加信托财产装入保险金信托的创新服务，将信托、保险、遗嘱三大传承工具结合，帮助委托人更好地规划身后遗产安排，提供更加全面的财富传承规划方案。

2. "保险金信托+养老社区"服务

2021年5月公布的第七次人口普查数据显示，我国60岁以上人口达到2.64亿，人口数量占比达到18.7%。[2]预计到2050年，我国老年人口数将达到峰值4.87亿，占总人口的34.9%。[3]因此，除做好财富有序传承外，更好地安排自身的品质养老生活也成为高净值人士越发重视的需求之一。

2020年12月30日，中航信托公布了"保险金信托+养老社区"的服务案例。[4]中航信托一站式主导落地了"保险甄选、受托管理、养老规划、社区入住、养老支付"全流程养老服务模式，不仅开创了行业中"资产顾问+服务受托"的新模式，而且对于委托人独立养老、高品质养老和养老传承兼得的复合型需求提供了整合型解决方案。通过该创新服务，客人不仅可以提前锁定颐养社区入住权，还可以享受信托收益代理支付服务，避免将来养老资金支付不足或支付不能的尴尬，实现高品质、高自由、高效率的养老体验。

---

[1] 中国信托业协会编：《2021年信托业专题研究报告》，中国财政经济出版社2024年版，第296页。

[2] 《第七次全国人口普查主要数据情况》，载国家统计局网站，https://www.stats.gov.cn/xxgk/sjfb/zxfb2020/202105/t20210511_1817195.html，2025年4月27日访问。

[3] 《到2050年老年人将占我国总人口约三分之一》，载中国政府网，https://www.gov.cn/xinwen/2018-07/19/content_5307839.htm，2025年4月27日访问。

[4] 中国信托业协会编：《2021年信托业专题研究报告》，中国财政经济出版社2024年版，第296页。

3."保险金信托+慈善"服务

中信信托对保险金信托与慈善基金会结合的方式进行了探索。2020年12月,中信信托落地了首单保险金信托定向慈善捐赠服务业务,实现了保险保障、财富传承和慈善三项功能的融合。[①]信托的委托人是一位孤独症孩子的母亲,以终身寿险设立信托,并通过分次给付的方式为孩子的未来提供基本的生活所需,在信托受益人身故后一次性定向捐赠给深圳壹基金公益基金会,用于支持以孤独症、脑瘫、罕见病等特殊需要儿童为主要服务对象的"海洋天堂"计划。

二、保险金信托的分类

顾名思义,保险金信托是保险和信托的结合,基于保险与信托关系成立的先后顺序不同,保险金信托的设立可以为"保险+信托"和"信托+保险"两种类型。《信托分类通知》将保险金信托的业务模式定义为:"信托公司接受单一自然人委托,或者接受单一自然人及其家庭成员共同委托,以人身保险合同的相关权利和对应利益以及后续支付保费所需资金作为信托财产设立信托。当保险合同约定的给付条件发生时,保险公司按照保险约定将对应资金划付至对应信托专户,由信托公司按照信托文件管理。"很显然,这是以"保险+信托"的模式来对保险金信托进行定义的,这种定义方式固然对保险金信托主流业务市场产品进行了精确的概括,但并未涵盖"信托+保险"的模式。

---

① 樊融杰:《中信信托落地行业首单保险金信托定向慈善捐赠服务》,载《中国银行保险报》2020年12月31日。

（一）保险+信托模式

"保险+信托模式"是目前实践中应用较为广泛的保险金信托业务形式，主要包括1.0模式和2.0模式。

1. 保险金信托1.0模式

投保人投保后，经过被保险人同意，将保险受益人变更为信托公司，当保单约定的给付条件成就后保险公司向信托公司给付保险金，信托公司按照信托合同的约定，作为受托人管理和运用信托财产，并向信托受益人分配信托利益。

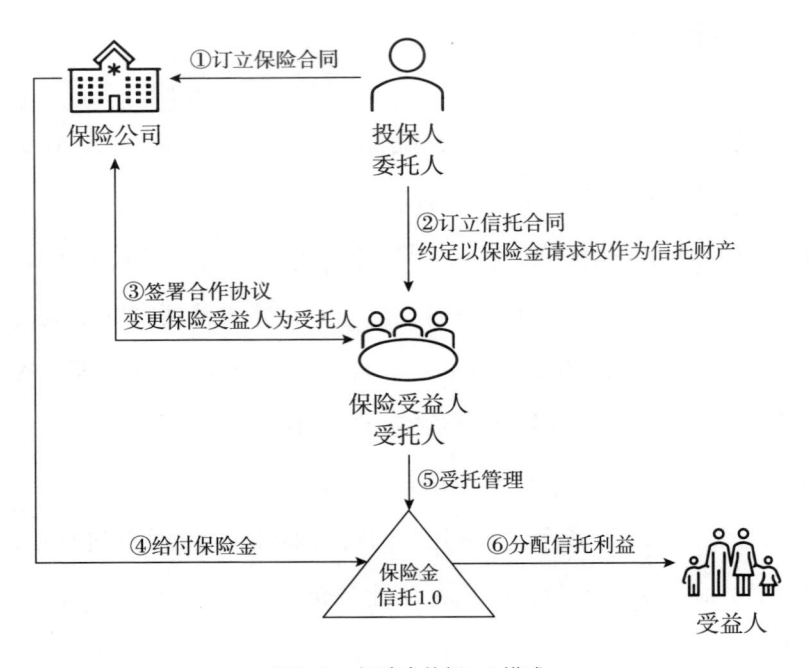

图1-2　保险金信托1.0模式

案例1-2中，刘总设立的保险金信托属于1.0模式，可以起到照护刘总妻子生活和鼓励儿子学业上进的作用。但在刘总与妻子对公司的债务承担连带保证责任的情况下，因刘总作为投保人仍然对保单的现金价值享有权益，故债权人可以申请法院强制执行刘总对保单的财产利益，可能导致信托目的无法实现。

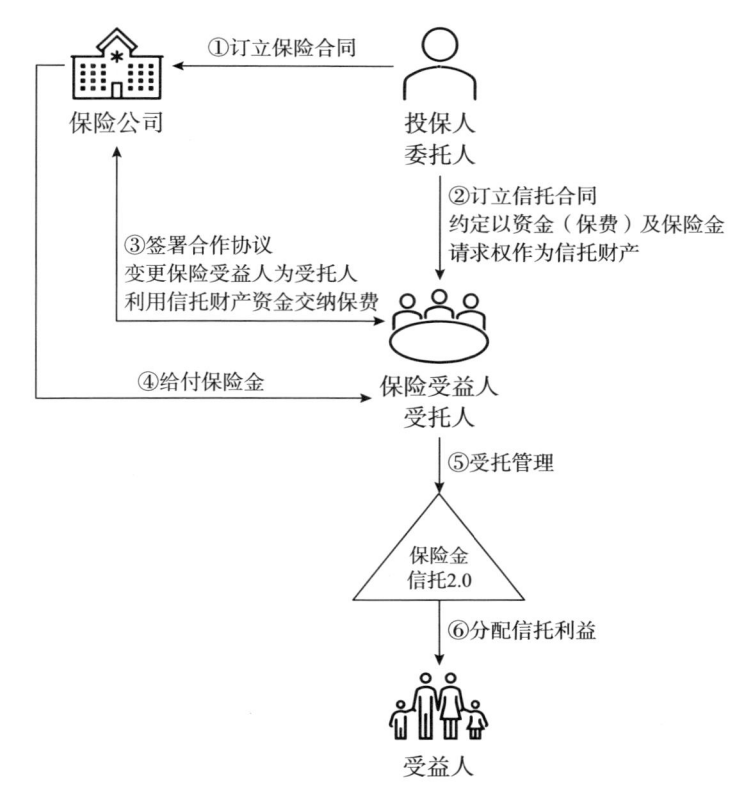

2. 保险金信托2.0模式

保险金信托2.0模式是1.0模式的迭代产品。在保险法律关系和信托法律关系都成立后，经过被保险人同意，将投保人、保险受益人均变更为信托公司，在保单约定的赔付条件成就后，受托管理和分配保险金。变更投保人后，尚未交纳的保费，由信托公司作为投保人运用信托财产进行交纳。

图1-3 保险金信托2.0模式

无论怎样，由于投保人变更为信托公司，避免了保单的现金价值作为投保人的财产被强制执行或者投保人身故后保单现金价值作为遗产被分割等风险。案例1-2中，如果刘总将该保险金信托升级到2.0模式，则可较好地规避上述风险。

（二）信托+保险模式

"信托+保险模式"也被称为保险金信托3.0模式，即委托人先设立资金信托，由信托公司（代表信托）作为投保人进行投保，与保险公司签订保险合同并用信托资金支付保费。在保单约定的赔付条件成就后，再由信托公司受托管理和分配保险金。保险金信托3.0模式将用于交纳未来保险费的资金纳入资产配置，信托公司从投保、保单持有、理赔三个阶段为客户提供全方位托管服务，进一步发挥保险金信托在财富管理方面的作用。

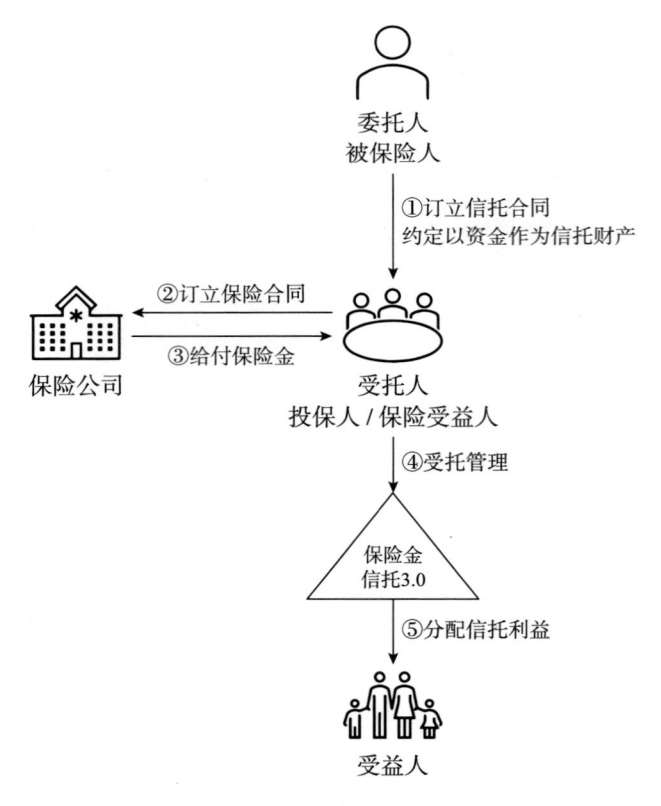

图1-4　保险金信托3.0模式

表1-3 保险金信托产品的迭代升级

项目\模式	保险金信托1.0	保险金信托2.0	保险金信托3.0
投保人	委托人	保险金信托生效前，为委托人；保险金信托生效后，为信托公司	信托公司
保险受益人	信托公司	信托公司	信托公司
信托财产	"保险合同权益"	"保险合同权益"+资金	资金
主要特点	保险金信托成立后，保险受益人变更为信托公司	保险金信托成立后，投保人和保险受益人变更为信托公司	信托公司作为投保人直接投保
产品优点	保险+信托的优势	更好地实现风险隔离	风险隔离程度最强

三、保险金信托在财富管理与传承中的优势与挑战

（一）保险金信托在财富管理与传承中的优势

保险和信托在不同的风险管理领域各有优势和局限性，保险金信托兼具保险与信托的双重优势，不仅可以将两者的优势最大限度发挥出来，还能对各自的劣势进行弥补，发挥了"1+1>2"的作用。

1.将保险金给付的确定性与信托的代际传承相结合

虽然保险金信托设立时受托人还未收到保险金，但基于具有财富管理功能的人身保险的赔付机制，一旦发生保险合同约定的赔付事件，保险公司具有支付确定金额保险金的义务，故保险金的获得具有确定性。另外，保险金信托还可以对保险金的管理及分配进行规划，甚至跨越代际进行传

承，补足了人身保险产品只能一次性给付的缺陷。

2.将人身保险的收益稳定性与信托的风险隔离性相结合

年金险、增额终身寿险等产品具有投资功能，虽然与股票、基金等产品相比在收益率上不具有优势，但其投资具有稳健性和确定性，现金价值的增幅明确约定在保险合同中，在银行利率下行时期对客户而言更具有吸引力。然而人身保险的债务风险隔离功能具有局限性，结合保险金信托2.0和3.0模式，可以将人身保险的收益稳定性与信托的风险隔离性优势充分发挥。

3.将人身保险的杠杆优势与信托的治理优势相结合

人身保险中的人寿保险具有资金杠杆优势，如定额终身寿险在交齐保费的情况下，可以获得3—4倍的杠杆，如被保险人在交费期内过世，由于剩余保费豁免，杠杆优势将被进一步放大，因此具有较好的家族财富定向传承功能。但在保险受益人为未成年人、失能失智人士、具有不良习性人士（如挥霍、赌博、犯罪）时，仅仅给付金钱无法满足家族治理的需求。保险金信托相当于为保险金找到了一位忠实的管家，由受托人结合信托受益人的特点与实际需求对保险金进行管理、运用和分配，如受托直接支付给教育机构、康养机构、养老机构，分期定额支付给监护人、限制或减少对品德不佳信托受益人的分配等，充分发挥信托的治理优势，最大限度地维护家族成员利益。

4.将人身保险产品的标准化与信托服务的个性化相结合

人身保险产品虽然看似要素各异，但要遵循统一的标准化流程，产品的推出要经过严格的保险精算程序，保险公司要利用收支平衡原理计算趸交纯保费、总保费、理论责任准备金、实际责任准备金以及保单现金价值等。这种标准化的产品会给客户带来信心与稳定感，而信托服务又具有个性化，将给客户带来更好的服务体验。

（二）保险金信托在财富管理与传承中面临的挑战

1. 保险金信托的法律关系较为复杂

因保险金信托融合了保险法律关系和信托法律关系，法律关系较为复杂，不仅客户难以理解，甚至相关专业机构也对其中涉及的法律问题莫衷一是。加之监管机构目前对保险金信托并没有制定专门的管理办法，在实务中，各个信托公司与保险公司对保险金信托业务设立的标准不一、口径不一，给业界和客户带来很多的疑惑。

2. 信托公司对拓展保险金信托业务积极性不高

在保险金信托1.0模式下，信托成立后，只有触发保险理赔机制并给付保险金后，信托公司才能实际管理和运用信托财产，这个过程可能要等待或者持续几年甚至几十年，与保险公司积极布局保险金信托并将其作为一种营销手段相比，相对滞后的信托管理收益，会使信托公司丧失拓展保险金信托业务的积极性。虽然保险金信托2.0模式可以使信托公司提前获得信托资金管理收益，但2.0模式尚未成为目前主流形态，加之信托公司是否对被保险人具有保险利益这一问题尚有争议，所以总体上，信托公司对保险金信托业务开展积极性不高，一定程度上限制了保险金信托业务的发展。

第四节　我国台湾地区保险金信托

引导案例1-3

　　吴小姐是我国台湾地区的知名艺人，婚后与其丈夫贾先生在台北开了一家面包店。得益于吴小姐的明星效应与面包的好味道，面包店一经开业便受到大众的喜爱，各款面包每日供不应求。夫妻二人决定"趁热打铁"，遂成立了食品公司，并在台湾岛内连续开设了数家店面。

　　吴小姐和贾先生婚后育有三个女儿，均未成年。吴小姐和贾先生担心意外发生，如二人不幸双双离世，不仅食品公司面临经营问题，三个女儿的正常生活也一定会遭受巨大变化，二人为此十分忧虑。在一次私行酬谢晚宴上，吴小姐和贾先生了解到家族信托和保险金信托这两种信托产品。经综合评估目前资产状况，二人一致认为保险金信托既可以完美解决女儿们稳定生活、健康成长需求，每年固定的保费支出也不会影响食品公司的有序经营。为此，二人决定作为监护人，先行代理三个女儿设立保险金信托。

　　在我国台湾地区，万通银行于2001年3月率先开拓了人寿保险金信托业务。此后，台湾地区的保险金信托业务迅猛发展。直至2008年，不论是信托公司还是保险公司均可以在台湾地区独立开展保险金信托业务。而保险金信托产品已经发展成为台湾地区高净值人群实现财富管理与传承的主要金融工具之一。

（一）我国台湾地区保险金信托背景概述

21世纪伊始，我国台湾地区出现了保险金被强占的社会现象，多为保险事故发生后，因保险受益人仍为未成年人，保险金被作为监护人的家族亲属长期侵占，甚至很多未成年人在双亲去世后不仅无法获得保险金，就连维持正常生活条件都十分困难。在此种背景下，2001年3月，万通银行推出了台湾地区第一单保险金信托产品。台湾地区的保险金信托采用"保险+信托"的业务模式，其特点是先设立保单再设立信托。台湾地区有关监管部门对保险金信托市场的发展也给予了足够的重视，一方面，为规范市场环境，制定了制式标准合同；另一方面，鼓励各金融机构正当竞争，促进产品的研发与市场的繁荣。

（二）我国台湾地区保险金信托的模式、特征与功能

1.我国台湾地区保险金信托的产品模式

与日本生命保险信托相同之处在于，台湾地区的保险金信托也是"保险+信托"模式。但相较于美国和日本的保险金信托，在台湾地区，保险受益人兼有信托委托人和信托受益人两重身份。在实务中，台湾地区的保险金信托设立流程一般遵循以下顺序：第一，投保人与保险公司订立保险合同，约定其作为被保险人，其子女作为保险受益人，并声明放弃变更保险受益人的权利；第二，保险受益人作为委托人与受托人签订一份信托合同，[1]设立自益信托，约定信托财产为保险金请求权，值得一提的是在台湾地区受托人一般为银行；第三，保险事故发生后、保险金赔付条件成就

---

[1] 编者注：依据我国台湾地区民事相关规定，以未成年子女为信托委托人订立信托契据，应由亲权人代理、允许或承认，方可为之。故，在实践中多见父母以子女的名义代为设立信托。

时，保险公司将保险金支付到指定的信托账户，由受托人依据信托合同之约定管理和分配。在此架构中，信托/保险受益人居于主导地位，因此台湾地区的保险金信托模式为受益人信托模式。

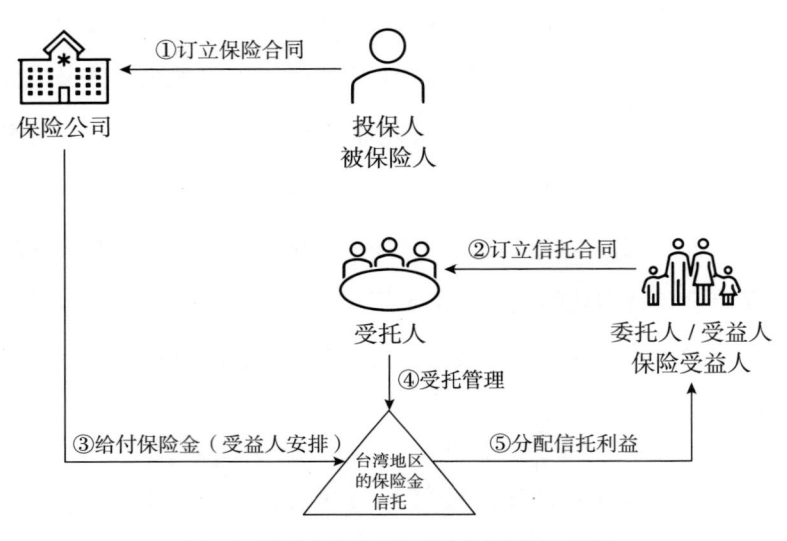

图1-5 我国台湾地区的保险金信托设立流程

2.我国台湾地区保险金信托的主要特征

台湾地区的保险金信托有以下三个方面主要特征：

（1）保险金信托对接的人身保险产品种类多样化。目前台湾地区的绝大部分人身保险都符合设立保险金信托的要求，包括但不限于健康险、意外险、年金险、终身寿险等。保险品种的多样化，有利于保险金信托适用群体的扩展和信托功能的发挥。

（2）保险金信托多为自益信托。核心原因是根据台湾地区相关规定，在信托合同关系中，信托受益人与委托人不完全一致时，则视为委托人将其享有的信托利益赠与了信托受益人，信托受益人须依法承担赠与税；反之，设立自益信托则可以起到合法合理进行税务安排的目的。不过，该特征也造成了台湾地区的保险金信托存在较大被挑战和穿透的可能。举例来说，一方面，保险受益人作为信托委托人可能故意变更保险金用途，或者因对保险金用途的曲解从而未能按投保人最初投保安排的那样使用保险金；另一方面，委托人拥有信托的法定撤销权以及包括变更权在内的各项形成权，如果委托人过度地行使上述撤销权或形成权，可能会导致监管部门认定存在虚假信托（Shame Trust），从而将信托财产认定为委托人的私人财产，使得保险金信托核心的信托功能大打折扣，甚至不能实现。

（3）保险金信托为保险受益人主导模式。如前所述，其与美国和日本模式相似的地方是，为了实现财富的平稳有序传承，投保人通常以其家人，特别是未成年子女作为保险受益人进行投保；而独特之处在于，保险金信托的委托人与受益人通常是同一人，即保险受益人，简言之，信托/保险受益人在保险金信托中起到主导作用。

3. 我国台湾地区保险金信托的核心功能

案例1-3是台湾地区保险金信托的一个简单的缩影。由此可以看出，台湾地区保险金信托的主要功能可以被划分为保险与信托两个层次：

第一，较充分的保障功能。由于台湾地区保险金信托可涵盖多种类人身保险，因此作为设立保险金信托基础的人身保险具有更广泛的保障性。在与信托结合后，更是显著提升了信托受益人的权利保障，特别是可以最大限度地避免因监护人盗用或管理不善致使保险金无法保障遗族的情况出现。

第二，保险金信托的财产保全与增值功能。保险金支付到信托账户后，其作为信托财产与委托人的个人财产相互独立，可以实现债务风险的隔离。此外，作为受托人的金融机构，可以其丰富的专业投资经验，助力信托财产的保值、增值。

第五节　美国、日本保险金信托

保险金信托起源于英国。据考证，英国人于1886年就开始同时运用信托和保险两种工具来实现家族财富的管理与传承。也正是在这一年，英国率先推出了目前业界公认的首单保险金信托产品——"信托安全保险（Trust Safety Insurance）"。因其兼具信托与保险各自的产品优势，保险金信托产品自诞生伊始便大放异彩。

保险金信托于1902年传入美国，之后在美国蓬勃发展，这主要得益于美国的税收制度。在美国，当被保险人死亡时，被保险人或其控制的任何实体所持有或管理的保险金应征收遗产税。此时，设立"不可撤销人寿保险信托（Irrevocable Life Insurance Trust，ILIT）"可以有效实现保险金的风险隔离，并享受美国联邦税务局的特殊政策使其继承人获得保险金的全部价值。

1925年，日本在充分学习并吸收英美保险金信托产品的基础上，立足于本国国情实际，推出了首例保险金信托产品——"生命保险信托"，市场反响良好，日本金融当局便在"二战"前将其确定为日本信托业的特色业务之一。

一、美国不可撤销人寿保险信托

（一）美国不可撤销人寿保险信托背景概述

美国的遗产税征收规则较为复杂，税率也较高。以2025年美国联邦遗产税为例，联邦遗产税的起征点为1399万美元，相应税率自18%起征，最高可以达到40%。①这对高净值客户来说，无疑是高昂的税务负担。更遑论美国一些州还有其各自的遗产税规则及税率，也就是说，一些高净值客户面临联邦和州两级遗产税税收负担。②依据美国的税收制度，在下述两种情况下，保险金将被视为被保险人的遗产而在其去世后被征收遗产税：第一，保单所有权人与被保险人为同一人；第二，被保险人在保单项下享有变更保险受益人、申请退保权等附属权利，这是因为如果被保险人享有上述附属权利，则其仍将被视为保单所有权人。为最大限度上实现遗产税税务筹划目的和财富有序传承，"不可撤销人寿保险信托"应运而生。

（二）美国不可撤销人寿保险信托的模式、特征与功能

1. 美国不可撤销人寿保险信托的产品模式

美国的不可撤销人寿保险信托设立程序较为复杂，分为"保险+信托"和"信托+保险"两种设立模式。在"保险+信托"模式中，委托人先行自行投保，之后将已生效的保单装入信托，并将保单持有人和保险受益人一并变更为受托人。值得注意的是，根据美国《国内税法典》第2035条规定，③

---

① 美国国内税务局：遗产税，https://www.irs.gov/businesses/small-businesses-self-employed/estate-tax，2025年2月6日访问。

② Amelia Josephson: A Guide to the Federal Estate Tax for 2024（2024年联邦财产税指南），https://smartasset.com/taxes/all-about-the-estate-tax，2024年8月18日访问。

③ United States Code, Title 26 Internal Revenue Code, Subtitle B Estate and Gift Taxes, Chapter 11 Estate Tax, Subchapter A Estates of Citizens or Residents, Part III Gross Estate, Section 2035 Adjustments for Certain Gifts Made Within 3 Years of Decedent's Death, https://www.govinfo.gov/content/pkg/USCODE-2021-title26/html/USCODE-2021-title26-subtitleB-chap11-subchapA-partIII-sec2035.htm，2024年8月18日访问。（编者译：《美国法典》，第26章《国内税法典》，第二十六章副标题B　遗产税和遗产税，第11章　遗产税，第11章副标题A　公民或居民的遗产税，第三部分　总遗产税，第2035条　对死者死亡三年内所作的特定赠予的规定。）

被保险人在通过此种方式设立不可撤销信托后三年内去世的,保险金仍须征收遗产税。而"信托+保险"模式则要求委托人与受托人先订立信托合同,并在合同中约定由受托人利用信托财产以委托人为被保险人投保,由受托人代表信托作保单持有人和保险受益人。在此种模式下,保险金作为信托财产可以免征遗产税。因此,此种模式在美国保险金信托市场中也更为常见。

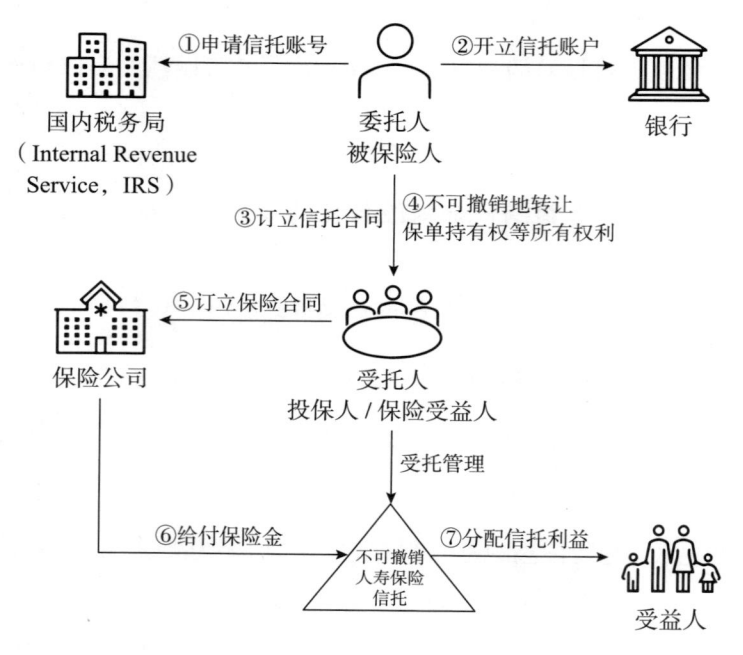

图1-6 美国不可撤销人寿保险信托设立流程("信托+保险"模式)

2. 美国不可撤销人寿保险信托的主要特征

美国不可撤销人寿保险信托具有以下三个方面的特征:

(1)保险金信托模式是"不可撤销的信托"。根据美国《统一信托法典》第602(a)条规定,除非信托条款明确规定信托是不可撤销的,否则信托关系默认为是可撤销和可变更的。[①]为避免在可撤销信托框架下，保单存在被视为委托人（被保险人）的遗产、从而被征收高昂的遗产税的风险，委托人一般会设立不可撤销信托，使受托人不仅代表信托拥有保单的所有权、转让权以及指定或变更保险受益人等全部权利，还负有运营管理信托财产的职责。

（2）保险金信托"装入"的多为终身寿险。美国的人寿保险主要分为定期寿险（Term Life Insurance）、终身寿险（Whole Life Insurance）、储蓄型万能寿险（Universal Life Insurance）和投资型万能寿险（Indexed/Variable Universal Life Insurance）四类。其中，终身寿险在保险金信托中的运用更为普遍，这主要得益于其确定性，即无论委托人（被保险人）何时去世，信托必然将收到保险金。

（3）保险金信托的设立方式较为灵活。如前所述，美国的人寿保险信托分为"保险+信托"和"信托+保险"两种模式，委托人可根据自身情况自由选择保险金信托的设立方式。

3. 美国不可撤销人寿保险信托的核心功能

（1）降低税负。美国不可撤销人寿保险信托的首要功能就是协助委托人合法地进行税务筹划，降低遗产税负担。事实上，对于人寿保险信托而言，美国法律并不要求必须设立为不可撤销信托。但如委托人选择设立可

[①] Uniform Trust Code，Section 602 Revocation or Amendment of Revocable Trust，Subsection（a）Unless the terms of a trust expressly provide that the trust is irrevocable, the settlor may revoke or amend the trust. This subsection does not apply to a trust created under an instrument executed before [the effective date of this [Code]].https://www.govinfo.gov/content/pkg/USCODE-2021-title26/html/USCODE-2021-title26-subtitleB-chap11-subchapA-partIII-sec2035.htm，2024年8月18日访问。（编者译：《统一信托法典》，第602条　可撤销信托的撤销或修正案，除非信托条款明确规定信托是不可撤销的，委托人可以撤销或变更信托。本款不适用于依照本法生效日前订立的信托文件而设立的信托。）

撤销信托，那么将视为委托人对信托财产仍保留控制权，即使委托人希望亲自行使任何影响轻微的附属权利也将导致保单被视为委托人（被保险人）的遗产，进而保险金将被征收高昂的遗产税。因此"降低税负"这一功能的实现完全依赖于此种信托的不可撤销性。同时，由于信托机制的介入，保险金作为信托财产一般不会一次性支付给信托受益人，信托受益人将以"分次支付"的方式享受税收递延利益。

（2）阻断第三人对于保单现金价值的追索。得益于信托的不可撤销性及信托财产的独立性，美国不可撤销人寿保险信托还能够阻断第三人对于保单现金价值的追索。在普通人寿保险中，保单的现金价值归属于保单所有人，如果此时保单所有人出现破产或被清算的情形，债权人有权要求其用保单的现金价值清偿债务。而在不可撤销的人寿保险信托中，在保单转移后，包括保单所有权在内的一切保单权利均归属于受托人，且基于信托财产的独立性，债权人不能直接要求受托人使用信托财产清偿债务人的债务。

二、日本生命保险信托

（一）日本生命保险信托背景概述

人身保险在日本被习惯性地称为"生命保险"。截至19世纪60年代末，生命保险这一概念及产品模式在日本几乎是不存在的。经考证，受恶劣自然灾害及混乱社会秩序影响，当时的日本已经存在相互制保险的萌芽，但多是以初级且并未形成规模的"互助会"[1]形式存在，如"共济五百名社"。直到1881年，日本才成立第一家生命保险公司——明治生命保险有限公

---

[1] Toshiro Nishimura, The Japanese Life Insurance Market – Opening to Foreign Insurers – A Japanese View, in Forum, 1975（10）, 952.

司，并于同年销售第一份生命保险产品。[1]

根据名称的不同，日本的生命保险金信托业务可以分为"保险金信托"和"保险金债权信托"两种形态。其中，"保险金信托"，是指委托人以人寿保险的保险金作为信托财产设立的信托，即保险受益人以保险事故发生后其所领取的保险金作为信托财产设立的信托。因此，第一种形态类似于我国的资金信托。而我国业界所谓的日本"保险金信托"则指的是"保险金债权信托"，即由委托人先与保险公司签订保险合同，再与受托人签订信托合约，约定将委托人的保险金债权通过信托的形式转移给受托人，在保险事故发生后，受托人可获得保险金，并根据信托合同管理给付的保险金，支付给信托受益人。在此形态中，委托人把人寿保险金债权转移给受托人，但委托人仍然拥有变更保险受益人、保单解释权和取消保单等其他权利，以及仍须履行交纳保费的义务。本部分所介绍的生命保险信托将以"保险金债权信托"为基础展开。

（二）日本生命保险信托的模式、特征与功能

1. 日本生命保险信托的产品模式

相较于美国的ILIT，生命保险信托的设立流程更为简单。首先，委托人以自己作为被保险人与保险公司订立保险合同（多为养老保险），约定自己与子女同时作为保险受益人。之后，委托人与受托人（如信托银行）订立信托合同，约定保险受益人为信托受益人、保险金为信托财产，[2]并明确约定信托财产的领取时间、金额、方式等相关事宜，合同成立时将该笔

---

[1] サステイナビリティ・企業情報–会社概要–沿革，（编者译：可持续性、公司信息–公司简介–沿革），https://www.meijiyasuda.co.jp/profile/corporate_info/about/history/，2024年8月18日访问。
[2] 刘旭东：《保险金信托的风险分析及改进路径》，载《上海保险》2017年第12期。

保险金请求权转让给受托人。当保险合同约定的赔付条件触发时，受托人作为保险受益人领取保险金、对保险金进行投资管理并按照信托合同的约定将信托利益分配给信托受益人。

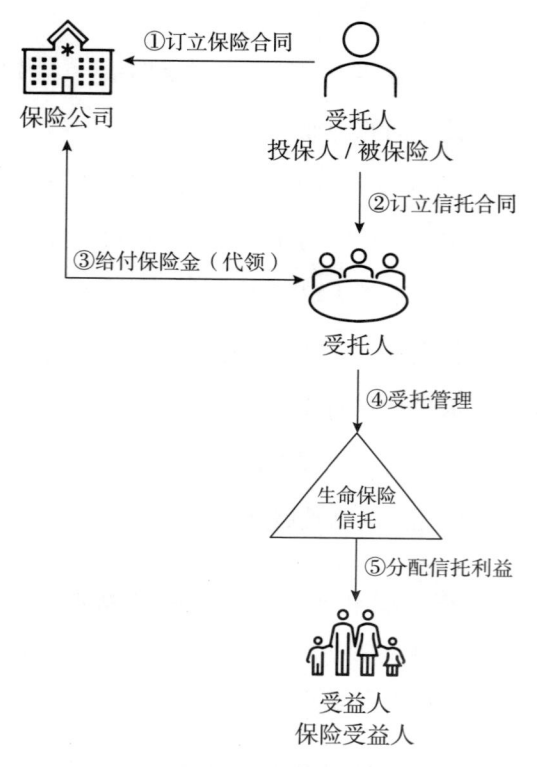

图1-7 日本生命保险信托设立流程

2.日本生命保险信托的主要特征

日本生命保险信托经营主体多元化发展的特征明显。根据日本《保险业法》第99条规定，经营生命保险业务的保险公司可以就其承保事项经营生命保险信托业务。因此，日本的生命保险信托既可以由信托银行开展，又可以由保险公司开展。得益于法律允许生命保险金业务混业经营的制度设计，保险公司与受托人在信息交流与沟通环节的时间与经济成本的损耗大幅降低，生命保险信托在日本市场推广的成本大幅降低，而激烈的市场竞争又能够促使各公司加紧研发更能够满足客户利益和需求的保险金信托模式，于是整体促进了日本生命保险信托业务的蓬勃发展。此外，为了进一步吸引委托人设立生命保险信托，日本的信托银行在办理生命保险信托时往往会给予免收相关手续费的优惠措施。之所以这样做，是因为相较于固定比例的手续费，信托银行更加重视因此项业务而可能衍生的诸多潜在金融业务。

3. 日本生命保险信托的核心功能

事实上，与美国的 ILIT 不同，因生命保险信托多以养老保险为基础设立，所以税务筹划功能并不突出，但保障功能更为彰显。诚然，一般情况下日本生命保险信托属于他益信托，即信托的委托人与受益人并非完全一致，为方便理解生命保险信托的具体功能，本书拟将具体的功能拆分为"他益"与"自益"两部分。

在"他益"功能方面，与美国的 ILIT 相似之处在于，生命保险信托一方面可以为家族后代提供稳定的生命保险金支持，包括但不限于信托受益人的生活支出、结婚支出、受教育支出等，另一方面又能够起到分期、分批支付的目的，从而预防信托受益人的挥霍浪费。

而"自益"优势，即生命保险信托的信托受益人也可以包括被保险人自己，也就是说，日本生命保险信托也能够最大限度地满足被保险人自身的养老需求。日本总务省发表的日本人口动态调查结果[1]显示，日本自2009年起已经连续14年出现人口负增长，老龄化问题已经逐渐成为日本社会的主要矛盾之一。因此生命保险信托发挥"自益"功能的空间格外充分。

---

[1] 総務省：住民基本台帳に基づく人口、人口動態及び世帯数（令和5年1月1日現在），[编译译：总务省：基于住民基本台帐的人口、人口动态及家庭数量（2023年1月1日）]，https://www.soumu.go.jp/menu_news/s-news/01gyosei02_02000289.html，2024年8月18日访问。

第二章 人身保险及保险金信托当事人

人身保险的当事人包括投保人、被保险人、保险人、受益人[①]，保险金信托的当事人主要是信托委托人、受托人、信托受益人。虽然人身保险和保险金信托属于不同的法律关系，适用的法律不同，当事人的权利义务也有所区别，但是这两种法律关系中的当事人经常发生重合或者转换，如人身保险的投保人是保险金信托的委托人，人身保险的受益人是保险金信托的受托人，因此有必要针对人身保险及保险金信托当事人的关系与特定风险进行研究。

---

① 编者注：如无特别说明，本节以下所称"受益人"均指保险受益人。

第一节　人身保险当事人

根据我国《保险法》相关规定，保险合同是投保人与保险人约定保险权利义务关系的协议，因此人身保险合同的签署主体是投保人与保险人。但是，人身保险法律关系中还存在被保险人与受益人，所以人身保险当事人的范围大于人身保险合同当事人的范围。

一、投保人及其权利义务

（一）投保人资格

根据《保险法》的规定，投保人是指与保险人订立保险合同，并按照合同约定负有保险费支付义务的人。投保人可以是自然人，也可以是法人或非法人组织。因本书主要讨论与保险金信托相关的保险事项，故如无特殊说明，本章内容中投保人均指自然人作为投保人的情形。

1. 自然人投保人应具备完全民事行为能力

自然人作为投保人的，首先必须具备完全民事行为能力。依据《民法典》相关规定，18周岁以上的公民是成年人，具有完全民事行为能力，可以独立进行民事活动，是完全民事行为能力人；16周岁以上的未成年人，以自己的劳动收入为主要生活来源的，视为完全民事行为能力人。[1]

---

[1] 《民法典》第十七条、第十八条。

2. 与被保险人具有保险利益

投保人在订立人身保险合同时应当对被保险人具有保险利益。根据《保险法》相关规定，投保人对下列人员具有保险利益：①本人；②配偶、子女、父母；③与投保人有抚养、赡养或者扶养关系的家庭其他成员、近亲属；④与投保人有劳动关系的劳动者；⑤被保险人同意投保人为其订立合同的，视为投保人对被保险人具有保险利益。[①]

（二）投保人的权利

依据《保险法》相关规定，[②]投保人享有的权利包括：

1. 保险合同的解除权

投保人享有任意解除保险合同的法定权利，这是《保险法》赋予投保人的一项特权，与普通民商事合同当事人解除权的行使有很大不同。《保险法》之所以作出这样的规定，是因为保险合同是一种保障性合同，保险利益基于投保人对保险标的的权利而产生，投保人有权在法律规定的范围内任意处分自己的民事权利。

需要特别注意的是，在法律另有规定或保险合同另有约定的情况下，投保人的保险合同解除权是要受到限制的，如某健康保险合同约定："被保险人已领取过本保险合同项下任何保险金的，不能解除本保险合同。"

2. 请求保险人说明保险条款的权利

因保险合同通常是保险公司为重复使用而预先拟订的格式合同，保险

[①] 《保险法》第三十一条。
[②] 《保险法》第十五条、第十七条、第二十条、第三十九条、第四十条、第四十一条、第四十七条。

合同订立过程中，投保人很难通过协商变更合同条款。为保障投保人的权益，投保人有权要求保险公司就格式条款进行解释和说明，并有权要求保险公司对保险合同中免除保险人责任的条款作出特别说明，其程度应当达到普通人可以理解的程度。保险人说明保险条款是其必须履行的法定义务，投保人无须主动行使该权利。但保险人不履行该义务时，投保人可以主张保险合同中免除保险人责任的条款不发生效力。

3. 指定和变更受益人的权利

投保人有权指定一人或数人为受益人，并有权变更受益人，但需要书面通知保险人。需要特别注意的是，在投保人和被保险人不一致的情况下，投保人变更受益人时须经被保险人同意。如被保险人离世，投保人不得再变更受益人。变更受益人还需书面通知保险人，自书面通知到达保险人时，该变更对保险人发生效力。

引导案例2-1

陈先生育有一儿一女，其在2005年5月为自己投保了一款人寿保险，指定了儿子陈达为唯一身故受益人。2007年，陈先生因癌症住院，住院期间女儿陈晓陪侍照顾，儿子只是偶尔看望，陈先生便立下遗嘱将该人寿保险的唯一受益人变更为女儿陈晓，但并未通知保险公司。陈先生身故后，陈达与陈晓因保险金归属问题发生争执并引发诉讼，人民法院最终判决将保险金给付陈达。

本案的争议焦点在于，投保人变更受益人的生效时点究竟是投保人发出变更的意思表示之时还是意思表示送达保险人之时。本案发生时，尚无关于变更生效时点的明确法律规定，《保险法》仅规定投保人变更受益人应书面通知保险人，因投保人变更受益人的意思表示通过遗嘱完成，但是并未书面通知保险人，故该变更对保险人不发生效力，因此保险公司向陈达给付保险金于法有据。

但2015年颁布、2020年修正的《最高人民法院关于适用〈中华人民共和国保险法〉若干问题的解释（三）》（以下简称《保险法解释三》）对此问题进行了明确规定，该司法解释第十条第一款、第二款规定："投保人或者被保险人变更受益人，当事人主张变更行为自变更意思表示发出时生效的，人民法院应予支持。投保人或者被保险人变更受益人未通知保险人，保险人主张变更对其不发生效力的，人民法院应予支持。"也就是说，投保人或被保险人变更受益人是一种单方意思表示，投保人依法作出意思表示之时变更受益人的行为即生效（以被保险人同意为前提），保险人不能决定该等变更行为是否生效，但可以自己未收到相关通知作为抗辩事由。因此，若上述案件发生在《保险法解释三》生效之后，陈先生通过遗嘱方式变更了受益人，陈晓成为新的受益人，可以通过诉讼方式向陈达主张返还保险金。若陈晓将陈先生的遗嘱送达给保险人，则变更受益人的行为将对保险人发生效力，保险公司应当将保险金支付给陈晓，否则陈晓有权直接向保险公司主张保险金。

4. 保险合同变更请求权

投保人与保险人可以协商变更保险合同内容。变更的形式包括：①由保险人在原保险单或者其他保险凭证上批准或附贴批单；②双方订立书面变更协议。

投保人除拥有变更保险合同内容请求权外，保险合同有效期内，还具有变更投保人的请求权。

5.保单现金价值所有权

保单现金价值代表了保单具有的经济价值，在保险人提供的现金价值表中可以了解到保单未来每一年对应的现金价值。现金价值是归属于投保人的个人财产。

投保人对现金价值的利用，包括四种形式：①投保人有权向保险公司申请退保，并获取保单的现金价值。②投保人有权申请保单贷款。保单贷款是指人身保险中，保险人以保单现金价值作为担保向投保人提供贷款的行为。③当投保人无力交纳保费时，如果保单带有自动垫交保费功能，则投保人可以用现金价值垫交保费。④投保人可以用现金价值减额交清保费。减额交清是指投保人不能按合同约定交纳保费时，为保持原保险合同的保险责任、保险期限不变，将保单现金价值作为趸交保费，计算新的保险金额的一种保单处理方式。

（三）投保人的义务

依据《保险法》相关规定，[①]投保人负担的义务包括：

1.如实告知义务

人身保险合同订立过程中，如保险人就保险标的或被保险人有关情况提出询问，投保人负有向保险人如实告知的义务。在各国保险立法上，告知范围有无限告知主义和询问告知主义两种情形。无限告知是指法律或保险人对告知范围没有明确规定，只要是事实上存在的重要信息，投保人均需向保险人进行说明。询问告知是指投保人仅对保险人询问的问题负有如实告知义务。我国适用询问告知主义，投保人对于保险人询问且明知的问

[①] 《保险法》第十四条、第十六条、第二十一条、第二十二条。

题必须如实告知，否则将承担相应的法律后果。[①]

2. 依约交付保费义务

投保人负有依保险合同约定交纳保费的义务。保险费支付与否将影响保险合同的效力，不按照约定支付保险费将导致保险合同中止或解除。但保险合同中有特别约定或保险公司改变以往收费习惯时，保险公司负有通知提醒等义务。

引导案例2-2

2007年3月10日，王某为其儿子小王投保人寿保险，每年交费1万元，交费期限20年。保险合同约定，保险费的交付日期为保险合同生效之日的每年对日。2007年3月10日至2012年3月10日，王某以现金的方式交付了6年的保险费。从2013年开始，王某按保险公司要求提供银行卡信息，每期保险费由保险公司自动扣划。截至2017年，保险公司每年从王某银行卡扣划保险费1万元。2018年3月10日，王某如期在银行卡中存款1万元，但保险公司并未扣划该笔保险费，2018年4月5日，银行以小额账户管理费为由，从银行卡中扣除69元，导致账户余额不足1万元，后保险公司未能成功扣划。后来王某又于2019年和2020年3月10日分别存入1万元，但是保险公司自2018年起均未扣划相关款项。2020年12月，被保险人小王因车祸不幸去世，王某要求保险公司支付身故保险金，保险公司认为王某未按时支付保险费，保险合同已经解除，保险公司不应当理赔。

[①] 编者注：投保人故意不履行如实告知义务的，保险人对于合同解除前发生的保险事故，不承担赔偿或者给付保险金的责任，并不退还保险费；投保人因重大过失未履行如实告知义务对保险事故的发生有严重影响的，保险人对于合同解除前发生的保险事故，不承担赔偿或者给付保险金的责任，但应当退还保费。

上述案例中，保险公司改变保险费收取方式，未按保险合同约定的时间扣划保险费，且在扣划不成功后，也未通知王某补交保险费或解除保险合同，并且王某此后也一直依惯例按时存入保险费，因此保险公司应承担保险责任。

3. 及时通知保险人并提供相关资料的义务

投保人在知道保险事故发生的情况下，应当及时通知保险人。因投保人故意或重大过失未及时通知，致使保险事故的性质、原因、损失程度等难以确定的，保险人对无法确定的部分，不承担赔偿或给付保险金的责任，但保险人通过其他途径已经及时知道或应当及时知道保险事故发生的除外。

保险事故发生后，依保险合同约定请求保险人赔偿或给付保险金时，投保人应当向保险人提供其所能提供的，与确认保险事故的性质、原因、损失程度等有关的证明和资料。

二、被保险人及其权利义务

被保险人是指其财产或人身受保险合同保障，享有保险金请求权的人。被保险人可以是自然人或法人。在人身保险中，投保人可以同时为被保险人。如投保人为有保险利益关系的他人投保，遇有保险合同变更等情形时，还需要考虑保险合同条款对保险合同变更的限制条件。

（一）被保险人的权利[①]

1. 保险金请求权

保险金请求权是被保险人享有的一项重要权利，是指保险事故发生时向保险人请求赔偿或给付保险金的权利。但在以死亡为给付保险金条件的

---

① 《保险法》第二十六条、第三十四条、第三十九条、第四十一条。

保险合同下，因被保险人是"保险标的"，保险事故发生时被保险人已死亡，故被保险人不具有这项权利。

引导案例2-3

李女士于2000年为其儿子小张投保了一份年金保险，2021年母子俩因为小张找对象的事情产生矛盾，2022年5月该合同到期后，李女士要求小张将其能够领取的满期生存金转给自己，但是作为被保险人的小张并不配合办理领取手续，表示自己不差这点钱，更不同意把生存金交给李女士。李女士不得已向保险公司提出投诉，称自己是投保人，因被保险人未申领满期生存金，其有权代为申请，要求保险公司向其支付满期生存金，但是遭到保险公司拒绝。

该案例中，李女士为投保人，不享有保险金请求权，被保险人小张享有请求及领取满期生存金的权利，且小张系完全民事行为能力人，在没有取得小张授权的情形下，其他人无权代小张领取保险金，故保险公司有权拒绝李女士的要求。

2. 指定和变更受益人权

被保险人有权指定和变更受益人，但须书面通知保险人。在投保人不是被保险人的情况下，投保人指定或变更受益人必须经被保险人同意。也就是说，投保人行使指定或变更受益人的权利必须以被保险人的同意为前提条件，但被保险人行使该权利时无须征得投保人同意。

3. 特定保险合同的生效决定权和解除权

以死亡为给付保险金条件的保险合同，其保险险种和保险金额必须取得被保险人的同意。在未经被保险人同意的情况下，保险合同不产生效力。即决定此类保险合同是否生效的权利在被保险人。父母为未成年子女投保的，不受此限，但死亡保险金额总和不得超过金融监管部门规定的限额。

以死亡为给付保险金条件的保险合同生效后，被保险人以书面形式通知保险人和投保人撤销其作出的同意意思表示的，将产生保险合同解除的法律后果。

4. 否决权

被保险人的否决权体现在三个方面：第一，投保人对被保险人不具有保险利益的，投保人意图为被保险人订立保险合同时，被保险人有权拒绝。第二，被保险人不同意投保人指定或变更受益人的，该指定或变更无效。第三，未经被保险人同意，以死亡为给付保险金条件的保险合同不得转让或者质押。

（二）被保险人的义务

1. 通知义务

依据《保险法》相关规定，被保险人在知道保险事故发生后，应当履行及时通知保险人的义务。此外，被保险人因职业变化等导致危险增加时，也应及时通知保险人。

2. 提供相关资料的义务

被保险人应当向保险人提供其所能提供的，与确认保险事故的性质、原因、损失程度等有关的证明和资料。

三、受益人及其权利义务

受益人又称"保险金受领人",是指人身保险合同中由被保险人或者投保人指定的享有保险金请求权的人。投保人、被保险人可以同时作为受益人。[①]但在以死亡为给付条件的保险合同中,受益人为被保险人外的第三人,具有独立意义。

(一)受益人的指定

1. 受益人指定主体

被保险人或投保人可以指定受益人;在投保人/被保险人不一致的情况下,投保人指定受益人时须经被保险人同意;被保险人为无民事行为能力人或限制民事行为能力人的,可以由其监护人指定受益人。

2. 受益人指定方式

投保人及/或被保险人可以身份关系指定受益人,如在保险合同中指定子女、配偶、父母等为受益人。随着投保流程的规范化,受益人仅约定为身份关系的情形在实务中已不多见,实践中常见的是约定受益人为"法定"或"法定继承人",以及指定受益人时,需要同时提供受益人姓名及身份关系信息,如配偶张三、父亲李四、子/女王五等。

对于以"姓名+身份关系"方式指定受益人的,当受益人身份关系发生变化时,投保人/被保险人应及时重新指定受益人,否则可能视为"没有指定受益人",身故保险金就可能成为被保险人的遗产,致使财富定向传承的意愿落空。

---

① 《保险法》第十八条。

引导案例2-4

李女士早年丧偶，2010年李女士为其子小王投保了一份终身寿险，身故受益人为李女士和小王配偶小赵。2014年，小王与小赵离婚；2016年小王与小申再婚；2020年小王与小申意外身故，保险公司需依约支付100万元身故赔偿金。针对身故赔偿金的归属，李女士、小赵和小申父母产生了不同的看法：

李女士认为：小赵已不是小王配偶，自己是唯一的受益人，赔偿金应全部归其所有。

小赵认为：其虽已与小王离婚，但李女士和小王并未变更受益人，其仍为合法受益人。

小申的父母认为：女儿为小王的配偶，理应作为受益人；现女儿女婿去世，小申应获取的保险赔偿金属于遗产，应当归作为继承人的他们所有。

首先，若李女士投保时，受益人指定为"小王的母亲李女士和配偶小赵"，因保险事故发生时，小赵与小王已离婚，身份关系发生变化，司法实践中通常认定为未指定受益人。[1]基于此，小赵不再具备受益人资格。

其次，若李女士投保时，受益人指定为"小王的母亲和配偶"，司法实践中，通常认为受益人仅约定身份关系，投保人与被保险人非同一人的，根据保险合同成立时与被保险人的身份关系确定受益人。[2]订立保险合同时与小王具有配偶关系的是小赵，因此受益人为李女士和小赵，小申不是受益人。

---

[1] 《保险法解释三》第九条。
[2] 《保险法解释三》第九条。

（二）受益人的范围及受益权

《保险法》对受益人的范围并未作出明确限制，通常认为受益人应当与被保险人具有特定的身份关系。投保人和被保险人都可以成为受益人，但被保险人不得为身故受益人。此外，投保人为与其有劳动关系的劳动者投保人身保险的，不得指定被保险人及其近亲属以外的人为受益人。

在受益人为多人时，被保险人或投保人可以确定受益顺序和受益份额；未确定受益份额的，受益人按照相等份额享有受益权。

（三）无受益人的情形和法律后果

1.无受益人的情形

无受益人的情形包括：①被保险人或投保人未指定受益人或受益人指定不明无法确定的；②受益人先于被保险人死亡的；③受益人依法丧失受益权或放弃受益权的；④投保人指定受益人未经被保险人同意，指定无效的。

需要特别指出的是，实践中，有的保险合同条款约定：未填写受益人或受益人处为空白，不属于"未指定受益人"的情况，此时身故受益人默认为"法定"，以《民法典》规定的法定继承人为受益人。因此，该情形下，保险合同并非"没有指定受益人"，而是相当于指定了法定继承人为受益人。

2.无受益人的法律后果

根据《保险法》第四十二条规定，被保险人死亡后，无受益人的，保险金作为被保险人的遗产，根据法定继承规则进行分割。如法定继承人为两人以上且无特别约定，先判断法定继承人是否均为同一顺序的继承人，在存在第一顺序继承人的情况下由第一顺序继承人继承，第二顺序继承人不继承；均为第一顺序继承人的，应按同等比例分割财产权利，也应按同等比例承担财产义务，优先缴纳相应税款并清偿被保险人（被继承人）所欠债务。

（四）受益人的权利义务

受益人是保险法律关系中的消极当事人，保险合同不需要其同意和签署，其主要权利是请求保险人支付保险金；承担的主要义务是在知道出现保险事故时及时通知保险人并提供相关资料。

四、保险人的权利义务

保险人也称承保人，是指与投保人订立保险合同，并按照保险合同约定承担赔偿或给付保险金责任的保险公司。保险人只能是经国务院保险监督管理机构批准且依法设立的保险公司，自然人不能为保险人。

（一）保险人的权利

1.收取保费的权利

保险人有权依合同约定收取保险费。依据《保险法》规定，保险人对人寿保险的保险费，不得用诉讼方式要求投保人支付。[1]

2.拒绝承保或调整承保条件的权利

保险人有权对被保险人的资格和保险标的的风险进行评估和审查，并

---

[1] 《保险法》第三十八条。

在必要时拒绝承保或提出调整承保条件的建议。

（1）拒绝承保的权利

经保险人审查，被保险人不符合承保条件的，保险人可以拒绝承保。保险人在作出是否承保的意思表示之前预收保险费的，视为保险合同已成立，被保险人不符合承保条件的，保险人不承担保险责任，但应退还预收的保费。

（2）调整承保条件的权利

保险人有权针对某个特定的被保险人调整承保条件。调整承保条件的情形包括加费承保、延期承保、除外承保等。

加费承保是指被保险人不完全满足投保条件，不能以标准保险费率承保，在不改变保险责任的情况下，需要在原定的保险费用基础上多收取一定数额的保险费用。

延期承保是指由于被保险人条件不具备，保险人拒绝承保，但经过一定时间后，该人可能具备承保条件后，保险人可以考虑承保。例如，被保险人正处于患病期或治疗期，保险人拒绝承保，但被保险人痊愈后，保险人可以考虑承保。

除外承保是指保险公司根据被保险人的健康告知情况，考虑到被保险人未来罹患某种疾病的风险较高，所以将相关疾病的保障排除在外，其他保险责任不变。例如，被保险人患有甲状腺结节，保险人不再承保该被保险人与甲状腺有关的其他疾病，如甲状腺炎、甲状腺功能减退、甲状腺恶性肿瘤等。

3.决定赔偿或拒绝赔偿的权利

保险人有权根据法律规定及保险合同的约定决定是否承担赔偿责任，以及赔偿金额的大小和方式等内容。保险人行使拒绝赔偿保险金的权利受到严格限制，只有在有明确法律规定或合同约定的情况下才能拒绝赔付。

（1）法定的保险人拒绝赔偿情形包括：

①投保人故意不履行如实告知义务且保险人已经依法解除保险合同的，对于合同解除前发生的保险事故，保险人可以拒绝赔付保险金。

②投保人因重大过失未履行如实告知义务，对保险事故的发生有严重影响，且保险人已经依法解除保险合同的，对于合同解除前发生的保险事故，保险人可以拒绝赔付保险金。

③投保人、被保险人故意制造保险事故的，保险人可以拒绝赔付保险金。

④投保人故意造成被保险人死亡、伤残或者疾病的，保险人可以拒绝赔付保险金。

⑤以被保险人死亡为给付保险金条件的合同，自合同成立或者合同效力恢复之日起二年内，被保险人自杀的，保险人可以拒绝赔付保险金，但被保险人自杀时为无民事行为能力人的除外。

⑥因被保险人故意犯罪或者抗拒依法采取的刑事强制措施导致其伤残或者死亡的，保险人不承担给付保险金的责任。

⑦投保人、被保险人或者受益人知道保险事故发生后，故意或者因重大过失未及时通知，致使保险事故的性质、原因、损失程度等难以确定的，保险人对无法确定的部分，可以拒绝赔付保险金。但保险人通过其他途径已经及时知道或者应当及时知道保险事故发生的除外。

⑧保险事故发生后，投保人、被保险人或者受益人以伪造、变造的有关证明、资料或者其他证据，编造虚假的事故原因或者夸大损失程度的，保险人对其虚报的部分可以拒绝赔付保险金。

保险人依据法律规定拒绝承担全部保险责任的，应先行解除保险合同，但保险人已与投保人就拒绝赔偿事宜达成一致的除外。

（2）保险合同约定的保险人拒绝赔偿的情形包括：

①保险事故或理赔材料不符合保险合同约定的理赔条件。

②保险事故属于保险合同约定的责任免除情形，且订立合同时保险人已就责任免除条款向投保人进行了说明。例如，人寿保险合同约定因意外事故造成的死亡事故不属于保险责任，在被保险人因车祸死亡时，保险人可以拒绝赔付。

4.依据法律规定或合同约定解除保险合同的权利

与投保人享有的任意解除权不同，保险人单方解除保险合同必须有明确的法律规定或合同约定。保险人可以行使法定解除权的情形包括：

（1）投保人故意或者因重大过失未履行前款规定的如实告知义务，足以影响保险人决定是否同意承保或者提高保险费率的，保险人有权解除合同。但该权利也受到一定限制，在以下三种情形下，该解除权灭失，保险人仍然承担保险责任：①保险人自知道有解除事由之日起30日内未行使解除权；②保险人虽不知道有解除事由，但自合同成立之日起超过二年的；③保险人在合同订立时已经知道投保人未如实告知情况且仍然承保的。

（2）未发生保险事故，被保险人或者受益人谎称发生了保险事故，向保险人提出赔偿或者给付保险金请求的，保险人有权解除合同。

（3）投保人、被保险人故意制造保险事故的，保险人有权解除合同。

（4）投保人申报的被保险人年龄不真实，并且其真实年龄不符合合同约定的年龄限制的，保险人有权解除合同，但也要受到情形（1）中规定的限制。

（5）保险合同效力中止，自中止之日起满二年双方未达成协议的，保险人有权解除合同。

（二）保险人的义务

1.对保险合同的说明义务

合同订立时，保险人对保险合同的条款内容负有向投保人做一般说明的义务。但对于免除保险人责任的条款，保险人应当在投保单、保险单或其他保险凭证上作出足以引起投保人注意的提示，并对该条款的内容以书面或口头形式向投保人作出明确说明，未明确说明的，该条款不产生效力。免除保险人责任的条款包括责任免除条款、免赔额、免赔率、比例赔付或者给付等免除或者减轻保险人责任的条款。

司法实践中对保险人的"说明义务"特别是"明确说明义务"认识不尽统一，总体呈现对保险人比较严苛的态度。保险人对其是否履行了明确说明义务负有举证责任，因此，采用什么方式、履行什么手续，才算保险人适当地履行了"明确说明"义务，是摆在保险公司面前的一个难题和需要重点关注的事项。

2.及时核定理赔申请的义务

保险人收到被保险人或受益人给付保险金请求后，应当及时作出核定；情形复杂的，应当在30日内作出核定，但保险合同对审核期限另有约定的，保险人应当遵从保险合同的约定。保险人应当将核定结果通知被保险人或受益人。对不属于保险责任的，应当自作出核定之日起3日内，向被保险人或受益人发出拒绝赔偿或拒绝给付保险金通知书，并说明理由。

3.给付保险金的义务

对核定属于保险责任的给付申请，在与被保险人或受益人达成赔偿或给付保险金协议后的10日内，保险人应履行赔偿或给付保险金义务。保险合同对赔偿或者给付保险金的期限有约定的，保险人应当按照约定履行赔偿或给付保险金义务。

需要特别注意的是，当无受益人时，保险金作为被保险人遗产由其继承人依法继承，但不要求保险公司必须将保险金给付给所有继承人，只要向持有保险单的继承人给付保险金，即属于已履行了给付保险金的义务，被保险人的其他继承人不能再向保险公司主张保险金。

第二节 保险金信托当事人

引导案例2-5

王先生是一家公司的高管，今年42岁，收入稳定。王先生母亲今年68岁，患有高血压和糖尿病，儿子5岁，妻子虽然工作但收入较少。为实现家人的生活与医疗保障，王先生为自己投保了终身寿险，每年需交纳保费40万元，共交纳10年，保额1000万元，保险受益人为其母亲、妻子和儿子。保险犹豫期过后，王先生与A信托公司签订信托合同，设立了1.0模式的保险金信托。信托受益人分为第一顺序受益人和第二顺序受益人，作为第一顺序受益人的母亲可以每个月领取固定的生活费，母亲的医疗费用也由信托财产进行全额支付；第一顺序受益人身故后，由第二顺序受益人的妻子和儿子领取信托利益，具体领取条件为：妻子退休后每个月可以领取固定生活费，医疗费用全额报销；儿子大学毕业、结婚、创业、生育时可以领取固定金额的费用，王先生妻子去世后，儿子有权一次性领取剩余信托财产。

保险金信托法律关系中包括信托委托人、受托人、受益人[①]等主体。

一、委托人及其权利义务

（一）委托人的资格

在目前已经广泛开展的1.0模式和逐步推广的2.0模式的保险金信托中，均为保险投保人作为委托人与信托公司签订信托合同。我国《信托法》要求委托人必须为具有完全民事行为能力的自然人、法人或者依法成立的其他组织。具体就保险金信托而言，委托人应当是具有完全民事行为能力的自然人或者家庭（互为家庭成员的多个自然人）。由上文对投保人的资质分析可知，投保人也应当具有完全民事行为能力。因此，《保险法》与《信托法》对投保人和委托人资格的要求并无冲突，在保险金信托业务中由投保人担任保险金信托的委托人具有适格性。

保险金信托3.0模式的本质为资金信托，因此委托人的资格仅需满足《信托法》的要求即可，即具有完全民事行为能力。

（二）委托人的权利

1. 委托人的法定权利

根据《信托法》的规定，委托人享有的法定权利如下表所示：

[①] 编者注：如无特别说明，本节以下所称"受益人"均指信托受益人。

表2-1 委托人的法定权利

	权利	法律依据
1	知情权	第二十条 委托人有权了解其信托财产的管理运用、处分及收支情况，并有权要求受托人作出说明。 委托人有权查阅、抄录或者复制与其信托财产有关的信托帐目以及处理信托事务的其他文件。
2	调整信托财产管理方法权	第二十一条 因设立信托时未能预见的特别事由，致使信托财产的管理方法不利于实现信托目的或者不符合受益人的利益时，委托人有权要求受托人调整该信托财产的管理方法。
3	撤销权 信托财产恢复原状请求权或信托财产损害赔偿请求权	第二十二条 受托人违反信托目的处分信托财产或者因违背管理职责、处理信托事务不当致使信托财产受到损失的，委托人有权申请人民法院撤销该处分行为，并有权要求受托人恢复信托财产的原状或者予以赔偿……
4	受托人解任权 受托人辞任同意权 新受托人选任权	第二十三条 受托人违反信托目的处分信托财产或者管理运用、处分信托财产有重大过失的，委托人有权依照信托文件的规定解任受托人，或者申请人民法院解任受托人。 第三十八条 设立信托后，经委托人和受益人同意，受托人可以辞任…… 第四十条 受托人职责终止的，依照信托文件规定选任新受托人；信托文件未规定的，由委托人选任……
5	关联交易许可权	第二十八条 受托人不得将其固有财产与信托财产进行交易或者将不同委托人的信托财产进行相互交易，但信托文件另有规定或者经委托人或者受益人同意，并以公平的市场价格进行交易的除外。 受托人违反前款规定，造成信托财产损失的，应当承担赔偿责任。
6	处理信托事务的决定权	第三十一条第三款 共同受托人共同处理信托事务，意见不一致时，按信托文件规定处理；信托文件未规定的，由委托人、受益人或其利害关系人决定。
7	受益人变更 信托受益权的处分权	第五十一条第一款 设立信托后，有下列情形之一的，委托人可以变更受益人或者处分受益人的信托受益权：（一）受益人对委托人有重大侵权行为；（二）受益人对其他共同受益人有重大侵权行为；（三）经受益人同意；（四）信托文件规定的其他情形。

续表

	权利	法律依据
8	信托解除权	第五十条　委托人是唯一受益人的，委托人或者其继承人可以解除信托…… 第五十一条第二款　有前款第（一）项、第（三）项、第（四）项所列情形之一的，委托人可以解除信托。
9	信托财产归属权 信托受益权的归属权	第四十六条第三款　部分受益人放弃信托受益权的，被放弃的信托受益权按下列顺序确定归属：（一）信托文件规定的人；（二）其他受益人；（三）委托人或者其继承人。 第五十四条　信托终止的，信托财产归属于信托文件规定的人；信托文件未规定的，按下列顺序确定归属：（一）受益人或者其继承人；（二）委托人或者其继承人。

2.委托人的约定权利

保险金信托委托人除拥有以上法定权利外，还可以在信托文件中约定"保留权利"，包括信托财产的投资管理权、保护人选任权、信托财产分配权等。委托人保留的权利以及前述法定权利往往需要根据保险金信托的具体特点及情形进行适用，以体现保险金信托的功能，保障信托目的的实现。

例如，在保险金信托对接的是投保人/被保险人为同一人的终身寿险的情况下，身故保险金赔付至信托账户时，信托委托人已经不在人世，无法行使其作为保险金信托委托人所享有的诸如对受益人及受益权的变更权、信托财产管理方法变更权、监督权等权利。为保障委托人意愿及相关权利的实现，委托人可以通过保险金信托文件，对下述权利的行使作出事先约定：①受益人及受益权变更权的行使、适时调整，以及调整主体确定、选任机制等；②信托财产管理方法及其变更规则；③设置保护人等后续监督信托运行的角色及其选任规则[①]等。

[①] 编者注：具体论述请见本书第七章第一节"保险金信托的监督"。

（三）委托人的义务

信托委托人需要分别履行其在保险法律关系与信托法律关系项下的义务和职责。委托人有交付信托财产的法定义务，还应履行信托合同及保险合同赋予的约定义务。

1. 交付信托财产的法定义务

保险金信托委托人负有将信托财产即"保险合同权益"及/或用于交付未来保费的现金转移给受托人的义务。委托人交付信托财产且信托生效后，保险金信托委托人原则上已经没有任何法定的义务和责任，但信托文件通常会进一步约定信托委托人应承担的义务，如在流动性不足时追加信托财产的积极义务、不再变更保险受益人的消极义务等。

2. 依约追加信托财产的义务

当出现保险金信托的资产低于信托合同约定的最低限额、信托财产中的现金类资产不足以交纳需要由信托财产承担保费等情况时，为了维持信托的效力或保障信托项下的保单继续有效，委托人应当依约定或按受托人的要求追加信托财产。

3. 依约支付受托人报酬、补偿受托人费用的义务

通常受托人报酬由信托财产承担，但如果信托财产中的现金类资产不足以支付受托人报酬且信托合同有事先约定，委托人有义务向受托人支付报酬。

受托人在管理信托财产与信托事务期间，如果从自己的固有财产中预先垫付了管理费用，可以从信托财产中优先获得补偿；信托合同有事先约定时，委托人有义务向受托人补偿相应费用。

4. 针对"保险合同权益"的约定义务

（1）信托存续期间不变更保险受益人的消极义务

在保险金信托1.0模式下保险受益人变更为信托公司，由于信托生效后委托人仍然承担着投保人的合同身份，故委托人应当负有不再次变更保险受益人的消极义务，否则需要承担"信托目的不能实现"的法律风险与不利后果。

（2）信托存续期间不减损或消灭"保险合同权益"的义务

保单的有效存续是保险金信托赖以存续的财产基础。因此在信托存续期间，委托人应履行不减保、不解除保险合同、不在保单上设立质押担保等消极义务，以确保"保险合同权益"不会减损或灭失。

此外，针对期交保单，保险金信托1.0模式下，信托委托人应当负有继续交纳后期保费的义务，避免保险合同效力中止或终止。

（3）保险事故发生后告知及提供相关资料义务

在保险金信托法律关系生效后，信托委托人往往会比受托人提早获悉保险事故发生，因此委托人在获知保险事故发生时或保险金赔付条件成就时，应当负有义务将该等情形及时告知保险人、信托受托人等相关方。

在投保人/被保险人不一致的情况下，信托委托人作为被保险人的近亲属，还掌握着保险金赔付的各项材料，如被保险人的医疗证明、死亡证明、火化证明等。因此，信托委托人还负有义务积极提供保险理赔或保险金领取所需要的相关材料。

二、受托人及其权利义务

（一）受托人的资格

依据《信托法》规定，受托人应当是具有完全民事行为能力的自然人或法人，[①]实务中保险金信托的受托人通常由信托公司担任。根据《信托公司管理办法》（中国银行业监督管理委员会令2007年第2号）的规定，需要经银行业监督管理部门批准，信托公司方可设立及经营信托业务。在保险金信托业务中，信托公司同时具有受托人和保险受益人等多重身份，应分别按照信托与保险相关法律法规的要求展业，维护受益人的合法权益。

（二）受托人的权利

1.对信托财产享有名义所有权

受托人作为保险金信托财产的名义所有人，具有以自己名义提起信托财产不当强制执行的异议权及代表信托起诉和应诉权。

2.对信托财产的管理权

受托人享有对信托财产管理、运用、处分的法定权利。委托人和受托人可以对保险金信托财产的管理范围、管理方式进行协商，以此对受托人的法定管理权进行调整或变更。

3.信托报酬请求权

受托人有权依照信托文件的约定取得报酬。信托文件未作事先约定的，经信托当事人协商同意，可以作出补充约定；未作事先约定和补充约定

---

① 《信托法》第二十四条。

的，不得收取报酬。如果受托人在信托终止后请求支付其担任受托人期间报酬的，受托人可以留置信托财产或者对信托财产的权利归属人提出请求。

4.信托费用与负债的补偿请求权

受托人对于因处理信托事务所支出的费用、对第三人所负的债务，如以固有财产先行支付的，受托人享有从信托财产中获得补偿的权利；信托财产不足以清偿的，受托人可以留置信托财产或者对信托财产的受益人或权利归属人提出补偿请求。依据《信托法》规定，受托人补偿请求权属于优先受偿的权利，应当优先于信托财产的一般债权人获得清偿。

5.受托人的辞任权

设立信托后，经委托人和受益人同意，受托人可以辞任，但在新受托人选出前仍应履行管理信托事务的职责。委托人与受托人也可以在信托文件中决定受托人的辞任条件，在满足该条件后，受托人也可以辞任。

（三）受托人的义务

受托人应当以实现受益人的最大利益为宗旨，依据信托目的和信托合同的约定条款行使保险金信托财产与信托事务的管理权。受托人由于管理不当或违反信托合同致使信托财产受损或者信托事务处理失当，要负赔偿责任。在保险金信托中，信托受托人需要承担与保险金信托制度特点相关联的信义义务，如订立或变更保险合同、及时交纳后续保费（保险金信托2.0及3.0模式）、禁止危害被保险人的利益、向保险人如实说明被保险人相关情况、向委托人定期报告信托事务的履行等义务。关于受托人义务的具体阐述详见本书第五章"保险金信托的事务管理、变更与终止"和第六章"保险金信托的投资管理"。

三、信托受益人及其权利义务

(一)信托受益人资格

受益人是指信托文件约定的享受保险金信托财产及信托事务管理所产生利益的人。《信托法》未对受益人的资格进行限制,甚至不要求受益人具备民事权利能力,只要是能确定的主体或一类主体都可以作为受益人,如未来才出生的家族后代等。与家族信托相类似,保险金信托通常为他益信托,其受益人主体非常广泛,除委托人本人可以做受益人外,委托人的子女、近亲属、社会上需要救助的特殊人群,甚至一些法人或依法成立的非法人组织都可以成为受益人。

(二)受益人的权利

《信托法》赋予了受益人与委托人相同的四项法定权利:①受益人的知情权;②信托财产管理方法调整的要求权;③信托财产损害的救济权;④受托人解任权、辞任同意权和新受托人选任权。在信托关系存续期间,受益人还享有信托利益分配请求权。

(三)受益人的义务

根据信托法原理,受益人并没有法定的义务。但由于信托受益权可以附期限或附条件,如委托人可以通过信托文件或者家族治理相关文件对受益人的行为进行规范和约束或对受益人提出要求等,故受益人同样需遵守这些行为规范或满足要求后,方可获得受益权。

第三节　保险金信托当事人常见风险防范的方案设计

一、利用保险金信托机制防范投保人早亡风险

引导案例2-6

李先生长期经商，妻子为全职家庭主妇，育有一女小李。小李患有抑郁症，需要长期接受治疗。考虑到女儿的治疗和日常生活可能需要大量资金，李先生购买了一份定额终身寿险，自己为投保人、妻子为被保险人，女儿为保险受益人。李先生和妻子商定在交纳完毕所有保费且小李成年后，便将投保人变更为小李，同时让女儿享有投保人和保险受益人的权利，给女儿一份生活保障。但是，李父交纳四年保费后因车祸意外去世了，保险合同将面临能否存续等一系列风险。那么能否在保险合同订立之初就对可能出现的风险做出必要防范呢？

（一）利用投保人豁免功能顺利承保

部分保险产品具有投保人豁免功能，如在投保人、被保险人不一致的情况下，可在保险条款中约定，投保人身故、全残、罹患合同约定的重疾／中症／轻症时，可以豁免剩余保费，且不影响保险额度和保险责任。针对案例2-6，如选择具有投保人豁免功能的保险产品，李父去世后，则豁免剩余保费的交纳，保单仍然有效，小李仍可依法享有保险受益权。

（二）利用信托机制保障保单延续

对于一些期交保单，投保人未交清保险费用时不幸离世，就会面临着保单被解除、保单现金价值将作为投保人的遗产被继承人继承、投保人投保目的落空等风险。为了避免此类风险，投保人可以考虑用保单设立保险金信托，并提前在信托中放入一些资金用于后续按时交纳保费，确保保单的顺利延续。

总之，与继承相比，保险具有指定受益人、顺利传承、私密性良好等优势，为了使保单更加稳定、更大限度发挥价值，让财富的传承更为"保险"，在投保人/被保险人不一致的情况下，投保人应尽量选择带有投保人身故豁免条款的保险产品；为确保保单顺利延续，投保人可以用保单设立保险金信托，并将投保人变更为信托，通过信托交纳后续保费，以避免保单解除、保单现金价值被继承等风险，使保险的保障功能得以延续，实现投保人的初衷。

二、利用信托受益权机制防范受益人道德风险

引导案例2-7

王某继承父母大额遗产后，与齐某结婚。婚后两人感情日笃，王某为自己投保大额寿险时，将保险受益人指定为丈夫齐某。但齐某因欠下高额赌债，便精心设计了一场旅行，并在旅途中制造了王某意外身亡的假象，以达到继承王某高额遗产并获得大额保险理赔的非法目的。所幸王某虽身负重伤但被救脱险，并将齐某告上法庭，最终齐某获罪入狱。

抛开齐某作为第一顺序继承人，在王某死亡后可能继承大额遗产不谈，在王某为自己投保大额寿险并将齐某指定为保险受益人时，和继承可能引发的道德风险一样，这份保额过高的人寿保险，也已成为保险受益人齐某杀害被保险人王某的不当"悬赏"。仅就这份大额寿险而言，在保额过高时，应考虑通过设立保险金信托，合理设置信托受益权与受益人分配条款，将保险金放入信托进行管理和有序分配，以避免保险受益人故意伤害被保险人的风险。

需要注意的是，保险金信托虽然可以有效防范保险受益人伤害被保险人的道德风险，但鉴于保险法律规范不能穿透适用于信托，因此委托人并不能基于信托法律规范的规定，在信托受益人故意伤害被保险人的情况下，阻止其信托受益。故信托委托人在设立保险金信托时，应针对信托受益人的道德风险问题，制定严谨合理的信托受益权取得与丧失机制。

三、利用自我承诺机制防范投保人/被保险人减损信托财产风险

在保险金信托1.0模式下，投保人将信托公司设定或变更为保险受益人后，投保人及/或被保险人依然有权再次变更保险受益人，投保人也有权减保甚至退保。一旦投保人及/或被保险人变更了保险合同，信托公司将可能不再享有保险受益权，保险金信托的目的也就无法实现，进而可能导致信托提前终止。

为防范此风险，在保险金信托成立时，需要对投保人和被保险人附加消极义务，由其本人承诺不得擅自再次变更保险合同内容，并增加投保人和被保险人的违约成本，以此保证保险金信托的顺利运行。

第三章 保险金信托财产

依据我国《信托法》规定，一个有效设立的信托应具备以下条件：①采用书面形式；②具备合法的信托目的；③必须有委托人合法所有的、确定的财产（含财产权利）作为信托财产。[1]我国目前的保险金信托实践中，委托人均由投保人担任，那么委托人转移至保险金信托的、与保险有关的、具有确定性的信托财产是什么呢？对此，业界和理论界争议很大，有观点认为是保险金，有观点认为是保险金请求权，亦有观点认为是保单所有权。本章将结合保险及信托制度的特点，尝试对我国保险金信托实践中的信托财产作出界定，并在此基础上，对保险金信托财产的确定性、独立性进行分析。

---

[1] 《信托法》第六条、第七条、第八条。

第一节　保险金信托财产的界定

一、业界关于保险金信托财产的观点

本节将在汇总业界关于保险金信托财产观点的基础上，提出本书关于保险金信托财产的观点，即"保险合同权益"。

（一）保险金请求权

一种被广泛采纳的观点认为保险金信托财产为保险金请求权[1]：当保险合同约定的保险责任开始后，因行使保险金请求权而获得的保险金得以进入信托专户，因此保险金请求权的交付和行使，是保险金信托得以运作、信托目的得以实现的关键环节。

该界定所面临问题是：《保险法》明确规定，在保险法律关系中，享有保险金请求权的主体是被保险人和保险受益人，而非投保人。[2]由于实务中信托公司仅接受投保人作为信托委托人设立保险金信托，因此存在作为信托财产利益的提供者并不享有保险金请求权、无法实现《信托法》规定的信托财产必须是委托人的合法财产的设立要求，导致保险金信托实务与既有保险、信托制度设计之间存在无法契合的法律问题。

---

[1] 任自力、曹文泽：《保险金信托的法律构造》，载《法学》2019年第7期。
[2] 《保险法》第十二条、第十八条。

（二）保单所有权

保单所有人和保单所有权是境外保险法的概念。保单所有人是指投保并交纳保费、对保单享有法定权利的人。根据保险法原理，保单所有人应当是投保人。[1]因保单所有人享有变更保险受益人、提现、红利领取、贴现、转让等法定权利，故而保单所有人对保单享有绝对的控制权，应视为对保单享有"所有权"。简言之，保单所有权是保单所有人依法享有的一种权利。因此有观点认为我国应当坚持实用主义思维，回避纯学理探讨，采用"保单所有权"的概念，赋予财产权信托确定无疑的效力。[2]

（三）保险合同权利、利益及资金

"保险金请求权"之说的困境，使信托业监管机构开始采取"保险合同权利、利益及资金"这一概括性表述来界定保险金信托的信托财产。

2023年3月20日，原银保监会发布《信托分类通知》，将保险金信托定义为"信托公司接受单一自然人委托，或者接受单一自然人及其家庭成员共同委托，以人身保险合同的相关权利和对应利益以及后续支付保费所需资金作为信托财产设立信托"。随后下发的《关于〈关于规范信托公司信托业务分类的通知〉实施后行业集中反映问题的指导口径（一）》（以下简称《指导口径（一）》）则重申保险金信托的信托财产范围包括"保单和后续用于缴纳保费的现金"。[3]

无论是《信托分类通知》将保险金信托的信托财产定义为"人身保险

---

[1] 胡鹏：《我国引入寿险保单贴现制度面临的障碍与对策》，载《南方金融》2019年第3期。
[2] 杨祥：《保险金信托的本土化难题：发展模式选择》，载《银行家》2020年第4期。
[3] 参见《指导口径明确细则 信托分类改革"打补丁"》，载央广网，https://news.cnr.cn/native/gd/20230711/t20230711_526324685.shtml，2025年5月29日访问。

合同的相关权利和对应利益以及后续支付保费所需资金",还是《指导口径（一）》中的"保单和后续用于缴纳保费的现金",[①]均未将保险金信托的信托财产指向具体的权利。

但值得一提的是,《信托分类通知》明确规定可以对接保险金信托的保险合同的范围为人身保险合同。根据监管口径的分类,人身保险分为人寿保险、年金保险、健康保险、意外伤害保险四类,[②]实务中,能满足信托财产确定性且广泛对接保险金信托的保险产品不仅包括人寿保险,还包括年金保险,故将对接信托的保险产品扩大到人身保险,既满足理论要求,又符合实践操作要求。

二、本书对保险金信托财产的界定

（一）保险金信托财产的认定标准

为探究保险金信托财产的本质,首先需要明确以下几个认定标准:

1. 保险金信托的适格委托人是投保人

第一,保险金信托成立与生效,意味着保险合同的某项或某些关键权利发生了转移,转移后信托享有了该保险合同的关键权利。在保险法律关系中,享有转让保险合同权利的主体是投保人和被保险人。有观点认为,保险受益人享有保险受益权和保险金请求权,因此也可以转让相关权利。然而,在我国保险法律框架下,保险受益人的身份和受益权不能分割,即保险受益人无法既保留保险受益人的身份又将保险受益权和保险金请求权

[①] 参见《指导口径明确细则 信托分类改革"打补丁"》,载央广网,https://news.cnr.cn/native/gd/20230711/t20230711_526324685.shtml,2025年5月29日访问。

[②] 《人身保险公司保险条款和保险费率管理办法》第七条。

转让给第三人。若想转让保险受益权和保险金请求权,则必须变更保险受益人的主体,而有权变更保险受益人的主体实为投保人或被保险人。第二,保险金信托的适格委托人还应当是保险合同的当事人,因此保险合同当事人更适宜作为信托委托人。在投保人、被保险人、保险受益人之中,只有投保人才是保险合同当事人,因此投保人是适格委托人。

2. 转移给信托的保险合同权利应当具有财产属性

根据信托法原理,信托财产应当是财产或财产性权利,因此保险合同中的人身权利不适宜作为信托财产。

3. 转移给信托的保险合同权利应当具有可转让性

根据《信托法》的规定,禁止转让的财产不得作为信托财产。[1] 根据《保险法》第三十四条第二款规定:"按照以死亡为给付保险金条件的合同所签发的保险单,未经被保险人书面同意,不得转让或者质押。"虽然实践中保单转让还存在障碍,但《保险法》认可保单本身具有可转让性。

根据上述三个认定标准,保险金信托财产应当是投保人合法所有的、具有财产属性的、可以转让的保险合同权利与利益,以及后续用于缴纳保费的资金。本书认为,可以将保险金信托财产定义为"保险合同权益"及/或用于缴付保费的现金。

(二)保险金信托财产的内涵

本书理解,"保险合同权益"是投保人基于签署保险合同及交付保费而合法创设的财产权利,既包括"人身保险合同的相关权利",也包括"人身保险合同的对应利益"。"人身保险合同的相关权利"是指一系列附

---

[1] 《信托法》第十四条。

随于人身保险合同的权利，包括保险金请求权、保单持有权、保险受益人的变更权、保险合同解除权、现金价值取得权、保单借款权、保单贴现权、红利领取权等。"人身保险合同的对应利益"主要是指经济利益，在保险合同约定的赔付条件或给付保险金条件成就前，该利益体现为一种期待利益；在保险合同约定的给付条件发生后，该利益体现为保险人给付的保险金。

需要说明的是，虽然并非所有的"保险合同权益"都为投保人直接静态"所有"，如保险金请求权，但参考"保单所有人"的概念，在我国保险法律框架下，保险期间内所有的财产性权利实质上由投保人控制，所有的财产性权益也最终流向投保人。投保人虽未直接静态持有保险金请求权，但通过指定、变更保险受益人的方式，决定了保险金的最终流向，可以理解为对所有"保险合同权益"的概括所有。

（三）不同模式下保险金信托的初始信托财产

由于《信托分类通知》将保险金信托设立时进入信托账户的现金资产用途限定于"后续支付保费所需"，故在进行初始信托财产界定时，不再考虑信托账户中存在其他用途资金的情况。

1.在保险金信托1.0模式中，因委托人依然具有投保人的合同地位，在保险金理赔前没有资金进入信托，因此初始信托财产为"保险合同权益"。

2.在保险金信托2.0模式中，投保人由委托人变更为信托公司，信托公司负有交纳剩余保费的义务，因此初始信托财产为"保险合同权益"及用于交纳余期保费的现金；但如信托设立前委托人已趸交保费，则初始信托财产仅为"保险合同权益"。

3.在保险金信托3.0模式中，委托人先成立资金信托，由信托公司作为投保人进行投保，因此初始信托财产为"用于交付保费的现金"，待保险合同成立后部分资金类信托财产转化为"保险合同权益"。

第二节　保险金信托财产的确定性

信托财产的确定性是信托成立须具备的"三个确定性"原则之一，[①]《信托法》第十一条规定，信托财产不能确定的，信托无效，保险金信托亦不例外。保险金信托的特殊性在于同时受到保险法律规范和信托法律规范的规制，因此信托财产确定性的分析需要紧密结合保险法律关系的特殊性。

一、保险产品种类对信托财产确定性的影响

引导案例3-1

王女士与丈夫齐先生育有一子一女，均未成年。王女士父母均已退休。王女士近年来为自己和家人投保了数份保险产品，她从银行客户经理处得知，可以将保险"装入"保险金信托中，于是王女士梳理了全部家庭保单，分别是：

（1）增额终身寿险+万能型终身寿险的双主险保险产品，以自己为被保险人，以子女为保险受益人；

（2）长期医疗险，以自己为被保险人及保险受益人；

（3）重疾险，以丈夫为被保险人及保险受益人；

[①] 赵廉慧：《信托法解释论》，中国法制出版社2015年版，第92—93页。

（4）两全险，以父亲为被保险人，保障期限到父亲年满85周岁；

（5）意外险，以自己为被保险人，以母亲为保险受益人；

（6）教育年金，以子女为被保险人和保险受益人；

（7）投连险，并附带身故责任，以丈夫为被保险人，以自己为保险受益人。

王女士想知道，以上保险都可以"装入"保险金信托中吗？

（一）对接保险金信托的保险产品需要满足的条件

如仅从可行性层面进行探讨，原则上所有保险产品都可以对接保险金信托。但从信托财产确定性层面分析，对接保险金信托的保险产品需要满足如下三个条件：

1. 保险金给付的确定性

保险金进入信托账户后，信托公司才能管理运作信托财产，因此对接保险金信托的保险产品需要在确定的条件或时间节点下给付确定金额的保险金。也就是说，存在出险概率、不是必然给付保险金的保险产品，不适宜对接保险金信托，如定期寿险、意外险等。

2. 保险金不具有人身专属性

根据现行法律规范及司法裁判观点，对于具有人身专属性或人身专属性较强、潜在可能获得的保障较大的保险金，应专属于被保险人所有，因此保险金具有人身专属性的保险产品，如重疾险、医疗险等，不适宜对接保险金信托。

3. 保额较大

尽管监管层面并未规定保险金信托的设立门槛，但为了满足传承、财富管理等信托目的，将来进入信托的保险金金额不宜太少，而且保额较小的保险产品，即便能满足保险金给付确定性的要求，也不具备对接保险金信托的条件。在实务中，信托公司设立保险金信托的门槛通常在100万元至500万元人民币之间。

具体到案例3-1中，王女士投保的长期医疗险、意外险、重疾险，因不符合以上三个必要条件，不适宜作为对接保险金信托的保险产品。

（二）对接保险金信托的保险产品类型

1. 终身寿险

任何人都不能避免死亡，被保险人也是如此，因此终身寿险的保险事故发生具有必然性，由于保险金赔付具有确定性，所以终身寿险可以对接保险金信托。

此外，增额终身寿险基于其自身的设计特点，往往允许投保人在满足既定条件后以减少基本保额的形式取得现金价值。保险金信托生效后，如投保人仍有权利任意减保，则可能影响未来进入信托账户的保险金金额，故在实务操作中，部分信托公司及/或保险公司会限制投保人减保的权利。

在案例3-1中，王女士投保的增额终身寿险+万能型终身寿险、投连险（附带身故责任）都属于终身寿险，可以对接保险金信托。

2. 年金保险

与终身寿险不同，年金保险的保险金分为三种性质，即生存年金、身故责任金、期满保险金，生存年金和期满保险金属于生存受益人（通常为被保险人本人），身故责任金属于身故受益人（被保险人以外的人）。

如保险合同无特别约定，则生存年金和期满保险金专属于被保险人/

生存受益人所有，保险公司往往不允许将生存受益人变更为被保险人之外的人，因此生存年金和期满保险金无法进入信托。将身故受益人变更为信托公司不存在障碍，但因身故责任金等于保证领取金额减去生存受益人生前已领取的部分，因而生存受益人的生存时间越长，身故责任金的金额越少，甚至有可能降至零，如此一来，将无法保障信托财产的确定性。为了应对这一问题，实务操作中，部分保险公司接受将生存受益人和身故受益人均变更为信托公司，以此实现资金流向信托的闭环。

在案例3-1中，王女士为子女投保的教育年金可以"装入"信托吗？根据上述分析，在操作中可能不存在障碍，但本书认为，为未成年子女投保的年金险不能对接保险金信托。原因有二：首先，年金险的生存受益人为未成年子女，不宜变更为信托人。根据法律规定，监护人除为维护被监护人利益外，不得处分被监护人的财产。[①] 未成年子女作为生存受益人对生存年金、期满保险金享有全部的期待权或期待利益，变更后"保险合同权益"成为信托财产，即便将未成年子女指定为信托受益人，未成年子女也需要与其他信托受益人共同分享信托利益，因此变更生存受益人的行为很难被视为"为维护被监护人利益"。其次，年金险的身故受益人虽然可以变更为保险金信托受益人，但子女尚年幼，保险期间内身故的概率较小，是否存在身故保险金处于未知状态，不能满足信托财产确定性的要求。是而年金保险对接保险金的情况更加复杂，不能一概而论。

3. 两全保险

在保险期间内，两全保险既"保生"又"保死"，因此保险金的赔付具有确定性，对接信托的方式可以分别参照终身寿险和年金保险。在案例

---

① 《民法典》第三十五条。

3-1中，王女士为父亲投保的两全保险可以对接保险金信托。

二、"保险合同权益"减损、灭失对信托财产确定性的影响

基于保险合同的法律特征，保险金信托生效后，"保险合同权益"存在减损、灭失的风险，如投保人变更保险受益人、投保人减少保额并提取现金价值、投保人利用保单质押贷款、保单现金价值被人民法院强制执行、保险合同被解除、保险公司被依法解散或宣告破产等。

"保险合同权益"减损、灭失是否会影响信托财产确定性呢？本书持否定观点。信托财产具有确定性是信托设立之时的要求，[①]信托生效后信托财产毁损、灭失的，不影响信托财产的确定性。信托财产具有确定性并不代表着不允许任何风险的发生，即便以"看得见、摸得着"的现金、房产、艺术品等财产设立信托，信托财产依然存在损毁、灭失的风险，只要信托生效时点"保险合同权益"是真实存续的，且将来转化为保险金具有高度盖然性，就可以认为信托财产已满足确定性的要求。

第三节　保险金信托财产的独立性

根据《信托法》的规定，信托财产具有独立性，主要体现在四个层面：第一，信托财产独立于委托人未设立信托的其他财产、独立于受托人的固有财产；第二，除《信托法》规定的特殊情形外，信托财产不得被强制执

[①] 赵廉慧：《信托财产确定性和信托的效力——简评世欣荣和诉长安信托案》，载《交大法学》2018年第2期。

行；第三，信托财产具有债务独立性，受托人以信托财产为限承担信托财产管理运用过程中所产生的债务；第四，信托财产具有损益独立性，[①]受托人处理信托事务所产生的利益应归属于信托财产，所产生的损失除因受托人失职所造成的外也应用信托财产来承担。

"装入"保险金信托的"保险合同权益"无法脱离保险权益单独存在，故本节先分析保险权益执行规则的发展现状，在此基础上，基于"保险合同权益"的特殊性，对保险金信托财产的独立性进行分析。

一、保险权益强制执行规则的发展现状

（一）关于财产性保险权益强制执行的司法裁判观点

尽管当前司法实践对于哪些保险权益能够被强制执行还没有达成一致的意见，但最高人民法院已通过案例的形式认可保险权益可以被强制执行。在（2021）最高法执监35号[②]执行监督案件中，最高人民法院认为，人身保险是以人的寿命和身体为保险标的的保险，保险单具有现金价值。其中人寿保险更是具有较为典型的储蓄性和有价性，已经成为一种较为普遍的投资理财方式。这种储蓄性和有价性，不仅体现在保险合同存续期间，投保人可以获取利息等红利收入，而且体现在投保人可以保险单现金价值为限进行质押贷款，更体现在保险期间内投保人可以随时单方无条件解除保险合同，以提取保险单的现金价值。因此，案涉保险单的现金价值具有明显的财产属性。在威科先行法律信息库收录的一则案例中，法院除了认

[①] 李群星：《论信托财产》，载《法学评论》2000年第1期。
[②] 本书参考的裁判文书，除另有说明外，均来源于中国裁判文书网，最后访问日期：2025年2月28日。

同保险单的现金价值系投保人的责任财产且属于人民法院强制执行财产范畴之外，还提出，被执行人作为投保人购买的保险，在案涉债务发生后变更投保人的行为，减损了自己的责任财产、损害了债权人的利益，法院对现金价值采取冻结措施并无不当。[①]

部分地方高院也出台了司法文件规范保险权益强制执行事宜：

2018年7月9日，江苏省高级人民法院出台《关于加强和规范被执行人所有的人身保险产品财产性权益执行的通知》（苏高法电〔2018〕506号）。[②]

2021年11月18日，上海市高级人民法院与八家保险公司达成一致，形成《关于建立被执行人人身保险产品财产利益协助执行机制的会议纪要》（以下简称《上海高院会议纪要》），明确了被执行人处于不同身份时，能够执行的保险权益：①被执行人为投保人的，可冻结或扣划归属于投保人的现金价值、红利等保险单权益；②被执行人为被保险人的，可冻结或扣划归属于被保险人的生存年金等保险权益；③被执行人为保险受益人的，可冻结或扣划归属于保险受益人的生存年金等保险权益。

2023年9月5日，四川省高级人民法院与国家金融监督管理总局四川监管局联合发布《关于人身保险产品财产利益执行和协助执行的工作指引》（以下简称《四川高院工作指引》），明确保险现金价值、个人账户价值、红利、满期金、生存金、保险赔款等可以被强制执行。

---

① 参见威科先行法律信息库，https://mlaw.wkinfo.com.cn/judgment-documents/detail/MjAzNDI5NTc0MjQ%3D?showType=0，2025年5月27日访问。

② 编者注：本文件已于2020年12月31日被废止。

（二）财产性保险权益的强制执行方式

实践中人民法院在案件执行时会通过网络执行查控系统向保险公司发起财产查询通知。被执行人被查询到是投保人、被保险人、保险受益人中的任一主体，查控系统都会反馈结果，人民法院根据反馈结果可以进一步向保险公司查询、冻结或扣划被执行人的财产性保险权益。人民法院在强制执行保险权益时会采取以下几种方式：

1. 强制投保人退保并要求保险公司协助执行

如果投保人不主动退保、提取保险单现金价值，人民法院可以强制投保人退保并要求保险公司协助执行。例如，最高人民法院在（2021）最高法执监35号执行裁定书中认为："被执行人王某凤、王某东负有采取积极措施履行生效裁判的义务，在其无其他财产清偿债务的情况下，理应主动依法提取案涉保险单的现金价值履行债务。但其明显违背诚信原则，不主动提取保险单现金价值，损害申请执行人的权利。兰州中院在执行程序中要求保险人即中国人寿兰州分公司协助扣划王某凤、王某东名下9份保险单中的全部保费，实际是要求协助提取该9份保险单的现金价值，以偿还其所负债务，实现申请执行人的胜诉债权，符合人民法院执行行为的强制性特征，具有正当性、合理性，也利于高效实现当事人的合法权利并减少各方当事人讼累，无明显不当。"

2. 用赎买保单的现金价值所得代替强制退保

保单签署后的初始几年，保单的现金价值可能远远低于已交纳的保费，强制投保人退保违反经济原则，此时采取被保险人、保险受益人赎买保单现金价值的方式可以显示出司法机关执法的人性化及注重社会整体利益化的特点。如《上海高院会议纪要》第三条规定："……投保人

（被执行人）与被保险人或受益人不一致时，人民法院应秉承审慎原则，保障被保险人或受益人相关赎买保单的权益……被保险人或者受益人赎买支付相当于保单现金价值的款项的，由赎买人直接交予人民法院。人民法院应提取该赎买款项，不得再继续执行该保单的现金价值、红利等权益。"

3.在执行金额小于保单现金价值时，作减保处理

如果被执行人的债务金额小于保单现金价值，人民法院通常会要求保险公司进行减保处理。人民法院在对保单进行强制执行的过程中，会按照有利于被执行人的原则进行处理。如果被执行人的债务金额小于保单现金价值，强制退保将损害被保险人及保险受益人的利益，因此法院通常会要求保险公司进行减保处理。如果被执行人名涉及多张保单的，由人民法院确认保单的具体执行情况。

4.如投保人无单方解除权时，可冻结保单的现金价值

如人身保险合同中已约定投保人不能解除保险合同，此时人民法院不应强制投保人退保，但可以冻结保单的现金价值及基于保险合同享有的权益，不允许被执行人提取相关财产利益，等到保险合同理赔条件触发时再扣划保险金。例如，湖南省宁乡县人民法院在（2017）湘0124执异5号执行裁定书中认为："法院不能强制投保人退保或者强制解除保险合同……但该保险现金价值系被执行人熊某可预期收入，为防止其在条件成就时转移该收入，本院可依法对该收入予以冻结。"

（三）财产性保险权益不得被强制执行的特殊情况

在司法审判实践中，也有部分司法文件及裁判文书确认了不得强制执行保险权益的特殊情况，主要包括：

1. 重疾险、意外险和医疗险等保险产品的保单权益

因重疾险、意外险、医疗险、长期护理险等人身保险关系到被保险人的生命健康，具有人身专属性强、现金价值低的特点，但潜在可能获得的保障大，例如《上海高院会议纪要》明确人民法院应秉持比例原则，豁免执行，体现人文关怀。

2. 保险金是维系被执行人及其所抚养家属生存所必须的费用

根据《最高人民法院关于人民法院民事执行中查封、扣押、冻结财产的规定》（法释〔2020〕21号）第三条的规定："人民法院对被执行人的下列财产不得查封、扣押、冻结：（一）被执行人及其所扶养家属生活所必需的衣服、家具、炊具、餐具及其他家庭生活必需的物品；（二）被执行人及其所扶养家属所必需的生活费用。当地有最低生活保障标准的，必需的生活费用依照该标准确定……"因此，如果被执行人能够举证证明保险理赔款确系被执行人及其所扶养家属的生活必需费用，则该保险理赔款可以被豁免执行。

二、保险金信托财产的独立性分析

（一）保险金信托1.0模式下信托财产的独立性分析

在保险金信托1.0模式下，由于委托人（投保人）依然具有投保人的合同身份，并未将其享有的全部保险权益转移给信托，因此信托财产的独立性未得到充分彰显。具体来说，1.0模式下转移给信托的"保险合同权益"作为信托财产不能独立于投保人享有的其他保险权益而单独存在，类似于股权收益权之于股权，一旦"本体"权利转移或灭失，附着于其上的权利也会丧失最重要的财产性价值。

基于此，保险金信托1.0模式下无法规避以下风险：一是委托人（投保人）经被保险人同意，仍可另行变更保险受益人，从而可能影响信托的存续；二是信托委托人负债后，债权人可追索投保人根据保险合同所享有的现金价值、红利等保险权益，从而导致保险合同解除；三是在投保人以夫妻共同财产投保的情况下，在与配偶离婚析产时，如投保人拒绝向配偶补偿现金价值的一半，则配偶可以要求投保人退保并分割现金价值。由此可见，保险金信托1.0模式并非一个成熟的信托模式，在信托财产独立性方面尚存在法律困境。

（二）保险金信托2.0和3.0模式下信托财产的独立性分析

在保险金信托2.0和3.0模式下，信托公司享有投保人及保险受益人的合同身份，委托人将其基于保险合同而享有的全部"保险合同权益"都转移给信托，不存在"本体"权利与"附着"权利分离的情况。"保险合同权益"不再是信托委托人的责任财产，即便委托人负债，财产性保险权益也不会被纳入强制执行范畴。因此，在保险金信托2.0和3.0模式下，信托财产独立性得到较为充分的彰显。

第四节　保险金信托财产的独特风险对信托效力的影响

"保险合同权益"是一种依附于保险权益的特殊财产性权利，其存续受到保险当事人变更、保险合同解除、保险合同无效，甚至保险公司终止等特殊风险的影响，进而可能对信托效力产生影响。

一、保险受益人变更风险对信托效力的影响

引导案例3-2

承接案例3-1，经银行客户经理讲解哪些保单可以设立保险金信托后，王女士取得父亲的同意，以两全险在某信托公司设立了1.0模式的保险金信托，信托受益人为王女士及两个孩子。不久之后，王父认为自己和老伴（王女士母亲）的权益没有得到保障，要求保险公司将两全险的生存受益人变更为自己，将身故受益人变更为自己老伴。保险公司基于与信托公司的合作协议，将相关情况告知了信托公司。信托公司认为，在信托成立时王父已经签署了《放弃变更保险受益人的承诺书》，因此该变更是无效的。果真如此吗？

（一）保险受益人变更权

《保险法》第四十一条规定："被保险人或者投保人可以变更受益人并书面通知保险人。保险人收到变更受益人的书面通知后，应当在保险单或者其他保险凭证上批注或者附贴批单。投保人变更受益人时须经被保险人同意。"《保险法解释三》第十条第三款规定："投保人变更受益人未经被保险人同意，人民法院应认定变更行为无效。"根据上述规定，投保人和被保险人都享有变更保险受益人的权利，但投保人行使该权利以被保险人同意为前提条件。

（二）投保人、被保险人放弃变更保险受益人的权利的法律约束力

保险金信托成立后，原则上投保人和被保险人指定、变更保险受益人

的权利不会受到影响。为了应对权利人行使相关权利引发的信托风险，部分信托公司会要求投保人和被保险人出具"放弃行使变更保险受益人权利"的承诺书，以此确保信托财产的确定性。

那么该承诺书的效力如何呢？本书认为，该承诺具有法律效力，但不具备消极法律约束力，即归责力。[1] "变更保险受益人的权利"是《保险法》赋予投保人和被保险人的关键性法定权利，不得通过约定的方式进行排除。即便签署了上述承诺书，投保人和被保险人享有的该法定权利依然不会受到任何强制力的限制。也就是说，王父对变更保险受益人的权利的放弃只能靠其自觉履行。如其不愿再履行该放弃承诺，信托公司无法凭借承诺书阻止王父变更保险受益人，或诉至人民法院请求确认王父变更保险受益人的行为无效，但信托公司可以要求王父承担承诺书上明确的惩罚性责任，或启动信托文件中约定的相应安排。

（三）保险受益人变更后对信托效力的影响

继续对案例3-2的讨论，王父变更保险受益人的行为，是否会对保险金信托的效力产生影响？因该保险金信托仅"装入"了两全险的"保险合同权益"，没有其他财产，王父变更保险受益人后，信托财产已灭失，也就无法实现既定的信托目的。而信托目的不能实现属于《信托法》规定的信托终止的法定情形，[2] 因此信托将终止，也就不再具有效力。

而实务中还可能遇到其他不同情况，简单列举如下：

情况一：信托财产仅包括"保险合同权益"，新指定的保险受益人与

---

[1] 编者注：归责力主要是指一个合法有效合同或单方承诺未被履行时，守约方/接受承诺的一方可以依法追究违约方/承诺方相关责任的能力。

[2] 《信托法》第五十三条。

原信托受益人一致，本书认为此种情况可以视为信托受益人已获得信托利益的分配，信托终止；

情况二：信托财产不仅包括"保险合同权益"，还包括现金等其他资产，则信托继续存续，效力不受影响；

情况三：信托财产包括多张保单的"保险合同权益"，其中一张保单的"保险合同权益"灭失，不影响信托合同的效力；

情况四：信托合同约定了信托存续期间信托财产的最低限额，变更保险受益人后剩余信托财产的规模低于最低限额，将触发信托的提前终止机制。

二、保险合同解除风险对信托效力的影响

引导案例3-3

承接案例3-2，王父变更了两全险的保险受益人后，王女士意识到其忽视了父母的利益，于是她指示信托公司将父母增加为信托受益人。此外，王女士向信托中追加了"增额终身寿险+万能型终身寿险"的"保险合同权益"。上述保险是王女士于一年前投保的，有一天王女士突然接到保险公司的通知，称查询到王女士曾经患有严重疾病，由于在投保时未如实告知，因此保险公司要解除上述保险合同。王女士十分担心会对已成立的保险金信托造成影响。

（一）保险合同解除的情形

要解答王女士的疑惑，先要对保险合同的解除情形进行分析。根据享有解除权的主体的不同，可以区分为三种具体情况：

1. 投保人行使任意解除权

根据《保险法》[①]和《关于规范人身保险业务经营有关问题的通知》(保监发〔2011〕36号)的规定,在犹豫期内,投保人可以无条件解除合同,保险公司可以扣除不超过10元的成本费,剩余保险费应全部退还;犹豫期过后,投保人依然享有任意解除权,但保险公司仅返还保单现金价值,而非保险费。

然而,《保险法》及相关司法解释也允许对投保人的任意解除权进行一定限制:(1)保险合同可以通过特别约定的方式排除投保人的任意解除权;[②](2)如投保人意图行使任意解除权,但被保险人或保险受益人向投保人支付相当于保单现金价值的款项并通知保险公司的,保险合同不得解除。[③]

2. 被保险人撤销同意导致保险合同解除

根据《保险法》及相关司法解释的规定,投保人订立以死亡为给付保险金条件的保险合同,需要经过被保险人同意并认可保险金额,否则保险合同无效;如果被保险人同意后又撤销同意意思表示的,可认定为保险合同解除。[④]

3. 保险公司因法定事由解除保险合同

除非存在法定事由,否则保险合同成立后,保险公司无任意解除权。法定事由包括以下五种情形:

(1)投保人故意或者因重大过失未履行如实告知义务,足以影响保

---

① 《保险法》第十五条。
② 《保险法》第十五条。
③ 《保险法解释三》第十七条。
④ 《保险法》第三十四条,《保险法解释三》第二条。

险公司决定是否同意承保或者提高保险费率的。但保险公司应在除斥期间（自保险合同成立之日起两年）内行使解除权，否则该解除权归于消灭。

（2）投保人申报的被保险人年龄不真实，并且其真实年龄不符合合同约定的年龄限制的，保险公司同样需要在保险合同成立之日起两年内行使解除权。

（3）因投保人欠交保险费导致合同效力中止，且自合同效力中止之日起满两年双方未达成协议的。

（4）未发生保险事故，被保险人或者保险受益人谎称发生了保险事故，向保险公司提出赔偿或者给付保险金请求的。

（5）投保人故意造成被保险人死亡、伤残或者疾病的。

在案例3-3中，保险公司正是基于上述第（1）种情形行使了法定解除权。王女士为自己投保的是寿险产品，对被保险人的健康状况往往有较高要求，王女士应向保险公司如实告知自己的既往病史。因王女士曾患有重大疾病的事实，足以造成保险公司拒绝承保或加费承保的结果，且保险合同成立不足两年，故保险公司可以单方解除保险合同。

（二）保险合同解除对信托效力的影响

1. 保险合同解除的具体情形

《保险法》共约定了9种保险合同解除情形，本书将其分成四组，分别对应了保险公司的不同义务。

表 3-1　保险合同解除情形及保险公司对应义务

情形	保险合同解除具体情形	保险公司义务	法律依据
第一组	①投保人主动解除保险合同	如保险合同没有特殊约定，向投保人退还保单现金价值	《保险法》第四十七条、《保险法司法解释三》第十六条
	②被保险人撤销意思表示导致保险合同解除		《保险法解释三》第二条、第十六条
	③投保人申报的被保险人年龄不真实，并且其真实年龄不符合合同约定的年龄限制，导致保险公司行使解除权		《保险法》第三十二条、《保险法解释三》第十六条
	④因投保人未支付保险费导致合同效力中止，且自合同效力中止之日起满两年双方未达成协议的		《保险法》第三十七条、《保险法解释三》第十六条
第二组	⑤投保人故意造成被保险人死亡、伤残或者疾病的，但投保人已交足两年以上保险费的	向合同约定的其他权利人（非投保人）退还保单现金价值	《保险法》第四十三条、《保险法解释三》第十六条
第三组	⑥投保人因重大过失未履行如实告知义务，对保险事故的发生有严重影响的，保险公司在保险合同成立之日起两年内行使解除权的	不承担赔偿或者给付保险金的责任，但退还保险费	《保险法》第十六条
第四组	⑦投保人故意不履行如实告知义务的，足以影响保险公司决定是否同意承保或者提高保险费率的，保险公司在保险合同成立之日起两年内行使解除权的	不承担赔偿或者给付保险金的责任，并不退还保险费	《保险法》第十六条
	⑧投保人故意造成被保险人死亡、伤残或者疾病的，且投保人未交足两年以上保险费		《保险法》第四十三条
	⑨未发生保险事故，被保险人或者保险受益人谎称发生了保险事故，向保险公司提出赔偿或者给付保险金请求的		《保险法》第二十七条

2.不同情形下保险合同解除对信托效力的影响

因表3–1中第一组、第二组情形造成保险合同解除，保险公司应退还保单现金价值。如保险合同无特殊约定，则现金价值归投保人所有；如存在特殊约定或法定情形，被保险人或保险受益人也有权获得现金价值。在保险金信托1.0模式下，如投保人（委托人）获得现金价值，则"保险合同权益"灭失，在无其他信托财产的情况下，信托将终止；如保险受益人（受托人）获得现金价值，则仍有资金进入信托账户。根据《信托法》第十四条的规定，受托人因其他情形取得的财产也归入信托财产，因此现金价值进入信托账户后将转化为信托财产，信托效力不会仅因保险合同解除而受到影响。在保险金信托2.0和3.0模式下，受托人取得投保人的合同地位，如投保人获得现金价值，则信托效力不会因保险合同解除而受到影响。

因第三组情形造成保险合同解除，保险公司应向投保人退还保险费，在保险金信托1.0模式下，因保险合同权利义务终止，"保险合同权益"消灭，在无其他信托财产的情况下，将导致信托终止。在保险金信托2.0和3.0模式下，投保人（受托人）取得保险费，此时保险费应归入信托财产，信托效力不会仅因保险合同解除而受到影响。

因第四组情形造成保险合同解除，保险公司既不退还保费，也不退还现金价值，保险合同权利义务终止，"保险合同权益"消灭，在无其他信托财产的情况下，信托将终止。

在案例3-3中，王女士的遭遇可以归入以上哪类情况，要看王女士未如实告知保险公司其健康状况是基于故意还是重大过失，以及保险合同就现金价值的归属有无特殊约定。一个比较现实的推测是，王女士设立的保险金信托的效力在很大概率上会受到影响。

三、保险合同无效风险对信托效力的影响

引导案例3-4

承接案例3-3,王女士想向保险金信托追加以丈夫齐先生为被保险人的投连险(附带身故责任)的"保险合同权益",遂向信托公司发送了《追加信托财产申请书》,信托公司收到后协助王女士向保险公司申请办理保险受益人变更。保险公司在征求齐先生的同意时,齐先生才得知王女士为其投保了保险。原来王女士投保时,自行替齐先生签了字。齐先生明确反对王女士为自己投保保险。

(一)保险合同无效的情形

1.因不具备保险利益导致保险合同无效

根据《保险法》第三十一条第三款的规定,订立合同时,投保人对被保险人不具有保险利益的,合同无效。保险利益是指投保人或者被保险人对保险标的具有的法律上承认的利益。保险利益、保险金请求权、保险责任三者环环相扣,只有投保人对被保险人享有保险利益,发生保险事故后被保险人和保险受益人才享有保险金请求权,保险公司才应承担保险责任。

被保险人与投保人具有以下关系时,投保人对被保险人具有保险利益:(1)本人;(2)配偶、子女、父母;(3)与投保人有抚养、赡养或者扶养关系的家庭其他成员、近亲属;(4)与投保人有劳动关系的劳动者;(5)被保险人同意投保人为其订立合同的。

2.因被保险人为无民事行为能力导致保险合同无效

根据《保险法》第三十三条的规定,投保人不得为无民事行为能力人

投保以死亡为给付保险金条件的人身保险，保险公司也不得承保，否则保险合同无效，但父母可以给未成年子女投保人身保险。

3.因保险金额未经被保险人认可导致保险合同无效

根据《保险法》第三十四条的规定，以死亡为给付保险金条件的合同，未经被保险人同意并认可保险金额的，合同无效。父母为未成年子女投保人身保险是例外情况，无须取得未成年子女的同意。但根据原保监会颁布的《关于父母为其未成年子女投保以死亡为给付保险金条件人身保险有关问题的通知》（保监发〔2015〕90号）的相关规定，父母为未成年子女投保的以死亡给付条件的保险金额总和存在限制：（1）被保险人不满10周岁的，保险金额总和不得超过人民币20万元；（2）被保险人已满10周岁但未满18周岁的，保险金额总和不得超过人民币50万元。

在案例3-4中，王女士为齐先生投保的投连险附加了身故责任，属于以死亡为给付保险金条件的保险合同，在齐先生明确表示反对的情况下，该保险合同无效。

4.因违反法律法规的强制性规定或公序良俗导致保险合同无效

《民法典》的效力层级高于《保险法》，因此保险法律行为同样受到《民法典》的约束，《民法典》关于合同无效情形也适用于保险合同。[①]如果保险合同存在《民法典》规定的民事法律行为无效情形，如违反法律法规的强制性规定、违反公序良俗或基于虚假意思表示订立保险合同等，也会导致保险合同无效。

---

① 周玉华:《〈民法典〉实施背景下〈保险法〉修订的若干疑难问题研究》，载《法学评论》2021年第6期。

（二）保险合同无效对信托效力的影响

《民法典》第一百五十五条规定："无效的或者被撤销的民事法律行为自始没有法律约束力。"因此，保险合同无效，"保险合同权益"将自始不具有合法性，信托行为也将归于无效。

四、保险公司终止风险对信托效力的影响

引导案例3-5

全国首例保险公司破产重整案[1]

在我国保险发展历史上，还未有保险公司真正进入过破产清算程序，[2]仅有一家保险公司——易安财险——真正进入了破产重整程序。

易安财险是一家互联网保险公司，于2016年2月16日经原保监会批准正式开业，以意外险、健康险、财产险为主要经营险种。因偿付能力无法满足监管要求、触发保险法规定的接管条件，易安财险自2020年7月17日起由原银保监会依法实施接管。2022年7月15日，经原中国银保监会许可，易安财险公司以不能清偿到期债务且明显缺乏清偿能力，但具有重整价值为由，被北京金融法院裁定破产重整。中国保险保障基金有限责任公司和易安财险管理人分别发布公告，对保单债权人的债权申报和存量保险合同

---

[1] 参见《北京金融法院一案例入选！新时代推动法治进程2023年度十大案件揭晓》，载北京金融法院网，https://bjfc.bjcourt.gov.cn/cac/1706497981489.html，2025年2月8日访问。

[2] 编者注：其他经营不善的保险公司中，安邦保险、国信人寿被解散，东方人寿处于停业状态，天安财险、华夏人寿和天安人寿被原银保监会实施接管，新华保险、中华保险曾被保险保障基金接管，均未被宣告破产。

的继续履行事宜进行了安排：

2022年7月15日，中国保险保障基金有限责任公司发布《关于依法保障易安财险保单债权人权益的公告》（以下简称《公告》），首次以取得合法授权后的统一代理方式，代理了7641家保单债权人申报债权。《公告》称，易安财险保单持有人（包括投保人、被保险人、保险受益人）在以下情形下需向管理人申报债权：（1）重整受理日前已到期的保单，已发生保险事故，但保险公司尚未完成赔付的；（2）重整受理日前未到期的保单，已发生保险事故且保险公司完成本次赔付后保险责任即终止的；（3）重整受理日前或重整期间，投保人申请退保且保险公司尚未退还保险费的。为简化债权申报程序，充分保障保单债权人（保单持有人）的合法权益，上述保单持有人授权保险保障基金公司代为申报债权、参加债权人会议、行使表决权，无须另行出具授权委托文件。

2022年7月15日，易安财险管理人发布《关于易安财产保险股份有限公司存量保险合同继续履行的公告》，称对于截至重整受理日尚未到期且仍需履行剩余期限保险责任的保险合同，管理人将依法向北京金融法院申请继续履行，该部分保单持有人无须申报债权，且保险合同权益不受易安财险重整的影响。

2023年2月24日，北京金融法院根据管理人的申请裁定批准重整计划并终止易安财险重整程序。同年5月9日，比亚迪汽车工业有限公司受让易安财险10亿股股份，持股比例为100%。5月17日，易安财险更名为比亚迪财险。5月24日，北京金融法院裁定确认易安财险重整计划执行完毕并终结重整程序，标志着易安财险风险处置工作圆满结束。

（一）保险公司终止的情形

根据《公司法》及《保险法》的相关规定，保险公司终止的情形有如下几种：

第一，被宣告破产。但须经过国务院保险监督管理机构同意。

第二，被依法撤销。具体情形包括：（1）保险公司因违法经营被依法吊销经营保险业务许可证；（2）偿付能力低于国务院保险监督管理机构规定标准。撤销决定由国务院保险监督管理机构作出并公告。

第三，被依法解散。具体情形包括：（1）保险公司因分立、合并需要解散；（2）保险公司的股东会决议解散；（3）保险公司章程规定的解散事由出现；（4）因被依法撤销而解散。保险公司解散必须经国务院保险监督管理机构批准。经营有寿险业务的保险公司，除因分立、合并或者被依法撤销外，不得解散。

（二）保险公司终止对信托效力的影响

保险公司终止对保险金信托效力的影响，需要分两种不同情况进行分析：第一种情况是信托公司作为保险受益人尚未满足取得保单利益的条件；第二种情况是信托公司已满足取得保单利益的条件。"保单利益"是保险法律规范中的专业术语，保单利益依据其性质分为两类：第一类是解除保险合同时，保单持有人有权请求保险公司退还的保险费、现金价值；第二类是保险事故发生或者达到保险合同约定的条件时，被保险人、保险受益人有权请求保险公司赔偿或者给付的保险金。

因此，上述第一种情况，是指在保险公司终止时，保险合同正常存续，尚在保险责任期内，保险合同没有被解除，保险事故也未发生；第二种情况是指在保险公司终止时，保险合同已解除，但保险公司尚未退还保险费或现金价值，以及保险事故已发生或保险合同约定的保险金给付条件已满足，但保险公司尚未给付保险金。

情况一：保险公司终止时尚未满足取得保单利益的条件

根据我国《保险法》及相关办法的规定，经营有人寿保险业务的保险公司被依法撤销或者被依法宣告破产的，其持有的人寿保险合同及责任准备金，必须转让给其他经营有人寿保险业务的保险公司；如果无法与其他保险公司达成转让协议的，则由国务院保险监督管理机构指定一家保险公司接受转让。针对其他人身保险合同，虽然《保险保障基金管理办法》（中国银行保险监督管理委员会、财政部、中国人民银行令2022年第7号，以下简称《管理办法》）也规定"除人寿保险合同外的其他长期人身保险合同，其救助方式依照法律、行政法规和国务院有关规定办理"，但截至目前，关于其他人身保险合同的救助措施和制度还处于缺位状态。

所以，对于对接信托的人寿保险及年金保险，在面临保险公司终止的风险时，得到的救助政策可能有所不同。

（1）对于人寿保险，由于《保险法》明确规定必须由其他经营寿险业务的保险公司受让保险合同，"保险合同权益"不会灭失，继任保险公司依旧要在保险金给付条件满足时向保险受益人（受托人）给付保险金，对应的保险金额度也不会减少，因此本种情况下保险公司终止不会对保险金信托产生影响。

（2）对于年金保险，由于具体的救助政策尚不明确，不排除保险合同被修改或保险金额被调整等风险，需待具体法律法规的出台。

情况二：保险公司终止时已满足取得保单利益的条件

（1）保险受益人自行申报债权

在已满足取得保单利益的条件时，保单利益已经确定，保险受益人（受托人）所享有的保险金请求权已转化为对保险公司的债权，若此时保险公司被宣告破产或被撤销，保险公司将以破产财产或清算财产为限对保险受益人进行清偿，但清偿顺序排在破产费用（如有）、共益债务（如有）、职工工资及社会保险之后。①在案例3-5易安财险破产清算中，则是由中国保险保障基金代表8000多个债权人向易安财险管理人进行破产申报，为我国涉众金融公司破产重整的债权申报开拓了一条新的路径。

（2）保险受益人将债权转让给保险保障基金公司并获得救助款

借鉴发达国家保险行业的治理经验，我国于2008年成立了中国保险保障基金。保险保障基金是非政府性行业风险救助基金，由保险公司依法缴纳，用于保险公司被撤销或者被宣告破产时，向投保人、被保险人、保险受益人、接受其人寿保险合同的保险公司提供救济。

《管理办法》规定，保险公司被依法撤销或者依法实施破产的，在撤销决定作出后或者在依法向人民法院提出破产申请前，保单持有人可以与中国保险保障基金有限责任公司（保险保障基金的筹集者、管理者和使用者）签订债权转让协议，保险保障基金公司以保险保障基金向其支付救助款，并获得保单持有人对保险公司的债权。保险保障基金公司向管理人或清算组申报债权并在清算结束后获得清偿；获得的清偿金额多于支付的救助款的，保险保障基金应将差额部分返还给保单持有人。

因此，保险公司破产、被撤销时已满足取得保单利益的条件的，不论是人寿保险还是年金保险的保单利益，均可以获得保险保障基金的救助款。虽然救助款与保险金的资金性质不同，但均源自"保险合同权益"。《信托法》规定："受托人因信托财产的管理运用、处分或者其他情形而取得的财产，也归入信托财产。"②获得救助款属于因其他情形取得的财产，因此信托财产并未灭失。但根据《管理办法》的上述规定，可以推测保险保障基金并不一定会提供等额于保险金的救助款，故保险金金额有遭受损失的可能。

---

① 《保险法》第九十一条。
② 《信托法》第十四条第二款。

（三）保险公司终止时的受托人义务

如在保险金信托存续期间遇到保险公司终止的情形，信托公司（代表保险金信托）应履行勤勉尽责的信义义务，先与委托人核实确认保单利益是否已确定，如未确定，应关注保险合同的接管和受让事宜；如保单利益已确定，受托人作为保险受益人应依法履行债权申报义务，或根据相关规定向保险保障基金转让债权，或授权保险保障基金公司代为申报债权、参加债权人会议、行使表决权。

第四章 保险金信托的设立

　　保险金信托的设立是发挥保险金信托特有功能的起点。保险金信托的设立，是一个从无到有的过程，需要委托人、保险公司、信托公司甚至是受益人等多主体协同协商的复杂过程。任何一个细小情节或内容都可能成为阻碍保险金信托设立的障碍。因此，设立过程成功与否关系着保险金信托的成立与生效，关系着保险金信托能否有效发挥作用。保险金信托的设立值得相关主体加以关注。同时，设立过程中，如何选择合适的保险公司、保险产品、信托公司？设立保险金信托需要提供哪些资料、流程如何、有无门槛、涉及哪些费用等一直以来也是委托人非常关心的问题。

第一节　保险金信托的成立与生效

引导案例 4-1

最近王律师接受了客户张先生的咨询，在谈到解决家族企业资产混同问题时，王律师提到了保险金信托。张先生对此非常感兴趣，但张先生疑惑：第一，保险金信托如何设立，设立后何时生效，可以实现家族企业资产的有效隔离吗？第二，张先生有生之年是否可以享受保险金信托的受益分配？

一、民事法律行为的成立与生效

根据民法原理，民事法律行为需要区分"成立"和"生效"这两种不同的法律状态。《民法典》第一百三十六条第一款规定："民事法律行为自成立时生效，但是法律另有规定或者当事人另有约定的除外。"从这一法律条文可以看出，除特殊情况外，民事法律行为的成立和生效同时发生。民事法律行为的成立与否是一个事实问题，其着眼点在于某一民事法律行为已经存在；民事法律行为的生效与否，则体现了法律对私法自治的限制，其着眼点在于法律对已成立的民事法律行为作出的价值判断。民事法律行为的成立与生效既有联系又有区别：一方面，民事法律行为的生效须以成立为前提，如果民事法律行为不成立，自然也就谈不上生效；另一方面，民事法律行为成立却不一定生效，民事法律行为发生效力，不仅要

"依法"成立，而且须不存在"法律另有规定或者当事人另有约定"的情形，以合同生效为例，如合同不存在法律、行政法规规定须经批准这一情形。[1]

二、保险金信托的成立与生效

日本1922年《信托法》与我国台湾地区信托相关规定均将信托行为规定为要物行为，即必须将信托财产转移到受托人名下，信托才会有效设立。日本2006年《信托法》[2]和我国《信托法》[3]关于信托的设立采用的则是诺成性契约结构，即一般情况下，自双方签订信托合同之时，信托即告成立并生效。

保险金信托是一种通过信托契约（信托合同）设立的民商事法律关系，因此，保险金信托的成立与生效也要符合《民法典》第一百三十六条第一款的规定，即保险金信托自成立时生效，但是法律另有规定或者当事人另有约定的除外。保险金信托成立是保险金信托生效的前提。一般情况下，除非法律另有规定或者当事人在保险金信托合同中另有约定，在保险金信托合同签订之时，保险金信托即告成立并生效。

（一）保险金信托的成立要件

"信托的成立，是指信托当事人依法完成了设立信托的行为，真实体现了当事人的意志。"[4]保险金信托的成立是指保险金信托当事人对设立保

---

[1] 刘贵祥：《关于合同成立的几个问题》，载《法律适用》2022年第4期。
[2] 编者注：日本2006年《信托法》第4条规定："依本法第3条第（1）项的方式设立的信托，自信托协议签订时生效。"因此，在日本如果采用合同的方式设立信托，关于信托的生效，采用的是诺成性契约结构。
[3] 《信托法》第八条。
[4] 何宝玉：《信托法原理研究》，中国法制出版社2015年版，第118页。

险金信托的基本内容达成了一致，并完成了签订保险金信托合同的行为。保险金信托的成立需要具备以下构成要件：

1. 具有适格的信托当事人

信托当事人包括委托人、受托人与受益人。委托人、受托人与受益人的适格问题详见本书第二章第二节"保险金信托当事人"。

2. 意思表示真实、自由

《民法典》规定民事法律行为有效的前提条件之一为意思表示真实自由。委托人设立保险金信托的意思表示及受托人承诺信托的意思表示须真实、自由，设立保险金信托的行为存在虚假意思表示、重大误解、受欺诈、受胁迫或者显失公平等情形的，其信托行为可能存在无效或被撤销的风险。

3. 符合"三个确定性"原则

在普通法系，信托的有效设立须遵循"三个确定性"原则。[①] "三个确定性"是创设私益明示信托所须遵循的原则，包括设立信托意图的确定性、信托标的物的确定性（也称信托财产和受益利益的确定性）、受益人的确定性。这一原则由英国在 Wright v Atkyns（1823）和 Knight v Knight（1840）两案的审判过程中逐步确立。朗代尔大法官（Lord Langdale MR）在审理 Knight v Knight（1840）案时提出，设立明示信托必须包含上述"三个确定性"原则，缺少其中任何一个原则，信托将无法有效成立。在大陆法系，有学者认为，惟设定信托之意思表示必须具有确定性，包括：（1）信托财产之确定；（2）信托目的之确定；（3）受益人之确定（只限于私益信托之情形）。任何一项有所缺失，信托即无法有效成立。我国《信托法》

---

① ［英］西蒙·加德纳：《信托法导论》，付然译，法律出版社2018年版，第157—167页。

也要求委托人设立信托要有明确的设立信托的意图、有确定的信托财产以及具体的受益人范围或确定规则。①

（1）具有明确合法的信托目的。信托目的是委托人设立保险金信托的主观意图和意思表示，通常通过保险金信托合同的具体条款加以体现。首先，信托目的应具有合法性。虽然信托目的具有多样性和灵活性，但不论怎么设定都不能触及法律的底线，需要具备合法性。例如，为了进行洗钱活动而设立的保险金信托，将会因信托目的不合法导致信托无效。其次，信托目的应具有确定性。只有信托目的明确肯定，受托人才能依照信托目的履行自身的职责。

（2）具有合法确定的信托财产。保险金信托的成立需要有确定合法的信托财产。信托财产的确定性一般包括两个方面，一是信托财产应当从委托人的自有财产中隔离出来，二是信托财产可以从数量或范围上确定。

（3）具有确定的受益人。保险金信托主要是为了受益人的利益而设立，受益人是保险金信托成立的一大关键要素。保险金信托的成立，要求受益人或受益人的范围能够加以确定。该确定性并不要求在信托设立时受益人就已经生存或存续，只要委托人能够提供明确具体的确定受益人的规则或指引，也能满足确定性的要求，有鉴于此，委托人完全就可以指定未出生的后辈成为保险金信托的受益人。

4. 采用书面合同设立

我国《信托法》第八条规定："设立信托，应当采取书面形式。书面形式包括信托合同、遗嘱或者法律、行政法规规定的其他书面文件等。采取信托合同形式设立信托的，信托合同签订时，信托成立。采取其他书面形式设立信托的，受托人承诺信托时，信托成立。"根据我国的保险金信

---

① 《信托法》第六条、第七条、第九条。

托实践，保险金信托属于合同信托，应当采用书面形式。

由于保险金信托属于意定信托，在满足以上法定成立要件的基础上，《信托法》并不禁止信托当事人通过约定的方式附加其他信托成立要件。在实务中，信托公司也倾向于在保险金信托合同文本中设定多个成立条件，如保险合同已过犹豫期、已完成保险受益人的变更、投保人和被保险人已出具放弃变更保险受益人的承诺函等。

（二）保险金信托的生效要件

"信托的生效，是指当事人设立的信托具有法律上的效力，体现了法律对信托效力的确认。"[1]保险金信托的生效是指已经成立的保险金信托法律关系产生法律约束力，体现了信托当事人（附条件和期限）的限定与国家对信托关系的评价，即信托是否符合法律的精神和规定，能否取得法律认可的约束力。一般情况下，保险金信托的生效要件有两种情况，一是"法律另有规定"，二是"当事人另有约定"。

1.保险金信托的生效无须以信托登记为前提

《信托法》第十条规定："设立信托，对于信托财产，有关法律、行政法规规定应当办理登记手续的，应当依法办理信托登记。未依照前款规定办理信托登记的，应当补办登记手续；不补办的，该信托不产生效力。"根据上述规定，如用"有关法律、行政法规规定应当办理登记手续的"财产设立信托，应当依法办理信托登记。在保险金信托1.0模式下，信托财产为"保险合同权益"，在保险金信托2.0模式下，信托财产为"保险合同权益"及用于交纳保费的现金，在保险金信托3.0模式下，初始信托财产为资金。上述信托财产均不属于《信托法》第十条规定的应当依法办理信

---

[1] 何宝玉：《信托法原理研究》，中国法制出版社2015年版，第118页。

托登记的财产，因此设立保险金信托不需要进行信托登记。

2. 保险金信托的生效必须满足信托合同的约定

一般情况下，保险金信托当事人对设立保险金信托的基本内容达成了一致，并完成了签订保险金信托合同的行为，保险金信托成立并生效。但当事人在保险金信托合同中另有约定的，则需要按照约定判定生效时点。

实务中广泛使用的信托合同往往将信托财产交付至受托人作为信托生效的重要条件之一。保险金信托3.0模式下信托财产的交付与资金型家族信托无异，不做赘述。针对1.0和2.0模式的保险金信托，根据《保险法解释三》第十条第一款的规定："投保人或者被保险人变更受益人，当事人主张变更行为自变更意思表示发出时生效的，人民法院应予支持。"也就是说，在法理层面，投保人作出变更保险受益人的意思表示后，无论保险人是否知悉，作为信托财产的"保险合同权益"都已经转移至受托人，1.0和2.0模式的保险金信托已满足生效条件。然而在实务层面，需要结合信托公司与保险公司的操作流程来具体分析。投保人/委托人依法变更保险受益人的意思表示需要到达保险公司，才对保险公司发生效力。信托公司在取得保险人出具的以信托公司为保险受益人的保险单、其他保险凭证上批注或者附贴批单后，方能确认初始信托财产（"保险合同权益"）已转移至保险金信托，信托公司才会向委托人发出信托生效的通知。因此实务中多以办理完毕保险受益人保全变更之时为保险金信托1.0模式的生效时点、以办理完毕保险受益人保全变更并将剩余保费转入信托账户之时为保险金信托2.0模式生效时点。

第二节　设立保险金信托的考量因素

引导案例4-2

李经理为私人银行的客户经理，在服务客户过程中，感受到保险金信托越来越受到关注，很多客户在了解了保险金信托的财富规划功能后，都会进一步咨询如何设立符合自身需求的保险金信托。李经理也特别希望能针对不同客户的具体情况，提出有针对性地设立保险金信托的考量因素，以便更好地服务客户。

一、选择保险公司的考量因素

据统计，目前我国已有50余家保险公司推出了可以对接保险金信托的保险产品。[①]保险公司各具优势，不存在哪一家是最好的。如何在这50余家保险公司中作出合适的选择，实务中可以考虑以下因素：

（一）偿付能力

偿付能力是指保险公司偿还债务的能力，是衡量保险公司财务状况时必须考虑的基本指标。国家金融监督管理总局负责监管保险公司偿付能力，并判断保险公司的财务状况能否保证其履行财务责任以及维持长期经营。衡量保险公司偿付能力的指标有三个，分别为核心偿付能力充足率、综合

---

① 中国信托业协会编：《中国信托业发展报告（2023—2024）》，中国财政经济出版社2024年版，第154页。

偿付能力充足率和风险综合评级。根据目前的监管指标，偿付能力达标要同时满足以下三个要求：第一，核心偿付能力充足率不低于50%；第二，综合偿付能力充足率不低于100%；第三，风险综合评级在B类及以上。[①]

保险公司的偿付能力是不断变化的，至少每个季度公布一次，建议在挑选保险公司时连续观察一段期间内其偿付能力评级是否平稳。

（二）投资能力

在利率下行的大背景下，保险公司的投资能力也是选择保险公司的重要因素。考察保险公司的投资能力可以从历史表现、公司治理、投资团队、过往投资业绩等方面入手。保险公司的年报会披露近三年平均投资收益率，可以作为投保人的重要参考。

（三）客户服务能力

1.保险公司被投诉情况

投诉情况反映了保险公司在售前、售中、售后全流程的服务能力。国家金融监督管理总局会定期公布保险公司被投诉的情况，投保人可关注以下三个投诉指标：①亿元保费投诉量；②万张保单投诉量；③万人次投诉量。但投保人选择保险公司时，还应当综合判断投诉情况与该保险公司的规模、产品数量等是否匹配，避免以投诉量低作为唯一选择因素。

2.消费者权益保护评级

2021年，我国出台了《银行保险机构消费者权益保护监管评价办法》（银保监发〔2021〕24号），对保险公司的消费者权益保护水平与能力进行

[①] 编者注：监管机构按偿付能力风险大小，将保险公司分为四个监管类别，由优到劣，分别是A、B、C、D类，最高级别是AAA，其次是AA、A、BBB、BB、B，其中C类和D类属于不达标。

评价。评价结果共分为四级，评价结果为一级的，表明机构消费者权益保护工作在行业内处于领先水平。评价结果为四级的，表明机构消费者权益保护工作在行业内处于落后水平，必须立即全面检视问题，采取有效措施进行整改。所以，该评价结果可以作为客户甄别保险公司对投保人权益保护水平高低的重要参考。[①]

（四）品牌知名度、公众认可度

品牌是一家企业的"软实力"，是企业文化、发展理念、经营水平、资金实力的集中展示。品牌知名度在很大程度上会体现出企业的综合实力和发展势头，是企业核心竞争力最直接的体现。而品牌知名度又与公众认可度密切相关，公众认可，特别是亲自体验过不同保险公司理赔服务的亲朋好友的建议具有重要的参考价值。

二、选择对接信托的保险产品的考量因素

（一）产品与需求的匹配度

不同人群对保险产品的需求是不同的。在选择对接信托的保险产品时，需要考虑产品与具体需求的匹配度。例如，对于中青年富裕人群来说，可能更关注财富的积累，有较大的身故保障杠杆需求，希望以较低的保费获得较高的保额，具有高杠杆特性的定额终身寿险可能就比较适合此类人群。而对于对未来有明确规划和用钱需求的人群，大额年金险可能会更为适合，大额年金保险在投保时就可以明确具体的领取时间，可以提供与生命周期等长的现金流。再者，对于更关注收益稳定性的人群，增额终身寿

[①] 《银行保险机构消费者权益保护监管评价办法》第十八条。

险和万能型寿险/年金险就较为合适，增额终身寿险通常在交费期满一段时间后现金价值会超过保费，且现金价值的增长较为稳健，而万能型保险则承诺最低结算利率，虽然收益率并不高，但对于风险厌恶型人群来说依然具有吸引力。

如下表所示，对接信托的不同保险产品具有不同的特性，能够匹配自身需求的产品才是最佳的选择。

表4-1　不同险种特性对比表

险种	主要特性
定额终身寿险	定额终身寿险保额固定，杠杆高，保障终身，被保险人去世后保险公司即按合同约定给付保险金额，比较适合为家庭核心成员投保。保险金进入信托后可以按照委托人的意愿向指定的受益人分配，保障家人生活，实现财富传承。但是，若想投保较大保额的定额终身寿险，保险公司则对被保险人的健康条件和财务条件都有一定的要求。另外，定额终身寿险是保险事故发生后一次性获得保险金，现金价值较低，如果中途通过退保或减保的形式提取现金价值，可能会遭受较大损失。
增额终身寿险	增额终身寿险投保前期杠杆低，但是现金价值多以复利形式稳定增长，财富积累日益增多，且可通过退保或者减保的方式灵活提取现金价值，实现家庭财富规划。增额终身寿险的健康核保和财务核保都要更宽松一些，但其前期的基本保额较低，现金价值不高，如果客户没有做好投资规划，很容易造成现金需求保障难以满足、保费难以为继、退保遭受损失等情况。
两全保险	两全保险兼具"储蓄性"和"给付性"的双重功能，保障期限内被保险人身故或全残，保险公司赔付保险金额，如果满期时被保险人仍健在，则能得到满期给付金，既可以用于为家庭提供保障支持，也可以用于被保险人自身的养老规划。因两全保险的保障功能全面，所以保费较高，适合有一定资金实力的人群。
大额年金险	大额年金险确保被保险人可以获得持续的现金流，但只能按照合同约定的时间领取保险金，灵活度相较于增额终身寿险来说比较差。年金险前期现金价值较低，其现金价值通常要在交费期结束后才会开始逐步增长。年金保险比较适合于有稳定收入、希望为孩子提供教育资金的保障或为晚年养老保持生活品质的人群投保。

（二）实际收益

在选择不同的保险产品时，我们经常需要考虑保险产品的实际收益。特别是在选择增额终身寿险时，经常会听到4.025%、3.5%、3%的复利，但这说的并不是增额终身寿险现金价值的实际收益率，而是有效保险金额递增利率，这个利率与身故利益相关。而衡量增额终身寿险实际收益时，则需要以现金价值的内部收益率（Internal Rate of Return，IRR）为评判标准。IRR是以最初投入的本金和最终取得的现金价值为计算对象，在衡量了时间因素、复利水平之后的平均年化收益率。随着我国金融市场无风险利率的不断下降，目前增额终身寿险现金价值的IRR也在不断降低。

另外，保险产品现金价值的收益不是呈线性增长的，比如有些产品早期增长慢，后续增长快；有些产品早期增长快，后续增长慢一点。如果比较看重保险产品的理财功能，在选择具体产品的时候，投保人需要根据预计用款时间来选择适合的保险产品。

（三）增值服务

1. 隔代投保

在实际生活和工作中，我们经常会被问到"爷爷奶奶能为孙子女投保吗？"该问题的实质是在问"隔代投保"。隔代投保一般应用于以下三大场景：第一，祖辈故去，爱心依旧。"隔辈亲"是中国人的传统观念，祖父母/外祖父母往往对孙子女/外孙子女疼爱有加，这种疼爱也体现在祖父母/外祖父母希望为孙子女进行隔代投保上。即便未来祖辈故去，但当孙辈领取教育金、婚嫁金时，依然能够感受到来自祖辈的爱与关心。第二，子女不肖，难堪大任。祖辈一辈子兢兢业业，打下了丰厚的家业，但子女或不学无术，或挥霍无度，通过隔代投保的运用，可以把财富顺利传承给孙辈。第三，转移风险，隔离债务。子女正值壮年，经营企业，正在经历商海浮沉，随时可能面临债务风险。通过隔代投保的方式，隔离子女的债务风险，以保障孙辈的教育和生活。但并不是所有的保险产品都有这个特殊的功能，一般来看增额终身寿险和年金保险支持该种服务，并且每个保险产品的隔代投保服务可能是不同的。因此该增值服务可以作为有此需求的投保人选择保险产品的重要因素。

2.第二投保人

一份保险合同中会有多个参与者，分别是投保人、保险人、被保险人和受益人。投保人是保单的所有权人，享有退保、减保、申请贷款等权利，同时也负有按时足额交纳保费等义务。第二投保人是指投保人和保险公司之间的约定，一旦投保人身故，第二投保人就能申请变更成为保单的投保人，既不用提供《公证书》，也不用提供全体继承人同意变更的声明书。它的主要功能是避免投保人身故后因投保人变更所引起的一系列矛盾。例如，一旦投保人身故，保费未交清，此时如果没有设置第二投保人，可能面临两个后果：第一，如果不进行任何投保人的变更，将无法继续交纳剩余保费，可能导致保险合同效力中止，即保单失效，进而影响保险金信托。第二，如果更新投保人，可能需要取得原投保人所有继承人的同意，可以想见其难度之大。因此，设置第二投保人可以在一定程度上简化保单继承程序、避免或减少投保人身故后纠纷的发生、延续投保人的意志、保证后续保险金信托的有效性和财产利益。第二投保人一般适用于隔代投保、重组家庭、保单代持、多子女家庭等客群。因此，前述客群在设立保险金信托时可能会考虑保险产品是否有"第二投保人"这种增值服务。

3. 养老社区入住资格

随着中国人口老龄化的加速发展，"银发经济"时代到来，老龄少子化现象的不断加剧，入住养老社区的需求会愈加强烈。但并不是所有的人身保险都可以对接养老社区，对于更关注养老社区服务功能的人群，在选择保险产品的同时，可以适当关注是否可以对接养老社区，以及养老社区的网点分布、周边环境、服务内容与费用等。例如，某保险公司推出的养老社区，有两种对接入住的方式：一种是通过交纳押金方式排队入住，但如果房源非常紧张，不一定能排得上队；另一种是购买指定保险产品，超过规定的保额就能获取养老社区的入住资格。入住资格也分为两种：保证入住资格和优先入住资格。保证入住资格是指确保客户一定能入住养老社区；优先入住资格是指相较于其他渠道来源的客户享有优先入住的资格，保证入住资格的优先级高于优先入住资格。随着老年人口增加，养老需求的迫切化和个性化，养老社区入住资格也成为中高净值人群选择对接信托险种的一大考量因素。

三、选择信托公司的考量因素

保险金信托作为一项长期的家族财富管理安排，能够长期稳定地运行至关重要。而保险金信托的长期稳定运行与受托人忠实勤勉的风格及稳健的资产管理能力密不可分。在国内业务实践中，保险金信托市场份额目前基本上是由经营信托业务的信托公司占有，民事保险金信托尚未得到发展。我国目前有60余家持有信托牌照的信托公司，据中国信托业协会调研统计，已有40家信托公司可以提供保险金信托服务。[①] 如何在提供保险金

---

① 中国信托业协会编：《中国信托业发展报告（2023—2024）》，中国财政经济出版社2024年版，第155页。

信托服务的信托公司中遴选出合适并值得信赖的信托公司是每位委托人关心的问题。

（一）资本实力

资本实力意味着抗业务风险能力，资本实力可以从三个维度评判：①注册资本：股东各方已经缴纳的或承诺一定要缴纳的出资额的总和，一定程度上体现了股东的实力。②总资产：一个企业所有资产的总和。③净资产：一个企业总资产减去负债以后的净额。总资产和净资产是评价信托公司经济实力的重要指标。

根据中国信托业协会数据，近年来信托公司的净资产规模逐年增加，截至2023年年末，已有10家左右信托公司的注册资本超过百亿元。信托公司资本实力的增强，有助于加强信托公司的抗风险能力，并保障其在转型阶段顺利实现战略目标。

（二）监管评级

信托业的监管机构国家金融监督管理总局（原银保监会）为了全面掌握信托公司的风险状况，系统分析和识别信托公司存在的风险和问题，实现对信托公司的持续监管、分类监管和风险预警，会在每年对信托公司进行评级。从公司治理、内部控制、合规管理、资产管理和盈利能力五个评级要素进行。信托公司的监管评级分为1—6级，每个级别分别设A、B、C三档，[①]数值越大，反映出机构风险越大，需要监管程度就越高。例如，若信托公司被评为"综合评级1级"，表明信托公司经营非常稳健，治理结构完善，经营体系和内控制度与业务发展匹配，风险管理能力强，业务管理

---

① 《信托公司监管评级与分类监管指引》第二章和第四章。

中无薄弱环节，公司完全遵守现行法律法规，资产管理能力处于行业领先水平，经营业绩优良，股东能有长足动力支持公司业务发展。若信托公司被评为"综合评级6级"，表明信托公司存在严重的问题，业务发展停滞，财务状况恶化，在治理结构、内部控制、合规管理等很多方面存在关键性缺陷，对公司的稳健性构成严重威胁，也严重威胁受益人的利益，股东不能对公司的业务发展提供支持。

信托公司的监管评级体现出旗帜鲜明的"奖优罚劣"原则，监管评级结果可以作为委托人选择信托公司的一大考量要素。

（三）行业评级

信托公司的行业评级由中国信托业协会组织，是信托行业自律管理措施，评级内容包括信托公司党建·信托文化·社会责任、资本实力、风险管理能力、服务与发展能力四个方面。行业评级侧重于评价信托公司为投资人和社会提供的服务，目的是增强信托公司社会公信力。信托公司首次行业评级于2016年启动，此后每年上半年评出上一年度的行业评级结果，最终将信托公司划分为A［85（含）—100分］、B［70（含）—85分］、C（70分以下）三级。近年来，在行业严监管背景下，行业评级标准逐渐严格，在引导信托公司提高合规风控意识、提升风险防范和化解能力等方面发挥了积极作用。行业评级结果可以作为委托人选择信托公司的考量要素之一。

（四）保险金信托服务经验

虽然保险金信托市场上有30余家信托公司可供选择，但每家信托公司保险金信托的服务经验相差较大，经验丰富者已有超过万单的业绩，经验匮乏者可能刚刚起步。保险金信托的落地数量越大，遇到的实操问题就越多，帮助客人解决问题的能力和经验也就越丰富。因此，保险金信托的服务经验也是选择信托公司的一大考量因素。

（五）所获荣誉与负面舆情

信托公司已取得的荣誉在一定程度能够反映信托公司的综合能力。但由于奖项颁发机构与机制的不同，所获荣誉的含金量也不同。因此，信托公司所获荣誉虽然可以作为一个考量因素，但不可作为一个重大的考量因素。

委托人也应当了解信托公司的负面舆情情况，如过往是否有负面新闻报道、诉讼案件、监管处罚记录，以及罚单的数量、处罚原因、罚单金额、是否完成整改等。对于近几年收到的罚单数量较多、罚款金额较大、内部管理不规范的信托公司，应谨慎作出选择。

总之，信托公司的遴选是个"技术活儿"，需要结合自身情况和需求综合考量各因素。

第三节　保险金信托设立的实务指引

引导案例4-3

赵先生目前在某企业从事质量管理工作，对工作流程非常关注。赵太太早年毕业于某著名高校的财税专业，对数字比较敏感。经私人银行客户经理介绍，赵先生和赵太太准备设立保险金信托。赵先生想了解设立保险金信托的大致过程，一般会有哪些步骤？赵太太比较关心设立保险金信托会产生哪些成本与费用？信托公司对信托规模是否有最低要求？

一、保险金信托的尽职调查

为了防范洗钱、逃税、恐怖融资等风险，各国家和地区监管机构普遍要求营业受托机构对委托人进行尽职调查，审查委托人的资信、信托财产来源的合法性以及设立信托的真实目的。如我国香港地区制定有《信托或公司服务提供者遵从打击洗钱及恐怖分子资金筹集规定的指引》，要求信托或公司服务持牌人必须进行风险评估、客户尽职审查、持续对客户进行监察、可疑交易举报、备存记录及员工培训等管控措施。内地信托公司也会对保险金信托的设立进行尽职调查，但不同信托公司的调查内容和调查力度不尽相同。

（一）尽职调查的内容

在信托设立环节，信托公司会进行或繁或简的尽职调查。该尽职调查一般分为信托目的调查、信托财产及反洗钱调查、信托当事人调查等内容。

1. 信托目的的尽职调查

《信托法》要求设立信托需要有合法可行的信托目的，如委托人不能设立以避税、避债为目的的保险金信托。信托目的不合法，则信托无效。因此，在设立保险金信托的环节需要对信托目的进行尽职调查，需要问询委托人设立保险金信托的目的，并落实在书面上。

2. 信托财产的尽职调查

设立保险金信托需要有合法确定的信托财产，委托人需要提供材料证明信托财产的合法性。如信托财产为"保险合同权益"，委托人应提供保单、批单、保费交纳凭证等资料；如部分信托财产是资金，委托人应申报信托资金的来源，并提供相应证明资料，如委托人声明信托资金来源于公司分红，则应当提供股东证明、分红决议、分红流水及完税证明。

3.信托当事人的尽职调查

（1）针对委托人的尽职调查

首先，需要对委托人的适格性进行调查，委托人应当是具备完全民事行为能力的自然人，具有设立保险金信托的意愿，且意志表达自由。

其次，需要对委托人的社会身份进行调查。对委托人进行尽职调查时会调查委托人的职业、工作单位、薪资水平、主要收入来源等信息。委托人的社会身份能够在一定程度上反映其资金来源的合法性。例如，委托人的主要收入来源为工资收入且年薪数十万元，则其设立1000万元规模的保险金信托就与其收入水平不符，此时需要提交其他证明财产来源合法性的材料，如继承所得、父母配偶赠与所得等。

最后，还需要对委托人的税收居民身份进行调查，通常需要委托人自行申报税务居民身份。

（2）针对受益人的尽职调查

首先，需要对受益人的适格性进行调查，受益人获取信托利益是纯受益行为，无须支付对价，因此不要求受益人具备完全民事行为能力。但为了防范反洗钱风险，防止委托人利用保险金信托进行贿赂等违法犯罪行为，需要对委托人与受益人的关系进行尽职调查。虽然目前尚无监管规定要求保险金信托的委托人与受益人具备一定的身份关系，但实务中信托公司皆参照"家族信托"的监管规定，要求委托人与受益人之间具备一定的亲属关系，并提供相应的亲属关系证明。

其次，也需要对受益人的税收居民身份进行调查，通常需要受益人或其监护人申报受益人的税收居民身份。

4.反洗钱尽职调查

为了预防和遏制洗钱及恐怖融资活动，我国监管机构要求信托公司对信托设立过程持续进行反洗钱监控，防止委托人将保险金信托作为洗钱的工具。反洗钱措施主要包括客户尽职调查、客户身份资料及交易记录保存、大额交易和可疑交易报告等。

具体到保险金信托来说，信托公司在设立信托时，应当对委托人进行身份识别，了解信托财产的来源，登记委托人、受益人的身份基本信息，并留存委托人的有效身份证件或者其他身份证明文件的复印件或者影印件。同时，依据《中国人民银行关于进一步做好受益所有人身份识别工作有关问题的通知》（银发〔2018〕164号）等监管规定，受托人还应当判定保险金信托的受益所有人，即对信托实施最终有效控制、最终享有信托权益的自然人，包括但不限于信托的委托人、受托人、受益人。设立信托时或者信托存续期间，受益人为符合一定条件的不特定自然人的，可以在受益人确定后，再将受益人判定为受益所有人。

（二）尽职调查的资料清单

信托公司在保险金信托设立环节完成尽职调查所须提供资料不尽相同，但大多需要提供以下资料：

表4-2　保险金信托尽职调查资料清单

序号	证明事项	资料内容
1	信托当事人基本信息	居民身份证、居民户口簿、军官证、警官证、护照、外国人永久居留身份证、港澳居民居住证、港澳居民往来内地通行证、台湾居民居住证、台湾居民往来大陆通行证等

续表

序号	证明事项	资料内容
2	委托人的社会身份	股东身份证明、劳动合同、就职单位证明、社保缴纳凭证、收入证明、银行流水等
3	委托人与受益人的关系证明	结婚证、新生儿出生医学证明、居民户口簿、亲属关系证明及公证书、亲子鉴定报告书等
4	受益人与监护人的关系证明	新生儿出生医学证明、居民户口簿、监护协议、监护权公证书等
5	信托资金来源于分红	营业执照、公司章程/合伙协议、分红决议、银行流水、完税证明等
6	信托资金来源于工资薪金	劳动合同、银行流水、纳税证明等
7	信托资金来源于理财	金融账户交易记录、银行流水等
8	信托资金来源于继承	被继承人死亡证明、亲属关系证明、遗嘱、银行流水、财产过户文件、继承权公证文书或法院判决等
9	信托资金来源于离婚财产分割	离婚证、离婚协议、银行流水、财产过户文件、法院离婚或财产分割判决等

二、保险金信托的设立流程

保险金信托的设立流程对从业人员和客户来说至关重要，可以正确指引保险金信托的落地和实操。不同信托公司基于对保险金信托的关注点、内部要求和操作习惯的不同，在保险金信托设立流程方面形成了各自的特色。以下为四个代表性的保险金信托设立流程。

（一）A信托公司的保险金信托设立流程（线上）

第一步：委托人选择和投保可以对接保险金信托的保险产品；

第二步：保险代理人协助委托人填写《客户信息录入表》，发送给A信托公司，《客户信息录入表》包含保单状态、保单渠道、保单基本信息、投/被保人信息、其他事项等信息；

第三步：A信托公司收到《客户信息录入表》后将客人信息录入信托系统；

第四步：委托人下载A公司的APP，注册并登录，并进行实名认证和风险承受能力评估，根据指示填写、上传相关资料，在预设的信托分配方案中进行勾选，签署信托合同，完成录音录像；

第五步：信托公司在1个工作日内审核，如果经审核无误、符合要求，保险金信托成立；

第六步：委托人将信托设立费转入信托公司账户；

第七步：信托公司向客人寄送已加盖A公司公章的简装版的《保险金信托合同》；

第八步：委托人在收到信托合同后，在代理人的协助下向保险公司申请保险受益人变更，将保险受益人变为A公司，此时保险金信托生效；

第九步：A信托公司向委托人寄送精装版的《保险金信托合同》和《保险金信托生效通知书》。

（二）B信托公司保险金信托设立流程（线上）

第一步：委托人在信托经理的指导下，下载并注册信托公司指定APP，实名认证并填写相关资料，完成客户风险测评和税收居民身份说明，绑定保险顾问；

第二步：委托人在保险顾问指导下填写并提交《信托意向书》；

第三步：客服回访，委托人确认信托要素，该步骤一般不超过3个工作日；

第四步：委托人在指定APP上录入相关主体的基本信息（包括受益人、紧急联系人、配偶、监察人），在指定账户交纳信托设立费用，根据保公司的要求办理保单的保全变更；

第五步：保险顾问在指定平台提交保险金信托设立申请，按照指示填写相关信息；

第六步：信托经理在指定平台经审核无误，线上出具《保险金信托合同》，一般不超过5个工作日；

第七步：经审批通过，进入双录环节，委托人、被保险人、监察人（如有）、配偶（如有）进行实名认证，并录制视频；

第八步：进入信托成立审核环节，信托公司在指定日期内进行；

第九步：委托人可通过指定渠道申请纸质信托合同寄送。

（三）C信托公司的保险金信托设立流程（线下）

第一步：委托人选择和投保可以对接保险金信托的保险产品；

第二步：委托人与保险顾问沟通需求，在保险顾问的协助下完成尽调资料准备，包含但不限于《保单信息》《高净值客户信息表及委托财产信息》《信托利益分配计划》《保险合同》等；

第三步：委托人将上述资料发送给信托公司；

第四步：信托公司根据委托人提供的信息进行《保险金信托合同》文本撰写、加盖公章，制作《保险金信托设立确认书》，并完成监管报备、审批流程，在此期间委托人可同时与保险公司沟通保全变更流程事宜；

第五步：在信托专员的指导下，委托人签署《保险金信托合同》，并完成录音录像工作；

第六步：委托人在保险顾问的陪同下，到保险公司办理保全变更手续，委托人携带《保险金信托合同》《保险金信托设立确认书》向保险公司出示，取得保险公司出具的《保全变更批单》；

第七步：委托人按照《保险金信托合同》的约定交纳保险金信托设立费、转入现金至信托账户（如有）；

第八步：委托人将交款凭证或银行回单发送至C信托公司；

第九步：信托公司将《信托财产交付确认书》发送至委托人。

（四）D信托公司的保险金信托设立流程（商业银行私人银行部门主导）

第一步：银行客户经理与委托人沟通保险、信托的需求，制作KYC（Know Your Customer）表格；

第二步：分行发送电子版的KYC表格至总行；

第三步：总行协调委托人、分行、D信托公司四方一起沟通设计保险金信托方案和《保险金信托合同》；

第四步：委托人投保指定保险产品，并交纳首期保费；

第五步（如涉及境外当事人）：D信托公司一般会要求合作律师事务所出具境外受益人的《合规与税务分析报告》；

第六步：D信托公司完成内部审批、合同审核、监管报备、账户开立等工作，将定稿后的《保险金信托合同》寄送至签约地；

第七步：分行确定具体签约日期，准备签约材料，D信托公司安排信托经理与委托人签订《保险金信托合同》等相关文件，并完成录音录像；

第八步：委托人签署《保险受益人变更申请单》等相关材料并交由保险公司处理；

第九步：D信托公司在银行的协助下获得整套保险资料（含保险合同复印件、保险单复印件、变更保险受益人批单原件）以及当事人相关身份证明材料，完成保险金信托设立。

虽然不同信托公司的保险金信托设立流程各异，但结合前述几个代表性的设立流程和实践经验，可以提炼出保险金信托设立具有共性的以下七个步骤，如图4-1所示：

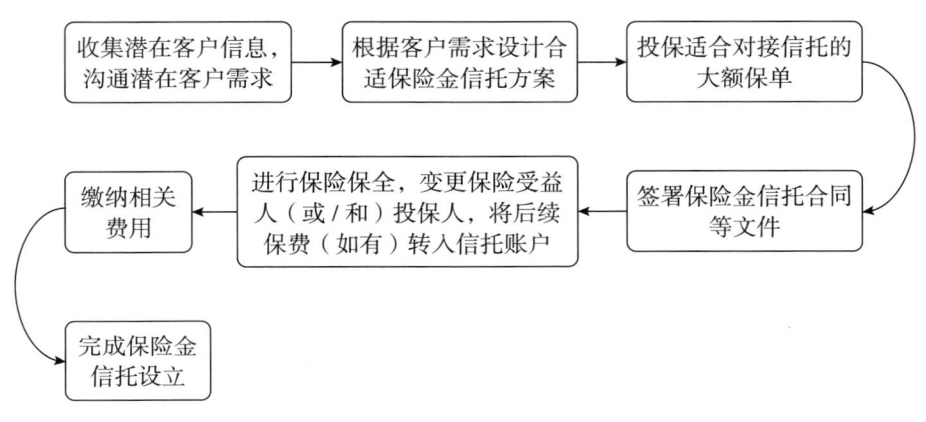

```
收集潜在客户信息，  →  根据客户需求设计合  →  投保适合对接信托的
沟通潜在客户需求        适保险金信托方案        大额保单
                                                    ↓
缴纳相关  ←  进行保险保全，变更保险受益  ←  签署保险金信托合同
费用         人（或/和）投保人，将后续        等文件
             保费（如有）转入信托账户
  ↓
完成保险金
信托设立
```

图4-1　保险金信托设立步骤

三、保险金信托的设立门槛

关于保险金信托的设立门槛，监管层面目前并未出台具体要求。在《信托分类通知》发布之前，保险金信托曾一度被认定为特殊的家族信托，行业内倾向于保险金信托应满足家族信托的设立门槛，即保额达到1000万元或者"保额+现金"达到1000万元。但在《信托分类通知》发布后，保险金信托获得官方的"身份证"，其与家族信托同属于资产管理服务信托，无须适用监管部门为家族信托设定的设立门槛。《2021年信托业专题研究报告》指出，目前行业实践中操作的保险金信托的设立门槛通常高于人民币100万元。[①]

以下为根据公开信息整理的几家信托公司的保险金信托设立门槛：

---

① 参见中国信托业协会编：《2021年信托业专题研究报告》，中国财政经济出版社2021年版，第272页。

表4-3 保险金信托设立门槛（参考）

信托公司	服务类型	具体门槛
E公司	标准版（终身寿险类）	多张保单总保费不低于100万元
	标准版（年金险类）	单张保单总保费不低于100万元
	定制版（终身寿险类）	多张保单总保额不低于1000万元
	定制版（年金险类）	单张保单总保费不低于1000万元
	信托投保类	资金形式的信托财产扣除需交纳的续期保费≥300万元且信托资金+基本保额≥1000万元
F公司	标准版（终身寿险类）	总保额不低于500万元
	标准版（年金险类）	总保费不低于500万元
	定制版（终身寿险类）	总保费不低于2000万元
	定制版（年金险类）	总保费不低于2000万元
G公司	标准版（终身寿险类）	单张保单保额不低于500万元
	标准版（年金险类）	单张保单总保费不低于200万元
	定制版（终身寿险类）	单张保单保额不低于1000万元
	定制版（年金险类）	单张保单总保费不低于500万元
H公司	标准版（终身寿险类）	保额不低于500万元
	标准版（年金险类）	总保费不低于200万元
	定制版（终身寿险类）	"寿险保额+年金总保费+现金"达到500万元
	定制版（年金险类）	

四、保险金信托的相关费用

保险金信托的设立及运作过程中可能产生如下费用：信托设立费、信托事务管理费、信托财产保管费、投资顾问费、第三方服务机构的费用、信托事务纠纷的解决费用，以及受托人管理、运用、处分信托财产过程中依法应由信托财产承担的其他费用。前述费用一般会在保险金信托文件中提前约定。

（一）设立费及受托人报酬

基于信托公司在行业内地位、服务经验等差异，不同信托公司会结合自身的情况制定不同的收费标准。本书列示部分信托公司的收费标准如下，仅供读者参考。

表4-4　不同信托公司收费标准

费用		I公司	J公司	K公司	L公司
设立费	标准版	2万元	1.5万元	3万元	3万元
	定制版	3万元		5万元	0
受托人报酬	标准版	0.5%	0.3%	0.5%+超额业绩的20%（比较基准：一年定存利率+1%）	财产余额的0.6%
	定制版				财产余额0.7%—0.9%
条款变更手续费		1000元/次	1000元/次	1000—5000元/次	1万元/人（增减受益人时适用）

（二）保管费

关于信托财产保管费，不同的银行会根据自身情况，制定不同的收费标准，目前主流银行的收费标准从千分之几至万分之几不等。保管费的收取具有延迟性和滞后性，在现金类资产进入信托账户后才会收取。

（三）投资顾问费

如果委托人委托银行、证券公司、私募基金管理公司、第三方财富管理公司等机构担任投资顾问，那么信托财产将承担相应的投资顾问费。不同投资顾问会根据自身和客户的情况制定不同的收费标准。例如，有的投资顾问会以委托人是否在世、估值日信托财产的净值等作为划分标准，制定收费的费率。若只是由信托公司负责信托财产的投资事宜，一般情况下信托公司不再另行收取投资顾问费，但通常会根据投资表现收取业绩报酬。

第五章 保险金信托的事务管理、变更与终止

保险金信托的事务管理，是指除了对信托财产的投资之外，对信托财产的记账、信托事务记录、信息披露、信托受益权管理、信托利益分配、信托变更与终止等事务进行管理。本章将对保险金信托事务管理进行阐释，将以保险金进入信托之前、之后及信托终止为时间节点分为三节，分别就保险金信托一般事务管理、信托受益权及信托利益分配事务管理、保险金信托的变更与终止展开分析与论述。因信托投资管理是信托管理的核心内容，兼之保险金信托的特殊性，本书特设第六章"保险金信托的投资管理"，就该问题进行专章阐述。

第一节　保险信托一般事务管理

引导案例 5-1

王先生设立了一份1.0模式的保险金信托，以自己的爱人和两个孩子为信托受益人。[①]"装入"信托的保单是一份定额终身寿险，王先生为投保人和被保险人。几年后，王先生因病不幸去世。王先生的爱人李女士想起了王先生投保的保单，便向保险公司索赔，保险公司要求李女士提供保险受益人的身份资料，李女士遂通知信托公司王先生已离世的消息，要求信托公司向保险公司理赔，信托公司则回复因不了解王先生具体信息，希望授权李女士代信托公司申请理赔。李女士则比较疑惑，已经"装入"保险金信托的保单到底该如何理赔呢？

一、保险合同理赔事务管理

（一）理赔主体

保险合同理赔事务管理事关保险金能否顺利进入信托账户，因此是受托人在保险金信托的初始阶段最为重要的管理工作。保险金信托的受托人作为保险受益人，在保险合同约定的理赔条件成就时，应当依法依约向保险公司申请理赔，并提交相关证明和资料。因保险金信托的受托人通常由

[①] 编者注：如无特别说明，本章以下所称"受益人"均是指信托受益人。

信托公司担任，作为商事主体，其较难及时知晓被保险人近况或理赔条件是否已成就，因此需要在信托合同中约定相应的通知义务人，如委托人（投保人与被保险人不一致时）、保护人、受益人等均可担任通知义务人。实务中，基于提供理赔证明及相关资料的便利性，部分受托人也会授权被保险人近亲属代表信托申请理赔事宜。但不论受托人是否亲自申请理赔，其均应承担保险理赔的最终责任并履行审慎管理义务，定期与信托合同当事人保持联系，及时获得被保险人的近期状况。在理赔开始后，受托人还应密切关注保险公司核定结果及理赔进程。

案例5-1中，信托公司作为保险受益人，当知晓被保险人王先生已去世后，应当为了受益人的利益及时向保险公司申请理赔。信托公司既可以自行申请理赔，也可以授权给李女士，由李女士代为申请。

（二）理赔程序

1.通知保险公司（报案）

受托人知道保险事故发生后，应当及时通知保险公司，保险业术语称之为"报案"。信托公司应制定严谨的内部工作流程，避免相关经办人员（如信托经理）因故意或重大过失未及时通知保险公司，导致保险人对保险事故的性质、原因、损失程度等无法确定，进而拒绝承担赔偿或者给付全部或部分保险金的责任。

2.提交理赔证明及身份资料

保险事故发生后，受托人作为保险受益人，应当向保险公司提供与确认保险事故的性质、原因、损失程度等有关的证明和资料。包括但不限于以下内容：①保单资料：保险合同或保险单的原件；②理赔申请书：由作为保险受益人的受托人填写并签署的理赔申请书；③保险事故证明：如被保险人的死亡证明、事故证明、损失评估报告等，确认事故的性质、原因和损失程度；④受托人身份材料：受托人的身份证明文件（如有效身份证件或其他身份证明文件的复印件）；⑤受托人资格证明：包括信托合同或信托计划书，证明受托人作为保险受益人的合法性；⑥受益所有人信息：如保险公司要求，披露保险金信托的受益所有人信息，包括最终享有信托权益的自然人（如信托的委托人、受托人、受益人）。

3.保险公司核保及理赔

保险公司收到作为保险受益人的受托人的赔偿/给付保险金请求后，应当及时作出核定并出具核定结果。在保险合同没有特殊约定的情况下，保险公司通常会在30日内作出核定：（1）如保险公司核定属于保险责任，将在与保险受益人（受托人）达成赔偿或给付保险金的协议后10日内，向保险受益人（受托人）赔偿或给付保险金；（2）如保险公司核定不属于保险责任，应向受托人发出拒绝赔偿或拒绝给付保险金通知书，并说明理由。[①]

4.理赔纠纷处理

对于因理赔、给付保险金过程中产生的冲突或纠纷，受托人作为保险受益人与保险公司协商解决；如不能协商解决，应当根据保险合同的约定通过诉讼或仲裁方式解决。根据《保险法》第二十六条的规定，请求给付人寿保险保险金的诉讼时效为五年，请求给付其他保险保险金的诉讼时效为二年。受托人应当在诉讼时效内起诉或申请仲裁，最大限度地维护受益人的利益。

---

① 《保险法》第二十三条、第二十四条。

（三）理赔资料

对接保险金信托的保险产品主要为终身寿险和年金险，理赔时需要根据保险合同的约定提交理赔证明及相关资料。实务中，保险公司要求的理赔资料如下表所示：

表5-1　保险理赔证明及相关资料

资料类型	资料性质	资料内容
一般通用资料	/	保险合同、理赔申请书、被保险人和保险受益人身份证明、申请人身份资料、银行账户等
特殊资料	身故资料	死亡证明、户籍注销证明、火化证明等
特殊资料	伤残资料（寿险合同通常包括全残责任）	诊断证明、残疾鉴定书、与确认保险事故的性质、原因、损失程度等有关的其他证明材料
特殊资料	生存金资料	被保险人身份资料

二、信托账户管理

（一）信托账户开立的必要性

基于信托财产独立性的要求，受托人必须将信托财产与其固有财产分别建账、分别管理，因此在保险金信托成立后，受托人应以信托的名义开立专门的信托账户，用于现金类信托财产的存放、投资与分配，不与受托人固有财产及受托人管理的其他信托财产发生混同。

（二）信托账户的开立时间

如保险金信托设立时没有现金资产，如仅包含"保险合同权益"的保险金信托1.0模式和保费已趸交的保险金信托2.0模式，理赔结束前不会有现金资产进入信托账户，则理赔时间不可预测，故为减少成本，部分信托公司会暂缓开立信托账户，但会在保管银行进行"预开户"操作，待保险金进入信托账户时，激活预开账户并使用。

保险金信托设立时存在现金资产，如保险金信托3.0模式，或委托人在信托成立后追加资金进入信托的，则委托人交付现金资产之前，受托人应开立信托账户。

（三）信托账户的保管与监督

如委托人希望引入一个主体对受托人运用信托资金进行监督管理，则可委托商业银行作为保管人履行资金保管职责。

信托法律规范中的保管制度来自基金托管行制度。原银监会于2009年下发的《信托公司集合资金信托计划管理办法》第十九条规定，信托计划的资金实行保管制，信托公司应当选择经营稳健的商业银行担任保管人。实务中保险金信托也借鉴集合资金信托计划的做法，通过信托合同、保管协议约定商业银行作为保险金信托账户的保管人，其保管职责主要包括：（1）资金保管：对保险金信托账户提供安全保管服务；（2）投资监督：监督保险金信托账户资金的投向、投资比例等指标是否满足信托合同的要求；（3）资金清算：根据受托人的指令执行符合投资方向的资金汇款；（4）核算估值：根据信托文件规定的估值核算原则，对保险金信托财产进行会计核算，复核信托公司计算出的信托财产净值；（5）资金收付：收取保险理赔金及投资收益，核实受托人提交的信托利益分配指令是否符合信托文件的规定，将信托利益分配至各受益人账户。

三、信托事务记录的保存管理

根据《信托法》的规定，受托人必须保存处理信托事务的完整记录。"处理信托事务的记录"是指受托人处理信托事务的全部、没有任何丢失和伪造的原始记录，包括信托财产目录的编制、账簿的设置、信托财产和财务的收支、金钱的收支、有关交易相对人的状况以及处理信托事务的方法等。所谓"完整"，是指与处理信托事务有关的所有合同、遗嘱、证明材料、公函、表格、传真、信件、电子邮件以及各种票据、有价证券、银行账号等。"保存"则是指必须按照会计法、税收管理法、会计监督法等的规定把上述有关处理信托事务的所有事项全部记录并装订成册，使用计算机进行保存的，必须设置专门的保存方式。

四、信息披露管理

根据《信托法》的规定，委托人和受益人对信托管理享有知情权，主要包括两个方面，第一，委托人和受益人有权了解其信托财产的管理运用、处分及收支情况，并有权要求受托人作出说明；第二，委托人和受益人有权查阅、抄录或者复制与其信托财产有关的信托账目以及处理信托事务的其他文件。[1]据此，受托人负有信息披露义务，信息披露的对象是委托人和受益人，如信托文件另外赋予了其他主体（如保护人）知情权，受托人也应按照信托文件的规定对其履行信息披露义务。

---

[1] 《信托法》第二十条、第四十九条。

（一）信息披露的类型

1. 受托人主动信息披露

在保险金或现金类信托财产进入信托账户后，受托人应依照信托合同的约定制作受托人报告，向委托人、受益人及保护人（如有）披露信托财产管理中的相关信息。根据披露频率，受托人主动信息披露可以分为定期披露与临时披露。

（1）定期披露。定期披露通常是指在资金类信托财产进入信托账户后，受托人定期向委托人、受益人及保护人（如有）披露信托财产的管理运用、处分、收支及分配情况。参照"资管新规"关于私募产品的信息披露要求，信托的信息披露方式、内容、频率由信托合同约定，但受托人应当至少每季度披露产品净值（如有）和其他重要信息。

（2）临时披露。临时披露是指在信托存续期间，遇重大事项，受托人应当本着勤勉尽责的原则在信托合同约定的期间内向委托人、受益人及保护人（如有）进行披露。通常来说，以下事项应被视为重大事项：受托人变更、受益人或受益权变更、保险金进入信托账户、委托人追加信托财产、信托财产管理运作方式变更、信托财产可能遭受重大损失的情形及受托人拟采取的应对措施、信托终止通知、信托清算报告，以及其他可能对受益人权益产生重大影响的情形等。

2. 受托人依申请披露

受托人依申请披露，是指除上述主动披露的信息外，委托人、受益人及保护人（如有）额外向受托人申请披露信托财产的管理运用、处分及收支情况。受托人对是否依申请披露享有自由裁量权，如受托人认为申请人的申请合规、合理，且不会对受益人及信托财产造成不利影响的，应向委托人、受益人及保护人（如有）作出相应披露。

（二）信息披露的方式

受托人进行信息披露的方式应符合信托合同的约定，披露方式通常包括电话、电子邮件、短信、信函、传真、系统通知等。

（三）保险金信托的对外披露及受托人的保密义务

作为私密性极强的信托类型，受托人在管理运作保险金信托时，应履行保密义务，对保险金信托的有关信息及资料严格保密，除依监管规定和合同约定外，不得泄露或非法向他人提供保险金信托的任何信息。此外，信托公司亦应当完善内部保密制度，建立防火墙机制，避免集团公司、关联公司、公司内部投资部门等不当获取保险金信托信息。

第二节 信托受益权及信托利益分配事务管理

引导案例 5-2

林先生经过几十年的艰苦创业，积累了颇丰的家产。作为一名成功的企业家，林先生具有很强的风险意识和公益心，所以他不仅为自己和家人都购买了大额人身保险，还成立了自己的私募基金会。但其对后代成长和传承的担忧并未得以消解。

前段时间，林先生听闻了保险金信托这一财富管理工具，得知保险金信托的受益权安排及分配方案具有很强的灵活性，林先生向信托经理咨询，保险金信托能否满足自己如下需求：①希望能永远福泽后代，不论后代平庸还是出色，都能衣食无忧，生活富足；②鼓励后代成才，贤者能者多得，平庸者少得；③禁止后代沉迷于赌博、吸毒等违法犯罪活动，对这样道德败坏的后代绝不予以资助，甚至移出林氏家族的队伍；④鼓励后代生育，壮大林氏家族；⑤定期为自己成立的基金会提供资助，或捐赠给其他公益组织。那么林先生能否通过保险金信托受益权安排实现自己的意愿呢？

一、信托受益权管理

保险金信托的受益权关系到受益人能否取得及如何取得信托利益的问题，也关系到信托目的能否实现。因此，受益权管理是保险金信托存续阶段的重要内容，主要包括受益人范围、受益权的取得、放弃、变更及信托利益分配等内容。

（一）保险金信托受益人范围的确定

受益人范围可包括委托人和委托人的父母、配偶、子女等家庭成员，以及未出生的后代家庭成员，也可以包含家庭成员以外的人。根据委托人设立信托的目的，受益人范围既可以在信托设立时确定，也可以仅规定受益人确定规则，待条件成就时由受托人或保护人确定受益人。委托人也可以在信托文件中规定撤销受益人的条件，如当受益人出现犯罪等极端情况时，由受托人依职权或依申请撤销相关受益人的资格。

在案例5-2中，林先生希望"福泽后代"，就可以将受益人界定为"林先生世代相传的直系血亲及/或其合法配偶"，尽管孙辈、曾孙辈等在信托设立时还没有出生，但其出生后经信托指定人士通知受托人就自动具有了受益人的身份。同时，林先生意图将道德败坏的后代移出林氏家族的队伍，尽管表述方式有些激进，但信托在一定程度上可以满足林先生的要求，即取消具有不良行为、违法犯罪行为的家庭成员的受益人身份，以此达成警示和惩罚效果。

（二）保险金信托受益权的取得

1. 通过委托人的指定取得

保险金信托设立时，委托人应当指定受益人。保险金信托的受益人多为委托人本人及其配偶、后代、近亲属等家庭成员，信托受益权多在保险金信托设立初始即已确定。保险金信托受益权的取得，不以受益人承诺为要件，也不以通知受益人知晓为要件。[1]保险金信托生效后，确定的受益人就自动取得受益权。

信托存续期间，委托人可以重新指定受益人。委托人重新指定受益人一般基于两种情形：一是法律规定。如《信托法》第五十一条规定，如果受益人对委托人有重大侵权行为，或受益人对其他共同受益人有重大侵权行为，委托人可以变更受益人。二是委托人在信托文件中保留了重新指定或变更受益人的权利，可以在特定情形下剥夺受益人的受益权，并/或重新指定受益人享有受益权。

委托人也可以将指定或重新指定受益人的权利授权给第三人行使，如在信托文件中约定由保护人在委托人去世或丧失民事行为能力后享有变更及重新指定受益人的权利。第三人行使上述权利本质上来源于委托人的授权。

2. 通过信托受益权的转让或继承取得

《信托法》允许受益权的转让和继承，但信托文件有限制性规定的除

---

[1] 韩良主编：《家族信托法理与案例精析》，中国法制出版社2015年版，第100页。

外。实务中出于对家族财富的保护、约束受益人等目的，委托人通常会在信托文件中作出受益权不得转让或继承的限制性规定。假设在案例5-2中，林先生设立的保险金信托并没有限制受益权的转让或继承，而林先生的儿子小林将信托受益权转让给了小张，小张可以基于受让而取得信托受益权。这种取得信托受益权的方式被称为继受取得。

有观点质疑保险金信托具有特殊属性，因此不能向家庭成员或亲属以外的人转让信托受益权。以上观点在家族信托情景下成立，但不能当然适用于保险金信托。首先，从监管规定来看，家族信托的受益人范围限定于委托人及其家属，保险金信托则无此限制。其次，从信托目的来看，《信托分类通知》明确家族信托的信托目的在于"财产规划、风险隔离、资产配置、子女教育、家族治理、公益慈善事业"，定位于家族财富管理与传承，而保险金信托的信托目的则并未限定，也就是说保险金信托不必拘泥于家族事务，可以完全基于委托人的需求设定。因此只要信托文件未作限定，保险金信托受益权之受让人没有资格或身份要求。

3. 通过债务清偿的方式取得

《信托法》第四十七条规定，受益人不能清偿到期债务的，其信托受益权可以用于清偿债务，但法律、行政法规以及信托文件有限制性规定的除外。基于对信托目的的维护及对信托财产的保护，几乎所有信托公司制定的信托合同范本中都明确限制受益人利用受益权清偿债务。

尽管《信托法》规定信托文件有限制性规定的，受益权不得用于清偿债务，但仅凭信托文件（意定事由）能否对抗受让人以及基于公权力的强制执行，显然需要进一步的探讨。本书认为，"信托文件有限制性规定的除外"宜被解释为受益人不得将信托受益权用于清偿债务；但如果受益人的债权人追索信托受益权用于债务清偿，则信托受益权可以被强制执行。

当然,可以通过约定禁止信托受益权转让,以及通过行使受益人变更权等方式使得信托受益权不受债权人的追索。[1]

(三)受益权的放弃与灭失

受益权是《信托法》赋予受益人的权利,受益人一旦取得受益权,除非存在法定或约定事由,否则委托人和受托人均不得任意变更、限制或剥夺其受益权。这一规则对于保险金信托同样适用。同时,受益权作为受益人享有的一项财产性权利,受益人可以选择不接受或接受后再放弃。虽然实务中受益人主动放弃受益权的情形较为少见,但如果信托文件中规定了受益权的取得必须附条件或附期限,不愿意接受信托条款约束的受益人就可以选择放弃受益权。受益人自信托生效时或知悉自己获得受益权时即可行使放弃受益权的权利,也可在信托存续期间的任意时间点行使。需要强调的是,除了信托文件另有规定以外,受益人放弃信托受益权应当采取明示的意思表示并送达受托人,否则其放弃信托受益权的意思表示对受托人不发生法律效力。

二、信托利益分配事务管理

(一)制订信托利益分配方案时需要考虑的核心要素

1. 委托人需要考虑的核心要素

在设立保险金信托时,委托人一定会考虑受益人范围及信托利益分配原则、分配时间、分配方法等。但是,委托人如何将自己的意愿通过信托文件做出有效表达,却并非易事。

---

[1] 岳卫:《信托受益权的强制执行与规避可能性》,载《南大法学》2021年第6期。

为尽可能实现自身意愿，委托人在制订信托利益分配计划时，必须考虑以下问题：①希望受益人以何种方式获得分配？②在什么情况下，受益人可以要求受托人分配信托财产？③信托财产何时分配，有无优先权？④谁有权参与决定分配？⑤希望受托人如何行使自由裁量权？

比如委托人可能会希望：第一，信托利益用于使子女的生活更加舒适，但又不希望子女过度奢靡；第二，信托财产优先分配给配偶或子女，当第一顺位受益人的需求被满足后，才分配给其他受益人；第三，受益人获配的信托利益不因离婚风险而遭受损失；第四，同时兼顾受益人利益与慈善目的等。总之，委托人把其评价体系向受托人表述得越清晰，受托人就越可能提供一个贴合实际需求的分配计划。

2. 受托人需要考虑的核心要素

（1）受托人如何行使自由裁量权。为使委托人的意愿得到更好实现，委托人还可以向受托人提出如下问题：①受托人是如何理解特殊分配标准的？②受托人如果被授予自由裁量权，他们可能如何作出分配决定？③当委托人要求受托人在分配时考虑受益人其他收入来源时，受托人将会如何平衡各方利益？④当受益人存在不同税收居民身份时，该如何处理？⑤是以信托财产的利益为重还是以受益人的利益为重？⑥信托文件关于利益分配的规定是否严谨，是否存在不同的理解？⑦受托人是否聘有分配顾问？[①]

（2）受托人如何公平地对待所有受益人。在受托人对信托利益分配享有自由裁量权时，如何遵守公平义务是一项充满挑战的任务。公平义务从忠诚义务中衍生而出，我国《信托法》第四十五条规定："共同受益人按照信托文件的规定享受信托利益。信托文件对信托利益的分配比例或者分配方

---

① 韩良主编：《家族信托法理与案例精析》，中国法制出版社2015年版，第104页。

法未作规定的，各受益人按照均等的比例享受信托利益。"然而上述规定中"各受益人按照均等的比例享受信托利益"仅是一种狭义的"平等"，广义的公平义务则内涵丰富。

公平义务并非概括地指向受益人整体，而是具体且平衡地指向不同类别的受益人。受益人之间往往存在不同利益需求，甚至存在利益冲突，公平义务要求受托人对于不同受益人的需求给予同等程度的重视，针对不同类别的受益人，寻求财产分配的折中之道。[1]公平义务可以防止受托人因对某个或某类受益人的偏袒而滥用自由裁量权，从而损害其他受益人的利益。

（二）信托利益分配模式

保险金信托中，委托人通常在信托文件中对信托利益分配的原则、方法均作出周详的规定，由受托人按合同约定向受益人分配信托利益。根据受托人对信托利益分配享有的自由裁量权的多少不同，保险金信托利益分配主要有三种模式：持续性特别指示分配、概括性指示分配与结合指示分配。

1.持续性特别指示分配

持续性特别指示分配是指受托人无自由裁量权，信托存续期间仅能根据委托人指示的信托分配方案将信托利益分配给受益人。在该种分配模式下，信托财产什么时候分配、分配给哪些受益人、分配多少金额等要素均由委托人完全掌控。

2.概括性指示分配

概括性指示分配是指委托人仅作概括性指示，受托人享有自由裁量

---

[1] 杨秋宇：《信托受托人忠实义务的功能诠释与规范重塑》，载《法学研究》2023年第3期。

权,有权决定信托利益分配给哪些受益人、分配频率、分配金额等。

这种分配模式具有以下优势:①便于税务安排。一旦将来针对信托的税收征管政策明确,受托人可以按照税负成本最低的方式对信托利益进行分配。②提供财产保护。在受托人针对信托利益分配享有自由裁量权的情况下,受益人有权获得的经济利益是不确定的,一旦受益人负债,债权人追索其受益权或其获得的信托财产将存在很大障碍,从而最大限度地实现信托目的、保护信托财产。

此类分配模式的不足在于受托人权利过大,需要通过监督机制限制受托人的自由裁量权,避免受托人不公平地对待受益人。

3. 结合指示分配

结合指示分配是持续性特别指示分配与概括性指示分配的结合,如委托人在信托文件中制定信托分配的核心原则或基本要素,但允许受托人在具体执行时行使自由裁量权。结合指示分配既可以满足受益人的基本需求,又可以给受托人一定的自由裁量权,集合了特别指示信托和概括指示信托的双重优势。

不同受益人的情况差异较大,因此每个具体的保险金信托利益分配,应当结合信托资产及受益人情况,制订出合理的分配原则及方案,并可根据家族发展状况进行相应调整,尽可能避免单一的、过于刚性的分配方案。如委托人希望设立长期存续的跨代保险金信托,最好选择结合指示分配模式。

(三)保险金信托利益分配标准

委托人通过信托合同可能达成的信托利益分配标准很多,被广泛使用的是"健康、教育、维护与支持标准(Standards for Health, Education,

Maintenance & Support，即'HEMS标准')"。HEMS标准通常指的是一种"确定的标准"，因为它明确了一个指标，运用这个指标能够决定对特定受益人作出何种分配是正确的。HEMS标准通常涵盖以下内容：①健康，通常包括医疗急救、精神治疗、心理治疗、健康护理等；②教育，通常包括学校教育、继续教育、兴趣培训、职业教育等；③维护与支持，即对受益人进行一定程度的生活维护及支持，包括定期的按揭付款、家族馈赠、合理的额外享受等。这些标准通常贯穿于整个信托存续期间并体现在信托方案中。

（四）信托分配方案

1. 并列分配与顺位分配

以不同受益人的分配顺序作为区分标准，保险金信托的分配方案可以分为并列分配和顺位分配。并列分配是指所有受益人均有权同顺序地按信托文件约定的方式参与信托利益分配；顺位分配是指受益人在接受信托利益分配时存在先后顺序，只有顺位在前的受益人受益权终止后，顺位在后的受益人才可参与信托利益分配。在实务中，既有单独使用并列分配或顺位分配的情况，也有二者结合的安排。[①]

此外，该分配方案的应用还跨越了家族内部范畴而延伸至公益慈善领域，在受益人既包括家族成员也包括慈善组织的情况下，在分配顺序上有"慈善并行"和"慈善先行"两种模式。"慈善并行"可归类于并列分配方案中，即慈善组织与家族成员同顺位地接受信托利益分配；"慈善先行"属于顺位分配方案，信托利益优先用于慈善事业，设定的慈善目的达成后

---

① 中国信托业协会编：《2021年信托业专题研究报告》，中国财政经济出版社2021年版，第248页。

如有剩余,再分配给家族成员。

在案例5-2中,为了更好实现林先生的公益愿望,设计信托方案时,可以采取"慈善并行"模式,信托利益同顺位分配给家庭成员和基金会,既保障家人生活,又造福于社会。

2. 固定金额分配与浮动金额分配

以分配的信托利益是不是固定金额为区分标准,保险金信托的分配方案可以分为固定金额分配和浮动金额分配。固定金额分配方案在信托设立时就已确定,可以避免家族成员的纷争,同时受托人无须行使自由裁量权,履职风险较小。但对于长期存续的保险金信托而言,面对未来的诸多不确定性,这种确定的利益分配方案也存在事与愿违的可能。浮动金额分配方案为应对未来的不确定性预留了空间,但需在信托合同中明确约定浮动信托利益的计算方式,避免受托人调整金额时引发受益人的不满或纷争。[1]

在案例5-2中,林先生要求"能者贤者多得,平庸者少得",就可以采取浮动金额分配模式,针对"平庸者"分配较少的信托利益用于基本生活,针对"能者贤者"分配较多的信托利益用于创业、深造或激励,林先生可以在信托文件中明确"能者贤者"的标准,如获得奖项、取得学位、创业成功、成为高管等。

3. 定期分配与特殊分配

以分配频率为区分标准,保险金信托利益分配方案可以分为定期分配与特殊分配。定期分配是指以固定的频率分配信托利益,如按月、按季度、按年分配等,一般用于保障受益人的基本生活。特殊分配是指某些或某类

---

[1] 中国信托业协会编:《2021年信托业专题研究报告》,中国财政经济出版社2021年版,第249页。

受益人在满足特定条件或遭遇特大变故时,根据信托文件的规定,向受托人申请信托利益分配并用于固定用途。实务中常见的分配名目包括但不限于:特殊关照金、成长保障金、养老金、成才奖励金、学业奖励金、创业支持金、技能提升支持金、职业发展助力金、房屋购置支持金、车辆购置支持金、结婚庆祝金、生育祝福金、家庭和谐维护奖励金、医疗支持金、重大疾病救助金、临时性申领金等。在特殊分配方案下,受益人或其代理人需要提供特定机构出具的证明,方可获配信托利益。

表5-2　申请特殊分配可能涉及的证明文件

分配名目	证明文件类型	具体文件
学业奖励金 成才奖励金	学籍及学历信息	幼儿园至高等教育阶段的有效证明文件,如学历证、学位证、《教育部学历证书电子注册备案表》/教育部留学服务中心出具的《国外学历学位认证书》/教育部留学服务中心出具的《港澳台学历学位认证书》等
职业发展助力金 技能提升支持金	职业能力提升信息	课程发票、课程文件、职业认证证书等
创业支持金	创设企业信息	公司章程、合伙协议或其他组织的规范性文件及营业执照、出资证明、验资报告或类似文件等
房屋购置支持金 车辆购置支持金	物权与所有权信息	如购房合同和发票、房产证、行驶证、机动车登记证书、购车合同和购车发票等
结婚庆祝金 家庭和谐奖励金	婚姻信息	结婚证等
生育祝福金	生育信息	如医院填发的《出生医学证明》及婴儿父亲、母亲的《居民户口簿》《居民身份证》《结婚证》。在我国港、澳、台地区及国外出生的婴儿,应持医疗机构出具并经公证认证的出生证明原件、父母身份证明原件及翻译机构出具的翻译件等
医疗支持金 重大疾病救助金	医疗信息	如正规医疗机构出具的诊断证明书、门诊病历、住院小结、出院小结、医疗费用收据、住院费用收据、住院费用明细清单及检查报告等

续表

分配名目	证明文件类型	具体文件
近亲属死亡慰问金	死亡信息	如医疗卫生单位出具的《死亡医学证明》、居（村）委会或卫生站（所）出具的证明、公安司法部门出具的死亡证明、殡葬部门出具的火化证明等

在案例 5-2 中，林先生希望子女多生育，就可以设置专门的"生育祝福金、奖励金"，用于奖励积极生育的子女并扶助后代成长。

4. 本金分配与收益分配

以用于分配的信托财产的性质为区分标准，保险金信托利益分配方案可以分为本金分配与收益分配。该分配方案通常结合受益人的不同类型加以应用，如将受益人分为本金受益人和收益受益人，则各自获配信托利益分别对应信托财产的本金及收益。

在案例 5-2 中，因林先生希望能够"永远福泽后代"，为了确保信托财产不会被分配殆尽，就可以在信托文件中设定信托成立后的固定期限（如 50 年或 100 年）内只分配信托收益，不分配信托本金。

第三节　保险金信托变更与终止事务管理

一、保险金信托变更事务管理

（一）对信托目的变更的管理

信托目的是信托的内核，信托目的发生变化，可能影响信托财产投资策略、信托利益分配方案等一系列信托机制的运作。学理上通常认为变更信托目的在一定程度上相当于终止原信托并重新设立一项新的信托，故信托目的不得轻易变更。[①]然而我国《信托法》并未禁止信托目的变更，但信托目的变更属于重大变更，为了避免对受益人造成损失或侵害，信托目的的变更至少应当经过全体受益人的同意。

（二）对信托当事人变更的管理

信托当事人的变更，理论上应当包括委托人、受托人和受益人的变更，但委托人作为设立信托及交付信托财产的人，原则上不能变更，故此部分只讨论受托人的变更和受益人的变更。

1. 受托人的变更

（1）依法变更受托人。保险金进入信托账户后，受托人就要履行其财产管理职责。如发生信托设立时无法预见的情形，从而导致受托人不能履行或不能很好地履行管理义务，就应允许变更受托人，以更好实现保险金信托的目的、保护受益人的权益。此外，如遇受托人死亡、丧失民事行为能力、被依法解散或撤销、被宣告破产或被监管机构依法取消信托业务经营资格而无法再担任受托人时，也会导致受托人解任并变更的情形发生。

（2）依约变更受托人。在受托人与受益人协商一致，取得全部受益人同意的情况下，受托人可以辞任；当受托人客观上不能继续履行信托合同项下受托人职责时，受托人也可以辞任。如受托人发生变更，应当作出处理信托事务的报告，并向新受托人办理信托财产和信托事务的移交手续。在新受托人尚未开始管理信托财产和信托事务前，原受托人仍应履行管理信托事务的职责；完成全部信托财产和信托事务移交手续后，原受托人就

---

① 何宝玉：《信托法原理研究（第二版）》，中国法制出版社2005年版，第511页。

报告中所列事项解除责任，但因受托人未列于报告的不当行为、欺诈和违约而引起的责任除外。

2. 受益人的变更

（1）依法变更受益人。除信托文件另有规定外，受益人变更主要有以下两种情形：①受益人对委托人或其他共同受益人有重大侵权行为。[1] 所谓重大侵权行为，是指侵权行为人实施的侵权行为的主观性质或手段较为恶劣，或者给他人的合法权益造成了重大损失，后果比较严重。"受益人对委托人或其他共同受益人有重大侵权行为，丧失受益权"之规定，与继承法律规范中"继承人故意杀害被继承人或为争夺遗产而杀害其他继承人，丧失继承权"有异曲同工之妙。之所以如此相似，是因为受益人取得受益权，与继承人取得继承权一样，是委托人/被继承人向受益人/继承人无偿地转让财产权益，如果受益人/被继承人有背义忘恩的行为，受益人/继承人当然可以撤销其权益。[2] ②受益人同意。[3] 基于民事行为意思自治原则，受益人同意，相当于在信托成立后，信托当事人就受益权处分达成了新的合意，应当予以尊重和承认。

（2）依约变更受益人。为了规范受益人行为，引导受益人积极向上，委托人可以在信托文件中设定若干变更受益人和受益权的情形，实务中比较常见的情形包括：①受益人有吸毒、挥霍、犯罪等行为的，经委托人指示，可剥夺或减少其受益权；②受益人获得高等教育机会、取得奖项或做出其他委托人倡导的行为时，经委托人指示或受益人申请，可增加其受益权；③不属于受益人的人，经委托人指示，可成为受益人并享有受益权；

---

[1] 《信托法》第五十一条。
[2] 赵廉慧：《信托法解释论》，中国法制出版社2015年版，第500—501页。
[3] 《信托法》第五十一条。

④被剥夺或减少受益权的人，在改过自新后，经本人申请或经委托人同意，可重新取得受益权。委托人可以授权保护人在委托人身故或丧失民事行为能力后继续行使变更受益人和受益权的权利。

（三）对信托条款变更的管理

在信托条款的变更中，重大变更当属信托目的变更及信托财产管理方式的变更。信托目的变更前文已述，本部分着重讨论信托财产管理方式的变更。

保险金信托财产管理方式在信托设立时便规定于信托文件中，但此类规定多基于信托设立时的情势背景制定。如保险金信托存续时间较长，则在存续期内，诸多情势变化可能会导致原有保险金信托财产管理方式不再适应现行情况，特别是随着财富投资工具的日益多样化，既定的信托财产管理方式可能不利于信托财产的保值增值。此时，保险金信托的财产管理方式就需要进行适当的变更。信托财产管理方式变更的方法主要包括依据法律规定变更和依据信托合同约定变更。

1. 依据法律规定变更

因信托设立时不能遇见的事由，致使信托财产的管理方法不利于实现信托目的或者不符合受益人的利益时，委托人或受益人有权要求受托人调整该信托财产的管理方法。[①]有学者认为这当属民法原理中的情势变更原则在信托法中的具体应用，[②]但因我国未建立法院对信托非诉事务的介入和监督机制，所以就变更的具体事由是什么、如何确认事由已经发生以及受托人该如何调整信托财产管理方法等，在委托人、受益人、受托人之间产

[①] 《信托法》第二十一条、第四十九条。
[②] 何宝玉：《信托法原理研究（第二版）》，中国法制出版社2005年版，第514—517页。

生不同意见时,该如何解决分歧成为一个严峻的问题,亟须信托法律规范的完善以作出指引。

2.依据信托文件的规定变更

信托文件规定保险金信托财产管理方式的变更,大体可以通过以下几种方式完成:①委托人在信托文件中作出相应的权利保留,明确其变更信托财产管理方式的权利,以便在需要的情况下自行作出变更信托财产管理方式的决定,更好地实现信托目的。②委托人在信托文件中指示受托人在特定情形下或认为需要时,对保险金信托财产的管理方式进行变更。③委托人授权投资顾问、保护人等,允许其在特定情形下对信托财产管理方式、投资范围及比例进行变更。

在保险金信托实务中,委托人可以选择以上任意一种方式并在信托文件中明确约定,也可以选择任意两种或两种以上方式组合应用,如在信托文件中规定委托人与受托人共同决定投资配置。

二、保险金信托终止与清算的管理

保险金信托的终止,是指保险金信托法律关系归于消灭。保险金信托终止后,会触发受托人的清算义务及导致受信责任的解除。

(一)保险金信托终止的事由

1.信托终止的法定事由

(1)信托存续违反信托目的。信托存续期间一切信托活动及运行机制均应与信托目的保持一致,否则信托应当依法终止。例如,委托人育有一子,身患残疾,委托人以该子为受益人设立保险金信托,要求保障该子的生活及医疗需求，若干年后该子去世，此后委托人增加了其他家族成员作为受益人，却未变更信托目的，此时信托存续已然违反信托目的，信托应当终止。

（2）信托目的已经实现或不能实现。信托目的已经实现或不能实现较为容易判断，如委托人以其子女为受益人设立保险金信托，信托目的为资助子女完成大学教育，子女大学毕业后，信托目的已经实现；又如委托人以其子女为受益人设立保险金信托，信托目的为保障子女将来的富足生活，但信托设立后子女均不幸夭折，此种情况下信托目的已无法实现。在信托目的已实现或不能实现时，信托应当终止。

（3）信托当事人协商同意终止。根据民法意思自治原则，经信托当事人协商一致，即可终止保险金信托。在委托人生前，需委托人、受托人及全体受益人协商一致同意；委托人去世后，需要全体受益人与受托人协商一致同意；受益人为未成年人或成年无民事行为能力人的，需要其法定监护人同意。

（4）委托人债权人撤销信托。债权人行使撤销权需要具备三个条件：一是债权人与委托人的债权债务关系在委托人设立信托前已经存在；二是委托人以自己的财产设立信托导致其无法清偿债务，损害了债权人的权益；三是债权人必须在知道或者应当知道撤销原因之日起一年内撤销权，否则该权利归于消灭。一个很现实的问题是，信托的设立具有一定的私密性，非信托关系当事人及参与人一般难以知晓信托设立情况，若仍需要委托人的债权人对其撤销信托的主张进行举证，则较为困难。对此，可以参考域外信托制度，在信托设立后的一定期限内，如委托人资不抵债、被宣告破产或成为失信被执行人，则推定设定信托的行为侵害了债权人的利益，信托财产应恢复到信托设立之前的状态，重新成为委托人的责任财产。

（5）信托被解除。在受益人对委托人有重大侵权行为、经受益人同意或信托文件有其他规定的情形下，委托人可以解除信托。① 即便有此规定，委托人在解除保险金信托时仍需要注意以下两点：①委托人在行使解除权时应当受到保险金信托文件的限制，即保险金信托文件另有规定时，应当优先遵从其规定；②委托人单方面行使保险金信托解除权，可能会损害受托人的利益，如致使受托人的报酬减少等。对此，有些国家的法律还规定委托人应当为此承担对受托人的赔偿责任。在保险金信托实务中，委托人主动解除信托的情形比较少见，因为保险金信托的主要目的即通过设立信托来实现家族财富的保全、增值与传承，而信托一旦解除则无法继续实现这一目的。

2. 信托终止的约定事由

（1）约定委托人可终止信托。委托人通过信托文件保留对于已经设立的信托关系的变更、解除、终止权利时，委托人可以解除或提前终止信托。委托人解除或终止信托的，受托人已实施的信托行为效力不受影响，可能会对信托财产的真实归属以及对信托税收产生实质性影响，因此应当让委托人承担保留此类权利的不利后果。② 也就是说，委托人保留终止信托的权利会导致信托财产的独立性产生影响被否定。在委托人可撤销信托的发源地美国，信托财产将被视为委托人所有而课税。

（2）约定信托终止的条件。保险金信托文件约定的终止事由大致可以分为附终止期限和附终止条件两类。①附终止期限。我国《信托法》没有对信托存续期限作出强制性规定，但信托文件中可以就信托存续期限进行规定，一旦存续期限届满，信托即可终止。②附终止条件。保险金信托实

---

① 《信托法》第五十一条。
② 韩良、秦健卓：《我国委托人可撤销信托制度的完善》，载《当代金融家》2023年第3期。

务中，不同信托文件中规定的终止条件各不相同，但只要不违反法律法规的强制性规定及公序良俗，均可纳入保险金信托文件中。常见的保险金信托终止条件包括但不限于：第一，受托人辞任、解任或被依法解散、被依法撤销或被依法宣告破产；第二，信托财产余额已低于信托文件设定的最低限额；第三，保险合同因任何原因被认定为无效；第四，保险公司拒绝赔付保险金导致无法实现信托目的等。

（二）保险金信托财产清算的管理

1. 受托人出具清算报告

保险金信托终止后，受托人应负责对信托财产进行清算并清偿信托债务，在清算完毕后出具信托清算报告。受益人或信托财产的权利归属人可于信托清算报告送达后的约定期限内，向受托人提出异议；未提出异议的，受托人就信托清算报告所列示事项解除责任。但对于受托人未列入信托清算报告的不当行为、欺诈和违约而引起的责任，受托人仍需承担相应责任。[①]

从信托终止事由发生，经过清算至剩余信托财产分配给受益人或权利归属人之前，信托视为存续，受托人、资金保管机构、投资顾问仍需要继续按照信托文件约定的方式管理、运用和处分信托财产，并有权取得相应的报酬。

2. 信托清算报告的审计

受托人出具的信托清算报告是否必须经过审计，《信托法》没有明确。参考原银监会颁布的《信托公司集合资金信托计划管理办法》的规定，[②]信

---

① 《信托法》第五十八条。
② 《信托公司集合资金信托计划管理办法》第三十一条。

托报告的审计非强制性要求，可在信托文件中自行约定；如信托文件约定清算报告不需要审计的，信托公司可以提交未经审计的清算报告。

3. 信托财产的清偿顺序

《信托法》未明确规定信托财产的清偿顺序，但在信托资不抵债的极端情况下，信托财产的清偿顺序至关重要。参考《企业破产法》相关规定，保险金信托清算后，信托财产或可按下列顺序进行分配或清偿：①为清算信托财产所发生的合理费用；②依法缴纳与信托相关的税费；③在信托财产上设定担保物权之债权；④受托人可优先受偿之债权，如受托人因处理信托事务所支出的费用、对第三人所负债务；⑤一般债权，如信托费用等。[①]

（三）确定保险金信托终止后信托财产的归属

1. 依据信托文件确定信托财产的归属

保险金信托终止后，信托当事人的权利义务随之消灭，由此便会涉及信托财产的归属问题。一般而言，保险金信托设立时，便会在信托文件中明确约定信托终止后有权取得剩余信托财产的权利人。委托人既可以将剩余信托财产指定归其亲属所有，也可以用于捐赠，还可以指示将信托财产归并到届时仍然有效存续的其他信托中作为新的信托财产。

2. 依据法律规定确定信托财产的归属

（1）一般规则。若信托文件未对信托终止后的财产归属作出规定，则需按照相应顺序来确定归属：第一顺序为信托受益人或者其继承人，第二

[①] 于海涌：《论信托终止时的财产归属》，载《中山大学学报（社会科学版）》2011年第1期。

顺序为委托人或者其继承人。[①]

（2）特殊规则。与家族信托不同，保险金信托可以是自益信托，因此当自益保险金信托的委托人死亡时，依据我国《信托法》第十五条的规定，剩余信托财产应当作为委托人的遗产，按照遗产继承规则进行分配。

（四）对保险金信托终止后财产分配的管理

引导案例5-3

冯女士以自己为投保人、配偶章先生为被保险人，签订人寿保险合同并足交保费后，又经章先生同意，作为委托人设立了2.0模式的保险金信托，信托有效期为20年。信托合同约定信托终止后，剩余信托财产由信托受益人冯女士的母亲和女儿小章共同享有。信托到期信托终止时，冯女士已去世，但其配偶章先生依然健在，信托存续过程中没有产生过现金资产。此时信托财产该怎么分配呢？

信托清算完毕后，受托人应向受益人或信托财产归属人分配信托利益。依据信托法原理，如信托文件无明确约定，信托终止时应按信托财产的现有状态转移给权利人。[②] 因此，如保险金信托终止时部分或全部信托财产还是以"保险合同权益"的形式存在，则涉及信托财产的现状分配问题。

1. 现金形式的信托财产的分配

保险金信托经清算及偿付债务后，剩余的现金形式的信托财产应根据信托文件约定或法律规定分配给受益人或信托财产归属人。

----

① 《信托法》第五十四条。
② ［日］能见善久：《信托的终止、清算问题研究》，姜雪莲译，载《中国政法大学学报》2021年第4期。

2. "保险合同权益"的分配

"保险合同权益"的分配，是指信托终止时，受托人尚持有"保险合同权益"的，应将受托人在保险合同中的保险受益人及/或投保人的合同身份转移给受益人或信托财产归属人。

（1）保险金信托1.0模式中"保险合同权益"的分配。保险金信托1.0模式中，受托人享有保险受益人的身份，因此需要被保险人或投保人（经被保险人同意）将保险受益人变更为信托受益人或信托财产归属人。需要注意的是，继任保险受益人应满足保险公司的要求，与被保险人具有一定的亲属关系。

（2）保险金信托2.0和3.0模式中"保险合同权益"的分配。保险金信托2.0和3.0模式中，受托人同时享有投保人和保险受益人的身份，因此需要分别将投保人和保险受益人变更为信托文件指定或法律规定的主体。

在案例5-3中，小章与被保险人章先生是父女关系，将保险受益人变更为小章不存在障碍；冯母与章先生是姻亲关系，能否成为保险受益人则要看保险公司的政策，如冯母无法成为保险受益人，可以采取由小章适当补偿冯母的方式，或待将来保险金理赔后再分配给冯母的方式完成剩余信托财产的分配。

针对投保人身份的变更要求，我国《保险法》没有明确规定，在实务中通常由保险公司制定变更规则，规则差异较大。例如，有的保险公司规定，仅在原投保人生存的情况下才能变更投保人；还有的保险公司规定，在原投保人身故或无力交纳保费的情况下，可以申请变更投保人。此外，变更投保人是否需要被保险人的同意，不同保险公司的规定也不统一，因此需要针对具体情况具体分析。变更投保人时应注意：①因"装入"信托的保险合同的投保人通常不享有经济利益，故继任投保人的身份并非必须由信托财产归属人承接；②根据《保险法》相关规定，继任投保人也应对被保险人具有保险利益（详见本书第二章第二节）；③如保费尚未交纳完毕，继任投保人还负有继续交纳保费的义务。在案例5-3中，原投保人冯女士已去世，目前仅有冯女士的女儿小章与章先生具有保险利益，因此应当将投保人变更为小章或章先生。

第六章　保险金信托的投资管理

　　保险金信托财产的投资管理是后续可否实现委托人目的以及保障受益人利益的关键步骤。对保险金信托财产进行良好有效的管理，保值增值，有利于委托人实现财富分配和传承的信托目的。在保险金信托投资过程中，受托人应以信托法理为基础，以信托目的为准绳，以监管要求为红线，基于保险金信托的投资特点，确定投资原则与策略，在投资决策模式、资产配置、资产估值等方面承担管理职责，履行审慎投资义务。

第一节　保险金信托投资概述

一、保险金信托投资的监管规定

目前尚无针对保险金信托投资的监管规定，但如果将范围扩大至"家族信托"或"财富管理服务信托"，则可以总结出近年来一系列监管措施：

2018年4月，"资管新规"就规范资管业务、统一监管标准、防控金融风险提出了若干监管意见，为资产管理信托的投资管理框定了红线。

2018年8月，"37号文"明确家族信托不适用"资管新规"，无须遵守"资管新规"中关于投资集中度、禁止多层嵌套等限制性规定。

2023年6月起正式施行的《信托分类通知》则明确资产服务信托旨在依据信托法律关系，根据委托人的需求为委托人提供相应的专业信托服务，信托目的在于提供资产管理服务而非融资，实则强调信托公司回归受托人定位，信托业务回归信托本源。

2023年7月，原银保监会下发的《指导口径（一）》对保险金信托中的闲置资金使用作出了规定，要求与保险金信托的信托目的和风险特征相一致，不得变相开展其他业务。[①]

以上监管要求之中，与保险金信托投资直接相关的内容很少。结合《指导口径（一）》，保险金信托的投资客体分为两类，一是保险金信托

---

① 参见《指导口径明确细则　信托分类改革"打补丁"》，载央广网，https://news.cnr.cn/native/gd/20230711/t20230711_526324685.shtml，2025年5月29日访问。

中的闲置资金,二是未来赔付的保险金。二者适用不同的投资标准,前者重视风险管理,后者需彰显信托服务本源。受托人应在保险金信托投资特点的基础上,坚守谨慎及有效管理等受托人义务,制定投资策略,规范投资管理流程。

二、受托人的投资义务

引导案例6-1

2015年5月8日,刘某某(委托人、受益人)与Y信托(受托人)签订了《集合资金信托计划资金信托合同》,认购金额为350万元,信托合同约定聘请C公司为该信托计划的投资顾问,通过受托人的专业管理谋求信托财产的稳定增值。

2015年7月至2016年9月,上市公司X公司多次披露该公司可能暂停上市的风险提示后,Y信托仍然听取C公司的投资建议大量买入X公司股票。2017年8月28日,X公司因欺诈发行被终止上市。刘某某与Y信托因此发生纠纷,刘某某认为,Y信托违反了亲自管理义务与谨慎管理义务,应当赔偿损失。

二审法院认为,谨慎的投资者亦不难得出X公司将因为欺诈发行而被暂停上市或者强制退市的风险相当高的结论。而作为专业机构的Y信托,如果遵循了审慎原则,尽到了受托人的注意义务,完全可以发现投资顾问给出的大量购买X公司股票的投资建议是风险极大且极不具有合理性的。但Y信托对这一投资建议的错误性应当发现而未发现,完全漠视了X公司暂停上市和强制退市风险的现实性与紧迫性,贸然接受C公司的建议并大量买入X公司的股票,严重违反了谨慎原则和注意义务。Y信托作为受托人应当对委托人这部分损失承担赔偿责任，即Y信托应当向刘某某赔偿全部损失60万元。

民事义务可以分为约定义务和非约定义务，非约定义务又分为法定义务、受信义务和基于诚实信用原则产生的义务。[①]受托人的信义义务具有法定化的特征，信托法和信义法（Fiduciary Law）大都明文或者默示承认类似的原则。同时，信义义务又属于任意性规范，如允许受信人与委托人或受益人[②]通过约定排除忠实义务中禁止利益冲突原则的适用，又如注意义务在制定法中通常仅有原则性的规定，允许受信人和受益人约定义务的边界和责任的减轻。

（一）忠实义务

受托人在信托财产投资管理过程中负有忠实义务，忠实义务是指受托人应为了受益人的最大利益处理信托事务，不得从事利益冲突的行为。

忠实义务的主要内容包括四个方面：第一，受信人应为受益人的最大利益行事处理信托事务；[③]第二，除依照法律规定或按照合同约定取得报酬外，不得利用受托人身份以及由此产生的机会、信息和有利地位而为自己或第三人取得利益；[④]第三，不得侵占信托财产，禁止将信托财产转变为委托人的固有财产；[⑤]第四，不得从事利益冲突行为，禁止"自己代理"行为或"双方代理"行为。[⑥]"自己代理"是指受托人将固有财产

---

① 赵廉慧：《信托法解释论》，中国法制出版社2015年版，第301页。
② 编者注：如无特别说明，本章以下所称"受益人"均是指信托受益人。
③ 《信托法》第二十五条。
④ 《信托法》第二十六条。
⑤ 《信托法》第二十七条。
⑥ 《信托法》第二十八条。

与信托财产进行交易,"双方代理"是指受托人将名下的多个信托财产之间进行交易。

受托人在履行信托财产投资职责时,如存在利益冲突,应取得受益人的同意,并以公平的市场价格进行交易。受托人因违反忠实义务给信托财产造成损失的,应承担赔偿责任;因违反忠实义务取得的利益,应归入信托财产。

(二)注意义务

注意义务是对受信人的原则性要求,如对受信人履行职责的行为产生争议,却无法通过法定或约定条款进行衡量的,可依据这一原则性义务,判断受托人是否需要承担责任。[1]

信义法原理认为,委托人将财产转让给受托人管理,是基于对受托人的信任,因此受托人应承担注意义务,该"注意"的标准应比处理自身事务的"注意"更高。例如,日本《信托法》第29条规定受托人应依信托本旨,以善良管理人之注意,处理信托事务。美国《统一谨慎投资者法》则对谨慎投资义务作出了较为详尽的规定,被称为"谨慎投资人"规则,包括但不限于投资组合标准、投资环境标准、投资多元化标准、分散投资要求等。简言之,受托人要对信托财产进行积极而专业化的管理,履行谨慎投资人义务。"谨慎投资人"规则属于任意性规则,即信托当事人可以通过信托合同约定任意扩张、限制、变更甚至不适用。[2]时至今日,《统一谨慎

---

[1] 韩良、张言非:《遗嘱执行人和遗产管理人的受信人义务》,载《当代金融家》2022年第10期。

[2] Uniform Prudent Investor Act(《统一谨慎投资者法》),载加利福尼亚州立法信息网,https://leginfo.legislature.ca.gov/faces/codes_displayText.xhtml?lawCode=PROB&division=9.&title=&part=4.&chapter=1.&article=2.5.;参见谨慎投资者网(Prudent Investors):《统一谨慎投资者法(UPIA)》解读[Decoding The Uniform Prudent Investor ActCT(UPIA)],https://www.prudentinvestors.com/blog/the-uniform-prudent-investor-act-upia-guide/,2025年1月16日访问。

投资者法》已被绝大数州所接受，成为美国业内公认的受托人注意义务审查标准。

在案例6-1中，二审法院适用了双重标准来判决受托人是否履行了注意义务，一是受托人如果与一个谨慎的投资者处于同一立场应当作出怎样的判断，二是作为一个专业机构，相较于普通的谨慎投资者而言，应当承担更高标准的注意义务。也就是说，作为受托人，应按照"孰高原则"判断其注意义务的标准：受托人至少应当以谨慎投资者的标准履行投资义务；一旦受托人曾经表示其具备高于普通人的专业能力，那就应按照更高的标准履行义务。

（三）亲自管理义务

民法原理认为，受信关系具有人身属性，基于委托人的信任，受托人应当亲自处理受托事务，不得随意交由他人代理。受托人履行亲自管理义务对家族财富的传承与管理具有关键性的作用，具体体现在委托人基于对受托人能力、资质、人品等品性的信任而委托其管理家族财产，所以在此基础上，受托人亲自管理信托财产是对委托人所承担的直接义务，受托人对亲自管理义务的履行一定程度上决定了家族财富的传承与稳定。[1]

《信托法》对受托人亲自管理义务的限制非常严格，除非信托文件另有规定，只有在发生不得已事由的情况下才可以转委托；在转委托的情况下，受托人应当对他人代理信托事务的行为承担责任。[2]

在案例6-1中，由于实际下达交易指令的是Y信托，投资顾问仅出具

---

[1] 早春雪、郑春铭：《论家族信托中受托人分别管理与亲自管理义务》，载微信公众号"用益研究"2019年11月26日，2025年1月3日访问。

[2] 《信托法》第三十条。

投资建议，Y信托并未完全将投资权限委托给投资顾问行使，因此二审法院未采取原告关于Y信托违反亲自管理义务的主张。但即便受托人将投资职责完全委托给投资顾问，依然须对投资顾问不谨慎的投资行为承担责任。

三、保险金信托的投资特点

（一）保险金的投资具有延迟性

在保险金信托1.0模式中，保险金信托的信托财产为"保险合同权益"，保险金信托设立初期没有资金进入信托账户，投资行为主要发生在保险金进入信托账户之后，因此针对保险金的投资具有滞后性和延迟性。

（二）预交保费的投资以安全性为原则

在保险金信托2.0和3.0模式中，信托设立后用于交纳保费的现金资产会进入信托账户中，受托人应履行忠实义务，为了受益人的最大利益对信托资金进行投资。基于信托资金的特殊用途——交纳后续保费，因此预交保费的投资对安全性的要求极高，几乎不能承担本金亏损的风险，投资标的应以国债、大额存单等低风险、保本型的产品为主。

（三）投资期限原则上长于其他资产服务信托

保险产品的赔付时间具有不可预见性，因此保险金信托的存续时间和终结时点也具有相同特点。基于此，委托人设立保险金信托，往往不是为了自己受益，而是希望惠及家人并用于慈善，因此保险金信托相较于其他资产服务信托，也具有投资期限较长的特点。

第二节　保险金信托的投资原则与策略

一、保险金信托的投资原则

（一）稳健增值

在保险金信托资产配置中，稳健增值的投资原则蕴含了"进可攻、退可守"的双重配置理念。如前所述，预交保费的投资不能承受巨大的损失，不能为了追求收益而忽略对本金的保护。所以首先应该追求本金的安全性，在此前提下，可以通过配置低风险、流动性好的固定收益类资产实现稳健增值的目标。

（二）资产分散

现代资产组合理论首倡者、经济学家哈里·马科维茨（Harry Markowitz）提出了"投资组合理论"。其基本思想是，通过分散化投资，使各种风险互相抑制，也就是所谓的"对冲"。而构建一个优秀的分散化投资组合的关键在于降低各资产之间的相关性，也就是俗语所称的"不要把所有鸡蛋放在同一个篮子里"。例如，股票市场往往和债券市场负相关，在经济上行时，股票市场表现较好，而债券市场往往表现较差。把握二者的关系去进行资产配置，可以起到资产分散和对冲的作用，有利于提升资产的稳定性。

（三）长期投资

对于保险金信托来说，其投资长度可能持续数十年，甚至跨越代际。因此，保险金信托的投资安排需要坚持长期投资的理念，陪伴客户穿越周期。短期来看，市场决定因素受供求关系的影响，是预期与现实之间的博弈。短期市场收益容易受到投资者情绪的干扰，投资者的贪婪、恐惧、羊群效应等心理因素会放大短期市场的波动。但从长期来看，股价的高低实际取决于企业内在价值的表现，股市的表现也可以说是国民经济的"晴雨表"。

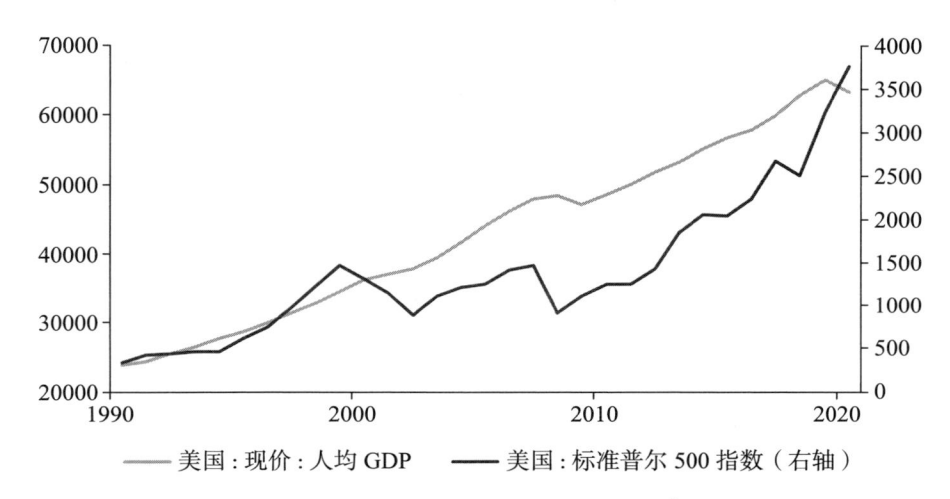

图6-1　美国人均GDP与股票市场走势[①]

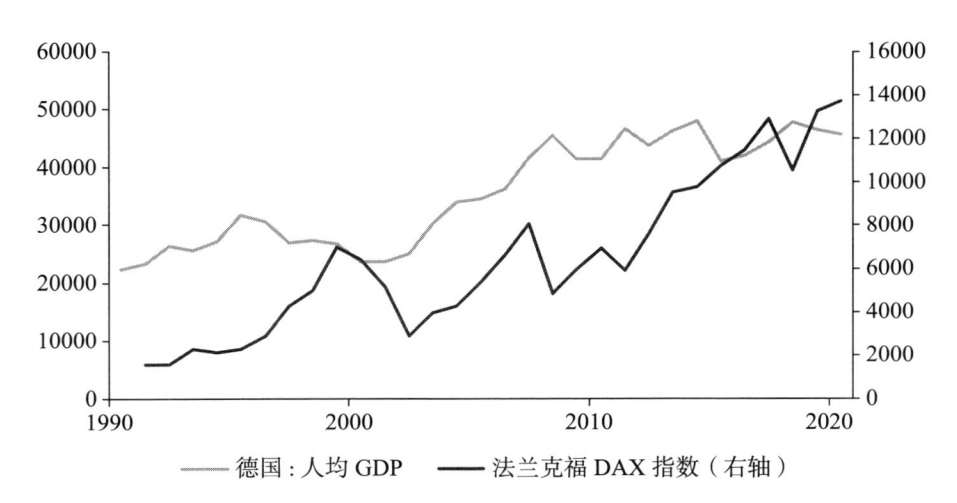

图6-2　德国人均GDP与股票市场走势[②]

---

① 数据来源：Wind数据库，数据截至2020年12月31日。
② 数据来源：Wind数据库，数据截至2020年12月31日。

上图所示美国的股票指数与美国人均GDP的增长曲线相关性系数达到0.89，德国的股票指数与其人均GDP的增长曲线相关性达到0.75，显示出股票市场走势是一个国家或经济体经济发展的投射。长期投资理念本质是投资于整个国家经济增长的未来。

在保险金信托投资过程中，应坚持长期投资原则，避免频繁择时[①]、追涨杀跌，而是用时间熨平波动，穿越牛熊，来获取长期持有带来的回报。

（四）保持流动性

流动性风险的管理和应对是保险金信托资产配置中的重要环节。保险金信托的资产配置不同于金融产品，金融产品有着明确的产品存续期限，管理人在产品存续期间内配置对应期限的资产即可，而保险金信托的投资配置需要保证委托人设定的信托分配方案得以实现，既包括定期分配，也包括不定期分配甚至临时分配，所以保险金信托投资对资产流动性的要求更高，并且头寸的管理需要更加精细化。为避免出现因投资于流动性欠佳的资产，造成信托利益无法按时支付给受益人的情形，保持流动性是受托人必须遵守的原则，即便配置流动性较差的资产，如含有锁定期的定向增发、信用债、信用支持证券等，也需要将其控制在一定的投资比例内。

（五）避免极端风险

引导案例6-2

2014年7月开始，我国股市出现了一轮过快上涨行情，至2015年6月12日，上证综指上涨152%，深成指上涨146%，创业板指上涨178%。股

---

① 编者注：频繁择时是指频繁买入和卖出，频繁择时容易错失市场机会，且承担更高的交易成本。

市过快上涨是多种因素综合作用的结果，既有市场估值修复的内在要求，也有改革红利预期、流动性充裕、居民资产配置调整等合理因素，还有杠杆资金、程序化交易、舆论集中唱多等造成市场过热的非理性因素。过快上涨必有过急下跌。2015年6月15日至7月8日的17个交易日，上证综指下跌32%。大量获利盘回吐，各类杠杆资金加速离场，公募基金遭遇巨额赎回，期现货市场交互下跌，市场频现千股跌停、千股停牌，流动性几近枯竭，股市运行的危急状况实属罕见。如果任由股市断崖式、螺旋式下跌，造成股市崩盘，股市风险就会像多米诺骨牌效应那样跨产品、跨机构、跨市场传染，酿成系统性风险。①

案例6-2带来的启示在于投资过程中应尽量避免利用投资杠杆所造成的极端风险或者毁灭性风险。投资杠杆是指投资者使用借入资金来增加其投资规模，以期望获得比自身投入资金更高的回报。这种做法可以放大投资收益，但同时也会扩大风险。即便是将投资杠杆利用在波动非常低的套利策略当中，也有可能出现致命风险。价值投资大师、美国橡树资本管理有限公司创始人霍华德·马克斯认为"波动+杠杆=炸药包"。因此，在保险金信托的投资过程中，应尽量避免通过衍生品的方式增加资产的杠杆比例，以规避极端风险的发生。

二、保险金信托的投资风险偏好

引导案例6-3

张先生是某股份制银行的高级管理人员，是金融专业人士，拥有丰富

---

[1] 参见《肖钢：深刻反思总结股市异常波动　加强监管防范风险》，载中国法院网，https://www.chinacourt.org/article/detail/2016/01/id/1792265.shtml，2025年6月8日访问。

的投资经验，且擅长于股票、私募基金等高风险产品的投资。张先生早年丧偶，育有一女，尚未成年，张先生想设立一个保险金信托，将人寿保单权益置于信托之中，一旦自己意外身故，既可以给女儿留下充足的资金，又可以防止其他亲属侵占保险金。保险金信托设立前，张先生进行了风险承受能力测评，评级结果为进取型，信托公司该怎样制定风险偏好策略呢？

（一）投资风险偏好的制定依据

1.风险承受能力测评概述

风险承受能力测评是金融业常见的合规措施，是投资者适当性制度的重要组成部分。风险承受能力测评是指银行、保险、证券、基金、信托等金融机构在向金融消费者提供金融产品或金融服务时，需要对金融消费者进行风险测评，通过测评结果对客户的风险承受能力进行分级，以确保金融机构所提供的金融产品或金融服务的风险等级与客户的风险承受能力等级相匹配，即金融产品或服务的风险等级应当等于或低于客户的风险承受能力评级。

由此可知，风险承受能力测评适用于资产管理信托，而保险金信托属于资产服务信托，是否也适用风险承受能力测评？目前实务操作中，信托公司在设立家族信托、家庭服务信托、保险金信托等资产服务信托前均会对委托人进行风险承受能力测评，推测其原因有三：一是没有明确的法律法规和监管规定要求资产服务信托适用风险承受能力测评，但信托机构基于业务惯性，也参照资产管理信托对委托人进行风险测评；二是营业信托机构等金融主体需要承担严格的合规义务，基于"多做不怕，少做挨罚"的合规性担忧，信托公司也会将风险承受能力测评置于资产服务信托的展业流程中；三是基于受托人谨慎投资义务的要求，明确的风险承受能力评级结果是判断委托人投资偏好和进行资产配置的前提和依据，如不进行风险承受能力评级则投资职责的履行可能会无章可循。

2.风险承受能力测评的对象

对保险金信托进行风险承受能力测评，谁应当是保险金信托"意志"的体现呢？是委托人还是受益人？

有观点认为，保险金信托是为了受益人的利益而设立的，不论信托目的如何，最终投资结果对信托受益人影响最大，联系也最紧密，因此最应了解受益人的风险偏好，并以此为标准来进行保险金信托财产的投资。但是，在实践中设立保险金信托时很难对受益人进行风险承受能力测评，如受益人尚未成年、未出生或者不具备完全民事行为能力，甚至在保险金信托设立伊始只明确了受益人确定规则，而非具体的个人。即便受益人不存在上述状况，但受益人为两人以上时，应以谁的测评结果为准？

也有观点认为，委托人才是信托设立的主导方，应当以委托人为测评对象，并以委托人的风险偏好确定信托的资产配置，实务中信托公司也如此操作。但如上所述，委托人的风险偏好并不一定与信托目的匹配，且委托人的风险偏好是不断变化的，从信托设立至保险金进入信托可能要等待数十载，以信托设立时委托人的风险偏好作为投资依据，是否合理？

以上问题均并无定论，实务中信托公司均将委托人作为风险承受能力测评的对象。

3.风险承受能力评级的影响因素

受托人对委托人进行风险承受能力测评时，除了解客户基本信息以外，还会询问客户的财务状况、投资经验、投资风格、风险承受能力等多方面信息。具体而言，主要包括以下影响风险承受能力评级结果的因素：

（1）年龄

对于委托人而言，年龄是一个非常重要的考虑因素。不同的年龄代表了不同人生的阶段，同时也影响了风险偏好以及风险承受能力。一般来说，年轻人的抗风险能力相对更强，风险承受能力评级较高；反之，年龄越大，抗风险能力一般相对更弱，风险承受能力评级越低。

（2）收入

关于收入的测评分为两个维度。一是收入水平，收入越高，抗风险能力也相对更强。二是收入来源，收入来源可以分为工资、劳务报酬，生产经营所得，利息、股息、转让等金融性资产收入，出租、出售房地产等非金融性资产收入，甚至是无固定收入。收入来源可以反映其抗风险能力，如果委托人收入中占比最高的是金融资产收入，说明委托人基本不再依赖劳动获取报酬，而是有一定资产积累后通过投资获取收益，其对投资认知程度更高，抗风险能力相对也更强。

（3）家庭资产

关于家庭资产的测评分为两个维度，一是可支配家庭总资产，二是可支配家庭总资产中可用于金融投资的比例。总资产越多、可投资金融资产的比例越高，抗风险能力也相对更强。

（4）投资经验

委托人的投资经验将决定其对于信托中所进行之投资的理解程度。对委托人投资经验的评估分为三个维度：投资知识储备、过往投资品种的丰富程度、高风险产品的投资经验。通常来说，委托人的投资经验越丰富，投资过的品种越多，投资过的高风险产品越多，其抗风险能力越强。

（5）投资期限

对于保险金信托而言，信托存续期限决定了信托投资期限，而信托的投资期限将对信托投资的久期配置、投资种类产生重大影响。因时间能够平滑收益曲线，故委托人可接受的投资期限越久，风险承受能力越强。

(6) 投资目标

委托人的投资目标对信托财产未来的资产组合有重要的指导意义，是委托人期待能够呈现的投资结果。一般可以分为：以资产保值为目标、以资产稳健增长为目标以及以资产迅速增长为目标。

(7) 投资态度

委托人的风险承受能力、风险承担意愿，以及对风险承担性价比的考量决定了信托财产可以承担何种风险等级的投资。投资态度分为四种：一是厌恶风险，不希望本金损失，希望获得稳定回报；二是保守投资，不希望本金损失，但也愿意承担一定幅度的收益波动；三是寻求资金的较高收益和成长性，愿意为此承担有限本金损失；四是希望赚取高回报，愿意为此承担较大本金损失。

（二）风险承受能力评估结果与风险偏好策略

根据金融业内通行做法，通过委托人对上述各类风险承受能力测评要素的回答，金融机构会对委托人的风险承受能力进行评级，评级分为五级，包括保守型、稳健型、平衡型、成长型和进取型。

1. 保守型风险偏好策略

风险承受能力评级最低的委托人属于风险厌恶型投资者，特别关注本金安全，制定风险偏好策略时首先应当考虑本金的安全性，投资组合应具有收益稳定与较低风险的特征。

2. 稳健型风险偏好策略

风险承受能力评级次低的委托人主要关注本金安全，但为了获取一定的收益，可以承担较小的投资风险，适合较为稳健的风险偏好策略，投资组合主要由本金相对安全、出现本金损失概率较小的产品组成。

3. 平衡型风险偏好策略

风险承受能力评级居中的委托人主要强调投资风险和收益之间的平衡，为了追求一定收益，投资时可以承受本金部分损失，适合平衡型风险偏好策略，投资组合可以包含股票、基金等产品。

4. 成长型风险偏好策略

风险承受能力评级次高的委托人具有较高的风险承受能力，为追求较高的收益，投资时能够承担本金大部分损失或全部本金损失的风险，适合成长型风险偏好策略，投资组合可以包含私募基金、信托产品等高风险产品。

5. 进取型风险偏好策略

风险承受能力评级最高的委托人具有极高的风险承受能力，为了追求超高收益，投资时能够承担本金全部损失甚至损失超过本金的风险，可以接受高杠杆、结构复杂、流动性低等特征的投资产品，适合进取型风险偏好策略，投资组合可以包括金融衍生品、对冲基金、非上市公司股权等高风险产品。

但是在保险金信托投资实务中，囿于保险金信托资金规模较小等因素，受托人难以通过分散投资的方式降低投资风险，也很难针对委托人的需求进行个性化资产配置，同时受限于保险金信托资金安全性的大原则，即便委托人符合成长型和进取型的风险承受能力评级，从稳健增值的原则出发，部分信托公司在投资过程中也会至少下调两个风险等级，即按照保守型、稳健型的风险偏好策略投资于低风险类的资产。

（三）保险金信托投资风险偏好的改进展望

保险金信托系财富管理服务信托，而非资管产品，实务中采用委托人的风险评测结果来确定投资偏好策略的做法，没有回归保险金信托的本质。针对保险金信托的风险承受能力测评不能局限于委托人的评测等级，还需要综合考虑信托目的，不能因为委托人本身风险承受能力高、投资经验丰富而去配置一个不符合信托目的的投资组合。信托生效后，信托财产已与委托人相分离，原则上委托人不能再控制或处分信托财产，则委托人对投资风险的识别和承受能力不应影响保险金信托的投资。例如，案例6-3中，张先生设立信托的目的是抚养女儿长大，因此应以保障本金安全、实现稳健增值为信托投资策略，投资过程中应避免委托人的激进投资理念对信托投资策略的影响。

如把保险金信托视为一个独立组织或财团，穿透来看该组织终究要投资于金融产品等资产，因而应将"保险金信托"拟人化，将其作为金融消费者，对其本身进行风险承受能力测评，以实现信托目的与信托财产投资策略的匹配。

本书认为保险金信托投资风险偏好策略制定应从审慎原则出发，且与信托目的相匹配。本书以三种不同的信托目的为例，分析其对保险金信托投资偏好及资产配置的影响。

1. 以保障受益人生活安全为目的

保险金信托主要是以保障受益人的生活安全为目的，比如给予受益人基本生活费用、医疗金或者紧急备用金等，需要在信托资产中预留充足的现金，保障信托财产的安全性和流动性。在此信托目的的指导下，应适用保守型投资方案，在投资过程中将现金类资产的配置比例提升，尽量避免配置权益类资产。

2. 以促进受益人成长为目的

如保险金信托主要是以促进受益人成长为目的，比如给予一些学业支持，或者给予创业奖励等，既需要保证信托财产的安全性，也需要具备一定的收益性。在此信托目的的指导下，应适用稳健型投资方案，既要配置一部分现金类资产为不定期分配进行流动性储备，又要投资大比例的固定收益类资产作为稳健增值的支撑，也要配置少量权益类资产以博取超额回报。

3. 以财富传承为目的

如保险金信托主要是以代际传承为目的，则需要信托财产具备长期增值的能力。在此信托目的的指导下，应适用平衡型投资方案，将投资组合中的权益类资产配置比重提高。

三、保险金信托的资产配置策略

保险金信托的投资风险偏好是影响其资产配置策略的关键因素。从资产配置的理论基础来看，强调通过构建一个由各类资产组成的分散化组合，来优化风险与收益之间的关系。在这一理论框架下，风险偏好策略成为决定资产分配比例的重要因素。如保险金信托的风险偏好较为稳健，则可以适当增加股票、商品及金融衍生品等高风险资产的比重，以追求更高的长期回报；如保险金信托的风险偏好较为保守，则更多地配置债券、货币市场基金等低风险资产，以保持收益的平稳。

以下四种资产配置策略都可以应用于保险金信托的资产配置，用于指导不同投资风险偏好下保险金信托投资组合中各类资产的布局与配比。股债平衡策略和美联储估值模型策略不包含商品及金融衍生品，主要是债券和股票两类资产之间的配置和对冲；美林投资时钟策略和桥水全天候策略包含了衍生品，以及不同经济周期情形下的不同资产配置。在保险金信托进行资产配置时，受托人或投资顾问可以根据保险金信托的投资风险偏好，综合运用以上资产配置策略。

（一）股债平衡策略

在保险金信托的资产配置中，股债平衡策略是非常重要且适合的配置方法。股债平衡策略是把实际用于投资的金额分成两部分——股票类和债券类，"股"代表进攻性，"债"代表防守性。股票类资产的波动大，回撤也较大，但收益也高；债券类资产的波动小，回撤较少，但收益也较低。

股债平衡策略由本杰明·格雷厄姆（Benjamin Graham）在《聪明的投资者》（the Intelligent Investor）一书中最早提出。股债平衡策略是一种"进可攻，退可守"的策略，它主要利用了股市和债市的负相关性，通过不同比例的配置，相互对冲风险。股债平衡类策略有助于降低风险，在同等风险中，博取更高收益。

股债平衡策略配置的核心是比例分配与再平衡，股债的投资比例并不固定，根据具体投资目标和风险偏好进行设定并随时进行再平衡的调整。再平衡的本质是在股票上涨后卖出部分兑现收益，并将盈利转投相对稳健的债券，又在股票下跌之际，用卖出债券的资金来补仓实现"高抛低吸"。在持续的熊市中，当股票价格下跌，导致股票投资低于预定比例时，应该增加股票头寸，其理由也是"低廉交易价格"已经出现；反之，当投资者认为市场价格上升到过热程度时候，也需要将股票投资比例回减。长期年化收益没有下降的前提下，通过再平衡的方式可以将最大回撤大幅下降，且将收益率大幅提高。

（二）美联储估值模型策略

除前述股债平衡策略外，保险金信托还可以通过估值来调整股债配比，即美联储估值模型（FED Model）策略。美联储估值模型由经济学家爱德华·亚德尼（Edward Yardeni）于1997年首次提出。美联储估值，是指在股债平衡的过程中设定一个比较指标，通过股票和国债收益率的差值（风险溢价），来判断当前股市的估值水平，进而通过股债性价比描述市场低估或者高估的水平。

美联储估值模型策略的计算公式是：指数/股票市盈率（Price Earnings Ratio，即P/E或PER）倒数减去10年期国债收益率。股票市盈率（P/E）的倒数E/P就是股票的盈利收益率，即每股收益比每股价格。例如，某股每股收益为1元，每股价格为6元，那么市盈率就是6倍，盈利收益率约为16.67%，也就是说，买入该只股票，不考虑未来估值和利润的提升，每年账面上的理论收益应有16.67%。

股票市盈率减去国债收益率得到股债利差。当股债利差大于0时，股市预期收益率更好，小于0时则债券预期收益率更好。众所周知，股票是风险资产，而国债是无风险资产。有鉴于此，国债的利率等于购买股票的机会成本。股债利差与其长期均值偏离度代表当前股市性价比的高低程度，正向偏离越多则股市越有价值，应当高配，反之则应当低配。

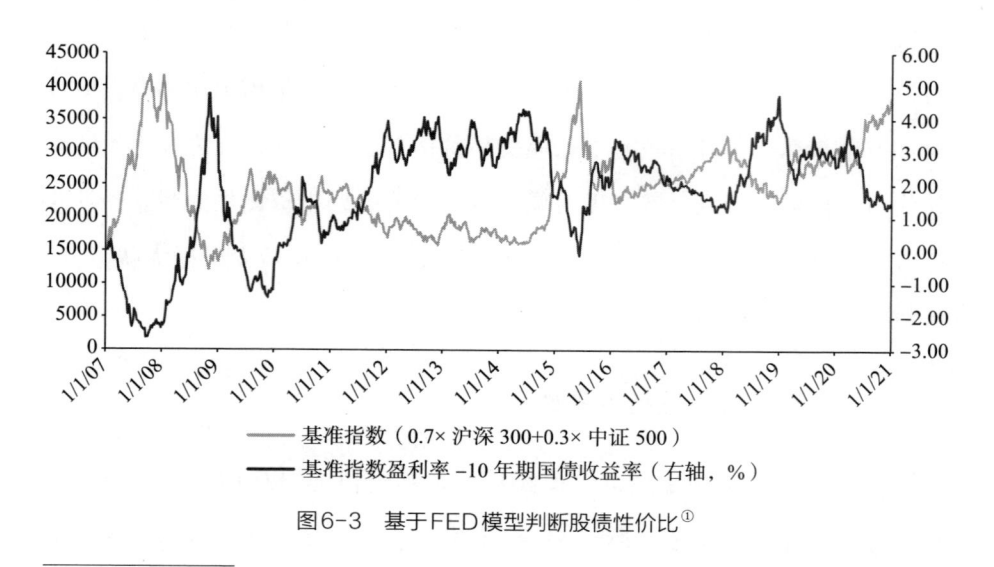

图6-3 基于FED模型判断股债性价比[①]

---

① 数据来源：Wind数据库，数据区间为2007年1月1日—2021年1月1日。

以图 6-3 为例，图中浅色曲线为基准指数，由 70% 的沪深 300 指数与 30% 的中证 500 指数组合而成；图中深色曲线为基准指数盈利率，由基准指数减去 10 年期国债收益率后计算得出。深色曲线上下波动，代表着股债性价比的不断变化，向上幅度最高的时候是股票性价比最高，向下回调最多的时候是债券性价比最高。基准指数盈利率是平衡股票与债券的重要指标。

（三）美林投资时钟策略

当保险金信托的投资配置范围超过了股票和债券，包含了商品及金融衍生品，则需要结合宏观研究运用美林投资时钟（the Investment Clock）策略进行资产轮动配置。

2004 年，美国知名证券零售商和投资银行美林证券发表了一份名为"the Investment Clock"的研究报告，提出了美林投资时钟配置理论：通过判断通胀和经济增长两个指标将市场投资周期分成了四个象限，并在不同的市场投资周期重点投入收益更大的品种：

1. 复苏期，"经济向上，通胀向下"时：企业盈利改善，是股票投资的"黄金时期"；此时经济虽然开始增速提升，但产能利用率还没有见顶，大宗商品仍然供给大于需求，商品投资相对低迷；由于低利率环境，债券虽然还具有一定价值，但处于见顶过程，潜力远不如股票。此阶段股票为王，大宗商品次之，债券再次之，现金贬值。

2. 过热期，"经济向上，通胀向上"时：经济过热导致信贷过度扩张，供给不足，需求旺盛，较高的通胀使大宗商品成为收益最高的资产；股票因为经济仍在增长具备一定的配置价值；现金因为通胀上升而出现贬值；债券也因为抑制通胀而可能出台的加息政策而出现回调。此阶段商品为王，股票次之，现金和债券贬值。

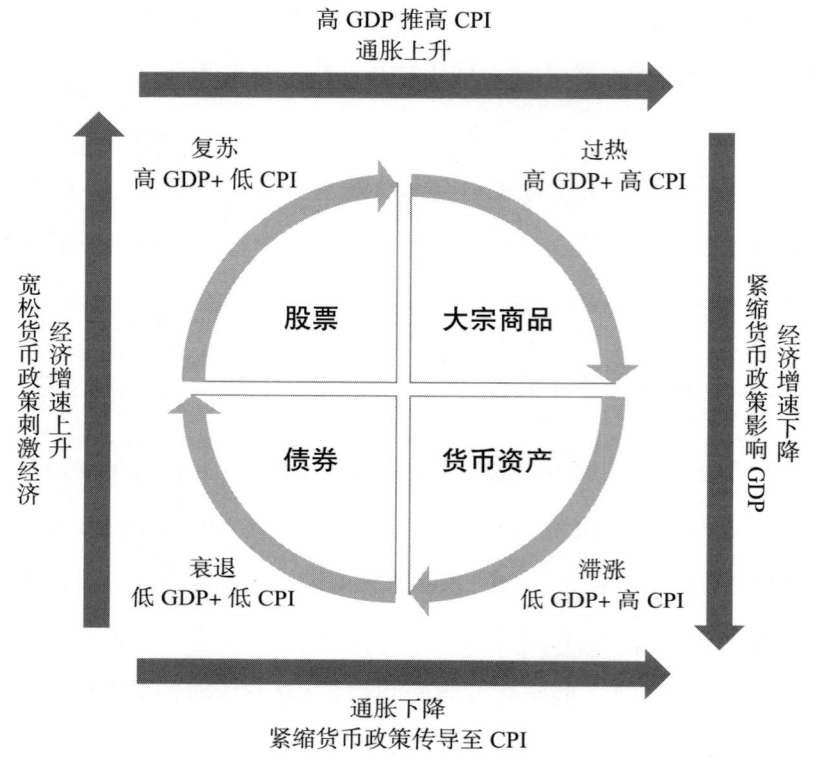

图6-4 美林投资时钟策略四象限

3.滞胀期,"经济向下,通胀向上"时：企业盈利较差,股票表现最差,大宗商品需求也开始下降；但由于通胀向上,利率下行空间有限,导致债券也没有投资价值。此时现金是最佳选择,现金为王,商品和债券次之,股票大跌。

4.衰退期,"经济向下,通胀向下"时：降息策略会导致收益率曲线急剧下行,此时债券是最佳选择,现金次之,随着经济即将见底的预期逐步形成,股票的吸引力逐步增强,大宗商品贬值。

表6-1　不同经济周期股票、债券、现金和大宗商品的收益率

复苏期	股票>大宗商品>债券>现金
过热期	大宗商品>股票>现金/债券
滞胀期	现金>大宗商品/债券>股票
衰退期	债券>现金>股票>大宗商品

美林投资时钟策略引入了商品这一投资品种，并强调了资产轮动与宏观周期的匹配，在资产配置上也向前进了一大步。但是美林投资时钟策略在实际应用中面临几个问题：第一，对于投资者而言最难的是如何判断当下的市场处于周期的哪一个象限，这需要对宏观经济周期、货币财政政策、产业结构的变化都能做到精准的研判解读，每一个象限并非均匀分布，难以预判趋势的进展和均值回归的时间。第二，美林投资时钟策略所描述的经济阶段与相应的最优配置不存在必然关系，可能会随着经济形势的变化而变化。第三，由于近几年受到国际环境不断变化的影响，导致美林投资时钟策略的周期变化加速且适用困难，有人戏谑地将"美林时钟"称为"美林电风扇"。

（四）桥水全天候策略

在保险金信托投资配置包含股票、债券、商品等多类资产时，可以运用更合理的配置方法，即由桥水联合基金最早提出的全天候策略。它是美林投资时钟策略的改进版，在美林投资时钟策略的基础上，更加强调风险平价（Risk Parity），即以风险大小为依据，调整资产的预期风险和收益，控制持仓比例，确保不同资产的风险一致。这是一种从风险控制角度出发构建投资组合的投资策略，其初衷是为了跨越周期分散或对冲宏观经济环境风险，即期望在不同的市场阶段、不同的市场环境下，组合中的某一类资产都不会给组合带来过大的风险冲击。

基于保险金信托稳健增值、长期投资、资产分散等投资原则，桥水全天候投资策略能够适应不同情形的市场。不管经济向好还是变差，不管在哪种市场环境下，都不会面临大的回撤，最终达到保值增值的投资效果。

表6-2 桥水全天候策略四宫格

市场预期	经济运行	通货膨胀
上升	25%风险 股票 大宗商品 公司债 新兴市场信用债	25%风险 通胀联系债券 大宗商品 新兴市场信用债
下降	25%风险 国债、公司债 通胀联系债券	25%风险 股票 国债、公司债

桥水联合基金给每种经济环境各分配25%的风险权重，让"四宫格"将风险等量分布于四种经济环境来达到组合的分散和平衡。在对经济环境进行四等分的前提下，桥水全天候策略将资产分别与其适应的市场环境相对应：在经济上升期，增长超出市场预期时，利用股票、大宗商品、公司债和新兴市场信用债来增厚收益；在经济下行期，增长不及市场预期时，优先配置普通债以及通货膨胀保护债券（Treasury Inflation Protected Securities，TIPS）；当通胀上行、超出市场预期时，应当重点配置通货膨胀保护债券、大宗商品、新兴市场信用债；当通胀下行、不及预期时，选择股票和普通债券进行配置。在全天候模型中，风险环境的暴露被对冲抵销，每个象限的子类资产再进一步分配风险权重。最终四个象限的组合在匹配的周期下都能给整体带来超额贡献，更好地适应于各类市场。

第三节　保险金信托的投资决策与资产配置

一、保险金信托的投资决策管理

引导案例6-4

2020年12月24日，奚某某与Z信托、G银行私银部签署《家族信托之综合顾问协议》，约定奚某某聘请G银行私银部作为家族信托的综合顾问，为奚某某相关合理需求提供建议，并为Z信托管理、运用信托财产以及为信托财产管理、运用过程中的事务性工作提供建议。Z信托于2022年5月7日提供给奚某某的《清算报告》显示，G银行私银部收取了20.5万元的综合顾问咨询费。奚某某认为自《综合顾问协议》签署直至家族信托终止，G银行私银部未向奚某某提供约定的综合顾问服务，也无专人与奚某某直接对接具体顾问工作，为此分别数次向G银行私银部、Z信托发函，要求说明服务内容、解释费用计算明细、提供服务的文件资料等，但二者未作出正式、实质的回复。据此，奚某某认为，二者作为金融机构应对作为委托人的奚某某勤勉尽责，积极履行其法定义务及合同义务。G银行私银部未提供过协议约定的综合顾问服务，且无法说明计提费用的合法依据，无权收取20.5万元的综合顾问咨询费，应予以返还。而Z信托作为受托人，未对G银行私银部的服务内容进行评估监督，违反了忠实勤勉义务，应承担连带返还责任。因此奚某某向人民法院提起了诉讼。

（一）信托常见投资决策模式

1.委托人指令型投资决策模式

委托人指令型投资决策模式，是指委托人自行决定信托财产的投资，并由受托人根据委托人出具的信托财产管理运用指令对信托财产进行管理、运用或处分，在此种情形下受托人不承担主动管理职责，但对投资指令负有最低程度的合法性审核义务。

英美信托法普遍允许委托人保留投资决策的权利，如保留权利信托（Reserved Power Trust）将原本属于受托人的信托财产投资管理权利保留给信托委托人，但委托人不得提取信托财产，不得对信托财产进行过度控制，否则可能会被视为无效信托或虚假信托（Shame Trust）。

我国《信托法》对委托人保留权利信托没有进行明确规定，实务中也普遍允许委托人保留投资权利。但在保险金信托实际设立和运作中，很少有委托人选择此种模式。一是因为委托人大多是非投资专业人士，二是保险金的理赔具有不可预期性，从信托设立至保险金理赔也许间隔数十年之久，信托取得保险金时委托人可能早已去世，在投保人/被保险人为同一人时尤为典型，届时委托人本人已不能进行任何投资决策。

2.全权委托型投资决策模式

全权委托型投资决策模式，是指受托人根据信托文件约定的信托财产管理运用和处分方式对信托财产进行主动管理，是实务中保险金信托所适用的主流决策模式。受托人负责制订信托财产的投资策略和资产配置方案并签署与投资交易有关的法律文件，无须取得委托人、受益人及保护人（如有）的事先同意。如果委托人自身缺乏管理能力，而受托人又擅长于资产配置，采取全权委托模式是一种明智的选择。

在此决策模式下受托人的责任最重，受托人违反信托目的处分信托财产或者因违背管理职责、处理信托事务不当致使信托财产受到损失的，应承担赔偿责任。

3.投资顾问型投资决策模式

如委托人和受托人均缺乏专业投资管理能力，也可以选择投资顾问型投资决策模式，委托具有相应投资管理能力的第三方机构或个人作为投资顾问，提供投资建议。根据与投资顾问建立委托关系的主体不同，投资顾问型投资决策模式可以分为买方投资顾问型投资决策模式和卖方投资顾问型投资决策模式。买方投资顾问型投资决策模式下投资顾问应对委托人承担信义义务，如未勤勉尽责履行投资顾问职责，应对委托人承担相应责任。卖方投资顾问型投资决策模式下受托人将投资职责转委托给投资顾问，根据《信托法》的规定，受托人将信托事务委托他人代理的，应当对他人处理信托事务的行为承担责任。

（二）实务中典型投资决策模式

实务中，则有一种不同于以上任何一种模式的投资顾问型投资决策模式：由于信托公司具有经营信托业务的资质，商业银行、券商等机构拥有客户资源和保险产品代销资质，故信托公司与商业银行、券商等机构开展业务合作，商业银行、券商等机构在保险金信托中担任投资顾问，负责为信托公司推荐客户和投资产品，委托人、受托人与投资顾问共同签署《投资顾问协议》。在此模式中，投资顾问自始出现在信托架构中，受托人不承担主动管理职责，实际上担任通道角色，该模式下如何划分责任边界成为疑难问题。

例如，案例6-4中，如果G银行确实没有履行投资顾问职责，投资顾问是否对委托人负有信义义务？如确实负有信义义务，Z信托应对G银行承担连带责任还是补充责任呢？本书认为，从实质上，此种模式下受托人与投资顾问属于"一明一暗"的共同受托人管理模式。虽然在分业经营的监管模式下，银行作为投资顾问不能经营信托业务，但如仅在信托理论层面探讨，投资顾问实质上承担了管理受托人的职责，而信托公司则扮演了托管受托人的角色。基于此，投资顾问也应当负有信义义务，承担受托人责任，利用信托财产不当得利时所得利益应归入信托财产，而作为管理受托人的投资顾问违背管理职责的，应当承担赔偿责任。担任通道角色的托管受托人应当根据其过错程度承担补充赔偿责任。

（三）保险金信托代际传承决策模式展望

以上投资决策模式都是从静态视角作出的划分，而代际传承功能彰显的保险金信托的投资管理需要从动态视角作出规划。保险金信托的投资需要信托当事人、其他受信人的共同参与。本书认为，应当构建以"投资委员会"为核心的投资决策模式，投资委员会是信托内部虚拟机制，可以由委托人、保护人、受托人、投资顾问或其委派代表共同组成，通过制定内部议事规则和更替规则，构建保险金信托的投资决策模式，确保在保险金信托存续期间投资委员会能持续、灵活地发挥投资决策职能。投资委员会可以领取相应报酬，并共同对受益人负有信义义务，在违反忠实勤勉义务的情况下需要承担信托责任。

二、保险金信托的资产配置管理

引导案例6-5

孙女士离异多年，育有一儿一女，子女均没有投资经验。孙女士为自己投保了数份大额人寿保险，并将保险受益人设定为自己的子女。虽然已尽量作出妥善安排，孙女士仍然担心子女在获得大额保险金后因不懂得投资理财或投资失败而无法有效安排个人生活。因此，孙女士作为委托人，以终身寿险的"保险合同权益"为信托财产，设立了1.0模式的保险金信托，预计赔付至信托的保险金金额将超过5000万元。信托投资模式为全委型，由受托人全权负责投资事宜。孙女士有丰富的金融产品投资经验，因此非常关注信托投资的资产配置。孙女士设立的保险金信托未来可投资的资产类型包括哪些？

（一）基于保险金信托特点的资产配置管理

在投资过程中，合理的资产配置决策很大程度上决定了投资收益。在案例6-5中，孙女士设立的保险金信托规模预计超过5000万元，信托财产的可投资范围非常广泛，可投资的资产种类也很丰富。实务中，保险金信托的资产配置以金融资产为主，金融资产可以分为现金管理类资产、固定收益类资产、权益类资产和商品及金融衍生品类资产四类。

1. 现金管理类资产

现金管理类产品通常是指能够提供现金管理服务的金融产品，具有"短久期、高评级、低杠杆"的特征，优势在于整体风险低，申购赎回灵活，流动性强，多样化投资实现资产配置和风险分散。除发生系统性风险外，现金管理类产品的收益表现最为稳健，但同样，现金管理类资产的预期收益率也相对较低。

现金管理类资产是保险金信托配置的重要底仓，它起到组合投资最后一道防线的作用。由于保险金信托对流动性、安全性有很高的要求，所以现金管理类资产是保险金信托财产投资过程中最重要的资产类别，需要率先配置，不可或缺。

现金管理类产品包括以下金融工具：(1)现金；(2)期限在1年以内（含1年）的银行存款、债券回购、中央银行票据、同业存单；(3)剩余期限在397天以内（含397天）的债券、在银行间市场和证券交易所市场发行的资产支持证券；(4)中国证监会、中国人民银行认可的其他具有良好流动性的货币市场工具。

案例6-5中，孙女士设立的保险金信托应配置一定比例的现金类资产，以满足临时信托分配、支付信托费用、缴纳相关税费（如有）的需求。

2.固定收益类资产

固定收益类资产具备收益稳健、风险与波动较小的特征，是保险金信托资产配置中的重要基石，兼具稳健性和收益性。

保险金信托可投资的固定收益类资产有很多，从资产类型划分主要包括两类：一是标准化债权类资产，是指同时符合"等分化、可交易"，"信息披露充分"，"集中登记、独立托管"，"公允定价、流动性机制完善"，"在银行间市场、证券交易所市场等经国务院同意设立的交易市场交易"这五个条件的债权类资产，主要包括国债、中央银行票据、地方政府债券、政府支持机构债券、金融债券、非金融企业债务融资工具、公司债券、企业债券、国际机构债券、同业存单、信贷资产支持证券、资产支持票据、证券交易所挂牌交易的资产支持证券，以及固定收益类公开募集证券投资基金等；二是非标准化债权类资产，简称"非标资产"，是指不同时具备上述五个条件的债权类资产，包括理财登记托管中心理财直接融资工具，银登中心的信贷资产流转和收益权转让相关产品，北交所债权融资计划等。

案例6-5中，孙女士设立的保险金信托主要信托目的是保障子女生活，具有长期性、稳定性的特征，因此应将大部分信托财产配置固定收益类资产品，保障信托财产稳健增值。

3.权益类资产

权益类资产，一般是指公司股票或投资公司股票的基金产品。股票是长期投资收益率最高的金融资产并能有效抵御通货膨胀，与之对应的是，权益类资产的风险和波动也非常大。以中证500和沪深300为例，自2005年以来年化收益率分别超过12%和10%。以CPI计算，中国通货膨胀水平近5年来维持在2%左右，权益市场较高的Beta收益[1]为居民抵御通货膨胀提供了绝佳的选择。

保险金信托可投资的权益类资产包括上市公司股票、股票类或指数类基金，对于非上市公司的股权，因其投资变现时间较长，不确定性和风险很高，且估值频率较低，故不建议投资。基于保险金信托对安全性、稳健性的要求以及长期投资的原则，对权益类资产的投资应坚持长期投资、避免过度择时，否则可能引起较大的本金亏损。

案例6-5中，保险金信托投资可以在控制波动和回撤的情况下，适当配置一定比例的权益类资产以提高整体资产配置的预期收益，助力信托实现代际传承的目标。

4.商品及金融衍生品类资产

商品及金融衍生品类产品是指投向商品及金融衍生品类资产比例超80%的理财产品，包括国债期货、股指期货、商品期货、股票期权、商品期权、场外期权、利率互换、收益互换、信用风险缓释凭证、信用保护凭证、商品及衍生品类基金及其他符合监管要求的商品及衍生品类资产。

商品及金融衍生品类投资可以选择做多或者做空，投资收益来源独立

---

[1] 编者注：Beta收益，也称为贝塔系数（β），是指金融资产或投资组合相对于总体市场波动性的风险评估工具，可以理解为"跟随市场大势涨跌获得的收益"。

且相关性较低,是资产配置中重要的不同收益来源的资产。但是衍生品往往采取保证金交易模式,波动较大。基于保险金信托避免极端风险的投资原则,在保险金信托资产配置中一定要慎重选择衍生品类资产,并须时刻注意控制保证金比例,谨慎使用杠杆,严格控制波动和回撤。

案例6-5中,保险金信托可以配置较小比例的商品及金融衍生品类资产,以达到对冲、分散和转移投资风险的目的。

(二)保险金信托资产配置展望

1.跨境资产配置

随着我国资本项目外汇管理改革的推进,信托开展跨境投资的大门逐渐打开。保险金信托在进行资产配置时,可以借助全球市场的投资产品和金融工具,打造满足委托人日益多样化、个性化需求的投资产品。信托公司可以利用QDII[①]额度为保险金信托客户配置境外基金、股票、结构性投资产品、金融衍生品等资产,待时机成熟时也可以与具有QDLP[②]、QDIE[③]试点资格的管理人合作,利用灵活性的投资方式和投资范围,为保险金信托配置海外对冲基金、REITs[④]基金、非上市公司股权或实物资产。

[①] QDII,是"Qualified Domestic Institutional Investor"的首字母缩写,即合格境内机构投资者,是指在人民币资本项目不可兑换、资本市场未开放条件下,在一国境内设立,经该国有关部门批准,有控制地允许境内机构投资境外资本市场的股票、债券等有价证券投资业务的一项制度安排。

[②] QDLP,是"Qualified Domestic Limited Partner"的首字母缩写,即合格境内有限合伙人,是指允许注册于海外,并且投资于海外市场的对冲基金,能向境内的投资者募集人民币资金,并将所募集的人民币资金投资于海外市场的一项制度安排。

[③] QDIE,是"Qualified Domestic Investment Enterprise"的首字母缩写,意为合格境内投资企业,在深圳试点,与QDLP适用范围相似。

[④] REITs,是"Real Estate Investment Trusts"的首字母缩写,即不动产投资信托基金,是向投资者发放的收益凭证,募集资金投资于不动产,并向投资者分配投资收益的一种投资基金。

2. 不动产配置

参与不动产投资的方式多样，包括直接购买不动产、不动产租赁、投资于不动产投资信托基金（Real Estate Investment Trust，REITs）、购买不动产企业股票、不动产基金等。不动产投资在资产配置中扮演着重要角色，能够发挥风险分散、对抗通胀、资本增值等作用。首先，不动产投资在投资组合中的作用是分散风险。数据表明，房地产与股票和债券的相关性通常较低，这意味着当金融市场波动时，房地产可能表现出相对稳定的特性。例如，2008年国际金融危机期间，股市出现了严重下跌，但全球房地产市场的下跌幅度相对较小。其次，不动产投资具有对抗通胀和资本增值的潜力。长期来看，房地产的价值通常会上涨，这可以帮助投资者对抗通货膨胀。例如，根据美国国家住房价格指数（S&P/Case-Shiller U.S. National Home Price Index）的数据，20年来，美国房价平均每年上涨约3.3%。[①]

目前我国房地产市场不景气，且我国信托投资多以金融资产配置为主，因此信托配置不动产尚不具有可操作性。待未来我国不动产市场发育成熟时，保险金信托可以尝试从配置REITs、商业房地产抵押贷款支持证券（Commercial Mortgage Backed Securities，CMBS）等产品入手，稳健开展不动产配置行为。

3. 另类资产

另类资产是指传统股票、债券、现金之外的资产，如私募股权、对冲基金、自然资源、艺术品收藏、虚拟货币等。另类资产具有结构复杂、缺乏监管、流动性较低等特点，因此具有高风险、高收益的特征。另类资产的细分种类亦很广，其收益和风险来源各有不同，比如对冲基金的收益驱

[①] 《不动产投资，真的不动吗？》，载微信公众号"博盾资本"2023年11月2日，https://mp.weixin.qq.com/s/TG4y2sVFDzLFvSOw0tsdEA，2025年1月7日访问。

动是投资经理把握市场错误定价的能力，森林资产的收益驱动来自木材的自然生长和木材价格的波动，实物资产的收益驱动则主要来自通货膨胀的水平，这些资产与传统资产类别的风险收益特征都有较大差别，收益的相关性也较低，可以作为分散投资组合风险的重要工具。[1]

由于实践中对于保险金信托的投资管理秉承稳健原则，保险金信托配置另类资产的可行性较低。待未来我国另类资产市场发展成熟后，不排除将另类资产纳入投资范围，以提高信托财产的总体收益率。

三、保险金信托的估值管理

（一）保险金信托的估值范围

以财产类型为区分，保险金信托财产共分为三类，其一是"保险合同权益"，其二是现金类资产，其三是金融产品（现金类信托财产的投资对象，本处统称为"金融产品"）。"保险合同权益"可以通过理赔的方式转化为现金类资产，现金类资产可以通过交纳保费的方式转化为"保险合同权益"，也可以通过投资转化为金融产品。

实务中，由于"保险合同权益"何时转化为现金资产具有不确定性，且在理赔前不会进行交易，因此"保险合同权益"通常不在估值范围内。现金类资产属于货币，以实际价值计入信托账簿，因此也无须估值。金融产品则需要纳入估值范围，以下估值原则及估值方法均以金融产品为对象进行阐述。

---

[1] 王小刚：《私人客户及财富管理——信托管理：投资管理（第五篇）》，载微信公众号"通力律师"2021年6月18日，https://mp.weixin.qq.com/s/oQh9BOSr6uxPKzG5V5aK_Q，2025年1月7日访问。

（二）保险金信托的估值原则

信托估值是信托行业落实"资管新规"净值化管理要求的必要前提之一，"资管新规"要求资产管理信托产品的净值生成应当符合企业会计准则规定，坚持公允价值计量原则，鼓励使用市值计量。保险金信托是否需要估值虽未有明确的监管规定，但基于受托人负有每年定期将信托财产的管理运用、处分及收支情况报告给委托人和受益人的义务，因此也应当对保险金信托所投资的金融产品进行估值。估值结果的正确性、公允性和及时性是准确反映保险金信托投资结果的基础。

信托产品的估值原则应当符合《企业会计准则第22号——金融工具确认和计量》（财会〔2017〕7号）的规定，及时反映基础金融资产的收益和风险。根据管理金融资产的业务模式和金融资产合同现金流量特征，可以将金融资产计量方法分为公允价值计量和摊余成本计量两大类。受托人在确定相关金融资产和金融负债估值时，原则上坚持公允价值计量原则，鼓励使用市值计量。对于暂不具备活跃交易市场，或者在活跃市场中没有报价，也不能采用估值技术可靠计量公允价值，可以按照摊余成本法进行计量。

（三）保险金信托的估值方法

1.公允价值法

公允价值法，是指市场参与者在计量日发生的有序交易中，出售一项资产所能收到或者转移一项负债所需支付的价格，按照公允价值计量相关资产或负债，应当假定计量日出售资产或转移负债的有序交易发生在主要市场（或者在不存在主要市场情况下的最有利市场）中，并且使用在当前情况下适用并且有足够可利用数据和其他信息支持的估值技术。[1]

对于存在活跃交易市场、可实现公允价值的产品，可采用公允价值法估值。公允价值计量的金融资产可细分为两类：（1）以公允价值计量且其变动计入其他综合收益的金融资产；（2）以公允价值计量且其变动计入当期损益的金融资产。实践中适用公允价值法的产品包括证券交易所上市/挂牌的有价证券、在全国银行间债券市场交易的固定收益品种、在期货交易所上市的期货合约、公募证券投资基金等。

2. 摊余成本法

摊余成本法，是指估值对象买入成本列示，按照票面利率或商定利率并考虑其买入时的溢价与折价，在其期限内平均摊销，每日计提收益，一般用于不具备交易活跃交易市场的资产评估。

根据"资管新规"和企业会计准则，在两种情况下可以采用摊余成本法：（1）资产管理产品为封闭式产品，且所投金融资产以收取合同现金流量为目的并持有到期；（2）资产管理产品为封闭式产品，且所投金融资产暂不具备活跃交易市场，或者在活跃市场中没有报价，也不能采用估值技术可靠计量公允价值。实践中适用摊余成本法的产品包括大部分封闭式融资类信托产品、开放式现金管理类产品、结构化产品优先级等。[2]

---

[1] 参见中国信托业协会编《2018年信托业专题研究报告》第140页，载中国信托业协会网，http://www.xtxh.net/xtxh/reports/45793.htm，2025年2月8日访问。

[2] 参见中国信托业协会编《2018年信托业专题研究报告》第141—142页，载中国信托业协会网，http://www.xtxh.net/xtxh/reports/45793.htm，2025年2月8日访问。

第七章 保险金信托的监督、监管与救济

保险金信托作为一种特殊的信托形式，涉及保险当事人、信托当事人等多方主体。保险金信托的管理运作过程需要恰当的内部监督机制来保障委托人和受益人的权益，也需要完善的外部监管机制促进保险公司、信托公司等从业机构与从业人员健康展业、勤勉尽责。法谚有云，"无救济则无权利"，信托救济作为信托当事人及权利人的最后一道防线，与监督和监管共同构筑起信托当事人的权利保障机制。本节结合保险金信托的特点论述信托的监督、监管与救济机制，并结合实务现状提出完善的建议与发展展望。

第一节　保险金信托的监督

本节所称"保险金信托的监督",是指信托法律关系内部的监督,既包括信托当事人(委托人、受益人[①])对信托的监督,也包括其他受信人(保护人)对信托的监督。与英美法系信托内部监督与法院监督并重不同,我国《信托法》将信托监督权赋予了委托人,受益人"准用"委托人的权利,保护人的监督权则源自委托人的授权。

一、委托人的监督

引导案例7-1

陈先生毕业后即开始创业,步入中年时,名下已有多家公司、数套房产、多张保单以及大量现金资产。为了规避风险、实现财富传承,陈先生以其名下的年金险及现金资产设立了保险金信托,指定受益人为陈先生本人、其妻子及子女。陈先生非常希望能够监督信托运作的各个细节,并在信托合同中约定:①委托人在世时,向受益人分配信托利益时需要经委托人同意;②委托人有权变更受益人;③受托人对信托财产进行经营管理和处分时,需经委托人认可;④委托人有权要求受托人调整信托财产的管理方法;⑤委托人有权解任受托人。

[①] 编者注:如无特别说明,本章以下所称"受益人"均指信托受益人。

在上述案例中，陈先生通过设立保险金信托，将其合法所有的保单及现金财产进行风险隔离。但陈先生在信托合同中保留了诸多权利，如信托利益分配同意权、对受托人管理处分信托财产的监督权等。也就是说，陈先生事实上仍然掌控着信托财产管理与信托财产分配的主导权，陈先生可以通过行使上述权利将信托财产归属其一人所有，使得信托财产与未设立信托的财产无实质区别，因此该信托可能因委托人保留权利过多而导致信托财产的独立性被否认，无法实现风险隔离的信托目的。因此，建议委托人在信托文件中适度保留权利，在介入保险金信托管理的过程中尽量行使监督权而非决策权。

委托人对保险金信托享有哪些监督权？应如何设定监督权的行使边界？如何在达到监督目的的同时，又不会因权利保留过大导致信托财产丧失独立性或信托效力被击穿？

（一）委托人的监督权渊源

根据信托法原理，一旦设立信托，委托人即丧失了对信托财产的所有权，无权对信托财产进行管理和运作，受托人享有以自己的名义对信托财产进行管理的权利。但各国信托法普遍重视委托人的地位和作用，允许委托人在设立信托时为自己保留部分权利，并根据保留权利内容的差异赋予信托不同的法律后果。

在我国商事信托快速发展、民事信托和公益信托未得到充分彰显的背景下，《信托法》最初的立法目的和功能，很大程度上在于整顿信托业秩序、规范信托业发展。[1]相较于其他国家，我国《信托法》在委托人的权利保留方面给予了较大空间，且委托人参与信托管理运作的权能与监督权能相互交织，难以区分，委托人监督权的边界并不清晰。

---

[1] 夏小雄：《"得形"、"忘意"与"返本"：中国信托法的理念调整和制度转型》，载《河北法学》2016年第6期。

（二）我国委托人的监督权范围

1.知情权

知情权是委托人行使监督权能的基础。委托人的知情权包括两个方面：一是委托人有权了解信托财产的管理、处分及收支情况，并在必要时要求受托人作出说明；二是委托人有权查阅、抄录或复制与信托财产有关的信托账目和处理信托事务相关文件。

2.监督受托人忠实义务和勤勉义务的履行情况

受托人对委托人负有忠实义务和勤勉义务，委托人对受托人履行上述义务的监督权体现在：第一，受托人利用信托财产为自己谋取利益的，委托人有权要求受托人将所得利益归入信托财产。第二，受托人将信托财产转为其固有财产的，委托人有权要求受托人恢复该信托财产的原状；受托人造成信托财产损失的，委托人有权要求受托人对信托财产承担赔偿责任。第三，受托人未经委托人或受益人同意，或未以公平市场价格进行关联交易的，如给信托财产造成损失，委托人有权要求受托人承担赔偿责任；如未给信托财产造成损失但因此谋取利益的，委托人有权适用"归入原则"，要求受托人将所得利益归入信托财产。

3.受托人不当处分信托财产的撤销请求权

当受托人违反信托目的处分信托财产或者因违背管理职责、处理信托事务不当致使信托财产受到损失的，委托人有权申请人民法院撤销该处分行为，并有权要求受托人恢复信托财产的原状或者予以赔偿；该信托财产的受让人不构成善意取得的，应当返还信托财产或者予以赔偿。[①]委托人

---

① 《信托法》第二十二条、第四十九条。

自知道或应当知道撤销原因之日起一年内行使撤销权，否则该撤销权归于消灭。比如，人民法院作出撤销处分行为的判决，受托人的处分行为自始无效。受托人和非善意受让人应承担恢复信托财产原状及/或赔偿信托财产损失的责任。

4. 就受托人职责终止时出具的处理信托事务报告的异议权

因以下原因导致受托人职责终止的，受托人应作出处理信托事务的报告，并向新受托人办理信托财产和信托事务的移交手续：（1）受托人被依法撤销或者被宣告破产；（2）受托人依法解散或者法定资格丧失；（3）受托人辞任或被解任；（4）法律、行政法规规定的其他情形。总之，在受托人有能力作出处理信托事务报告时，都应向委托人出具报告。委托人有权就处理信托事务报告提出异议，异议期限由信托文件约定或在报告中注明，受托人应为委托人审阅报告预留合理的期限。委托人就报告未提出异议的，原受托人就报告所列事项解除责任。

5. 解任受托人的请求权

受托人违反信托目的处分信托财产或者管理、处分信托财产有重大过失的，且信托文件未赋予委托人解任受托人的权利时，委托人有权请求人民法院解任受托人。[①]

从信托实践看，判断受托人是否违反信托目的处分信托财产的关键在于明确"违反信托目的"和"处分信托财产"的含义。其中，信托目的的判断应当结合信托合同和委托人设立信托时的意图等作客观解释，受托人违反信托目的"处分"信托财产的行为应不限于出售、置换信托财产，还应当包括违反信托目的的其他管理行为。"重大过失"的判断标准，可以

[①] 《信托法》第二十三条。

参考传统民法理论上对重大过失的理解："如果行为人仅用一般人的注意，即可预见之，而竟怠于注意，不为相当之准备，就存在重大过失。"[①]

（三）委托人监督权行使特点分析

1. 监督权能行使存在困境

如前文所述，委托人享有监督权能的前提是知情权得以充分行使。虽然《信托法》赋予了委托人诸多权利，使委托人可以掌握投资权、分配权等诸多权利，但由于《信托法》对知情权的规定较为单薄，导致委托人行使监督权能存在现实困境。

首先，知情权的边界不清晰。委托人查阅权的范围仅限于"信托帐目以及处理信托事务的其他文件"，如果委托人想查阅信托财产投资明细、投资底层产品的交易文件、投资产品的购买及赎回情况、投资顾问的投资建议、受托人的投资指令、法律意见书等，很可能因超出委托人知情权的范围而被受托人予以拒绝。此外"信托帐目以及处理信托事务的其他文件"具体指向哪些文件和资料，《信托法》也并未作出详细列明和解释，导致委托人无法准确行使知情权，或受托人可以随意拒绝委托人合法合理的查阅请求。

其次，受托人利用格式条款限制委托人知情权的情况较为普遍。例如，信托合同中普遍约定"委托人和受托人同意信托清算报告不需要审计"，导致受托人违反忠实勤勉义务时委托人无法通过审计的方式取得相应的证据。再如，信托合同中往往采取事先性同意和概括性同意的方式取得委托人对关联交易的许可权，而关联交易情况又不属于受托人的法定披露义务，从而导致委托人无法有效行使知情权，信托救济就更无从谈起。

[①] 杨立新：《侵权法论》，人民法院出版社2004年版，第187页。

最后，监督权的救济成本较高。由于委托人行使知情权存在一系列障碍，当受托人违反忠实勤勉义务取得不当利益或造成信托财产损失时，由于信息不对称，委托人往往无法察觉或缺乏相应证据。为了维护相应权益，委托人只得先提起知情权之诉，在人民法院强制受托人履行披露义务后，才能再提起归入权或损害赔偿请求权的诉讼或仲裁，这无疑大大增加了委托人的救济成本。

2. 特殊情形下委托人监督权能的行使不能

如保险金信托的信托账户中一直没有信托资金或只有少量信托资金，则信托的管理运作处于"休眠"状态，委托人的监督权能自然也就无从行使。因此，在特定情形下，委托人的监督权能存在行使不能的问题。

在此列举一个很极端的情形：在保险金信托 1.0 模式下，保险金信托财产仅为终身寿险的"保险合同权益"，在投保人和被保险人一致的情况下，保险金进入信托账户时，委托人/投保人/被保险人已然身故，自始无法行使监督权。

二、受益人的监督

由于受益人是信托的最密切的利害关系人，有足够的动因对受托人和信托的运作进行监督。因此，在受益人能自己行使权利的时候，一般由受益人监督受托人的行为。[①]

（一）受益人的监督权范围

监督权是受益人权利体系的重要组成部分，也是受益人实现受益权的

---

① 赵廉慧：《信托法解释论》，中国法制出版社 2015 年版，第 486 页。

核心保障。我国《信托法》以"准用委托人权利"的方式规定了受益人的监督权,[①]故受益人监督权的范围原则上与委托人一致。

较为特殊的是,《信托法》第五十八条额外赋予了受益人或权利归属人在信托终止时对信托清算报告的异议权,异议期限由信托文件约定或在报告中注明,受托人应为受益人审阅报告预留合理的期限。受益人就报告未提出异议的,原受托人就报告所列事项解除责任。

(二)受益人监督权的行使

受益人可依法行使知情权、撤销权、解任权等监督权,受益人行使监督权时与委托人意见不一致的,可以申请人民法院作出裁定。[②]

当保险金信托的受益人为限制民事行为能力人、无民事行为能力人时,受益人的权利如何保障及监督权该如何行使呢?

1. 受益人不具有完全民事行为能力

不满8周岁的未成年人,以及8周岁以上不能辨认自己行为的未成年人和成年人,为无民事行为能力人。8周岁以上的未成年人及不能完全辨认自己行为的成年人为限制民事行为能力人。无民事行为能力人及限制民事行为能力人实施民事法律行为应当由其法定代理人代理或经其法定代理人同意、追认,但是限制民事行为能力人可以独立实施纯获利益的民事法律行为或与其年龄、智力相适应的民事法律行为。

由于信托监督权不属于纯获利益的民事法律行为,因此,如受益人不具有完全民事行为能力,信托监督权应由其监护人代为行使。

此外,需要注意的是,依《民法典》规定,16周岁以上、以自己的劳

---

① 《信托法》第四十九条。
② 《信托法》第四十九条。

动收入为主要生活来源的自然人，视为完全民事行为能力人。如受益人存在上述情况，则可以亲自行使监督权。

2.受益人尚不存在

本处所指的受益人尚不存在，是指信托文件虽然可以具体描述受益人的特征和范围，但由于受益人未出生或某件特定事件尚未发生而导致受益人尚不存在，如胎儿、委托人将来的配偶、委托人未来的子孙后代等。根据信托法原理，如果信托文件对于受益人的定义描述具有充分的实际确定性，就可以满足受益人确定性的要求，且不会影响信托的效力，因此尚不存在的人也有成为受益人的可能性。

由于受益人尚不存在，不能亲自行使监督权，为了维护受益人的利益、监督受托人管理信托的行为，委托人应当委任保护人行使监督权。

（三）受益人监督权行使特点分析

1.受益人与委托人存在权利冲突

受益人是信托财产的最终归属者，也是监督和制约受托人的"最佳人选"。我国《信托法》立法之初，尚缺乏财富管理服务信托等民事信托的实践经验。基于营业信托委托人及受益人身份合一的特点，受益人的独立身份地位被委托人所侵蚀，因此《信托法》对委托人与受益人的监督权作出了趋同化的规定。但如此一来，势必会出现委托人与受益人意见不一致的情况。虽然《信托法》对委托人与受益人的权利冲突问题给出了救济途径，即可申请人民法院作出裁定，但实务操作中仍然存在问题：首先，人民法院应当适用诉讼程序还是非诉程序进行裁定，《信托法》并未明确规定。其次，人民法院的裁定依据是什么？有学者认为："需要根据具体问题进行讨论，原则上应是受益人的意愿优先；有时也不能完全忽视作为信托设定人的委托人的意思。"[1]最后，即便人民法院作出裁定，如信托文件赋予委托人随意变更受益人或信托受益权的权利，则委托人是否可以将提出反对意见的受益人"踢出"信托，从而不当加剧委托人对信托的掌控力度？

2.受益人监督权机制存在不足

现行《信托法》框架下受益人监督权机制存在诸多不足：首先，受益人监督权内容缺失，如受益人不具有解除受托人的权利。其次，受益人监督权辅助行使机制缺失，如《信托法》将信托监察人限于公益信托，未明确受益人欠缺行为能力、专业技能或者尚未存在时的辅助行使机制。[2]

（四）日本及我国台湾地区受益人保护机制的借鉴

1.日本《信托法》关于受益人保护的规定

日本《信托法》是通过信托管理人、信托监督人和受益人代理人三种制度设计，全面实现对受托人的监督、制衡和受益人的利益保护。

（1）信托管理人：受益人不特定或者不存在时，允许选任代替受益人行使监督权利的信托管理人。1922年日本《信托法》规定了信托管理人产生的两种途径：①依信托行为指定，即委托人指定；②未指定且受益人是不特定的或受益人尚不存在的，法院可根据利害关系人的请求，或依职权选定信托管理人。[3]

（2）信托监督人：在以老人、精神障碍者、儿童作为受益人时，受益人本身不具备或欠缺监督受托人的能力。此时，即使受益人已经特定或已

---

[1] 赵廉慧：《信托法解释论》，中国法制出版社2015年版，第487页。
[2] 韩良、刘鹏坤：《更好构建我国民事信托受托人内部监督机制》，载《当代金融家》2022年第6期。
[3] 日本《信托法》第123条。

经存在，也可以为了受益人的利益选任信托监督人。信托监督人是对受益人提供补充帮助的人，且信托监督人是为了全体受益人的利益行事。某种程度上，信托监督人与信托管理人的许多规则有所重合。例如，信托监察人的选任，根据日本《信托法》的规定，信托监察人的选任等问题参照信托管理人设立的规定。①

（3）受益人代理人：受益人代理人制度是因受益人人数众多等原因无法行使或无法有效行使受益人权能，为使受益人顺利行使权利、使受托人顺利处理信托事务而设置的制度。受益人代理人的选任基于信托条款指定。②

2.我国台湾地区信托相关规定关于受益人保护的规定

我国台湾地区的信托监察人制度，可同时适用于公益信托和私益信托。在受益人不特定、尚未存在或其他为保护受益人之利益认有必要时，法院得因利害关系人或检察官之声请，选任一人或者数人为信托监察人，但信托行为定有信托监察人或其选任方法者，从其所定。信托监察人得以自己名义，为受益人为有关信托之诉讼上或诉讼外之行为。受益人得请求信托监察人为前项之行为。与日本《信托法》相比，我国台湾地区的信托监察人制度并没有细致区分不同适用情形，而是融合了"信托管理人""信托监察人""受益人代理人"的功能，在委托人、受益人缺乏信托专业知识的情况下其适用更加简单。

本书认为，我国大陆可以借鉴日本和我国台湾地区的实践经验，区分两种情况构建受益人监督权：（1）当受益人具有监督能力时，应细化受益人监督权的行使规则，明确委托人与受益人存在意见冲突时的解决方式；

---

① 日本《信托法》第131条。
② 日本《信托法》第138条。

（2）当受益人不具有监督能力或不存在时，允许人民法院介入信托关系，依职权或依申请强制性指定"受益人代理人""信托保护人"，代表受益人行使监督权。

三、保护人的监督

引导案例7-2

王女士是一名单亲妈妈，离异多年，现独自抚养7岁的女儿。王女士的母亲身体不好，无法帮助王女士照顾女儿。除母亲和弟弟外，王女士与其他亲戚关系都较为疏远，很少走动。多年的打拼使王女士拥有了大量资产，包括现金资产、大额终身寿险等多种类保险及一线城市的多套房产。在2022年的一次体检中，王女士检查出患有癌症，想到女儿年幼、母亲年迈，一旦自己离世，女儿在其身故后能否得到很好的照顾，前夫作为法定监护人能否很好地打理女儿继承的财产，更担心因"逆继承"致使自己财产被亲戚继承……为避免上述有违自己意愿的情形出现，王女士找律师做了咨询。

抛开房产可以通过变现或遗嘱作出安排不谈，仅就王女士名下的现金资产和大额终身寿险而言，设立保险金信托应为符合王女士意愿的最佳选择。在该保险金信托架构中，受益人可以指定为王母和女儿，并根据不同阶段和不同需求向受益人分配信托利益，信托利益的类型涵盖定期生活费、教育金、婚嫁礼金、大额医疗保障金等名目，以切实保障王女士去世后，现金资产和保险理赔金能够为女儿和母亲所用，在女儿每一个重要的人生节点给予支持，并保证信托财产免受其前夫与亲戚的觊觎。

然而，还存在一个很现实的问题：王女士女儿成年前，王母可能已经去世。其间，信托监督权行使主体处于缺位状态。此时，王女士的弟弟可以作为信托保护人参与保险金信托的管理运作，以提高委托人对托付财富的安全感和对信托目的实现的预期，强化对受托人的监督和约束。为此，在实务中通过设置信托保护人等方式强化和保障受益人的监督权能成为必要手段。同时，信托保护人制度还可以有效避免委托人因保留权利过大，导致信托财产丧失独立性或者信托效力被击穿的不利后果。

（一）信托保护人的概念

"信托保护人"的称谓主要源于英美法系及离岸法域，也有国家或地区称之为"信托监察人"，本书统称为"信托保护人"。信托保护人是指在具有财富管理服务功能的信托中，基于委托人的委托或法院的指定，承担监督受托人、维护受益人利益及确保信托目的实现等职能的主体。考虑到保险金信托为财富管理服务信托的类型之一，有关财富管理服务信托保护人的制度设计也当然适用于保险金信托。

信托保护人制度源自离岸信托的实践，在离岸信托中委托人远离受托人，对于将自己的巨额资产和家族事务委托给不熟悉的离岸地受托人去管理缺乏信任感和安全感，委托人会授权第三方如律师、会计师等值得信赖的专业人士，行使监督受托人的职权，引导和监督受托人勤勉尽责地履行信义义务。这种安排逐渐演变为信托保护人的角色，在采用现代信托法的离岸金融中心普遍存在，并广泛影响了传统英美法国家以及广大大陆法国家。例如，作为信托法母国的英国，其信托法中并没有正式地出现保护人这一角色，但在实践中也经常会用到保护人。[1]

---

[1] 王佳：《比较法的视角看什么是信托监察人》，载微信公众号"汉正家办智库"2023年5月19日，https://mp.weixin.qq.com/s/F0pw1sCym568qk3Eti-GZw，2025年1月8日访问。

保护人对委托人具有信义义务，保护人履行职能时应始终秉持诚实守信、勤勉尽责的原则。同时，信托保护人还应对行使监督、保护职能过程中所了解到的信托事务机密、受托人商业秘密及信托当事人隐私情况负有保密等义务。

（二）信托保护人的主要功能

1. 协助委托人履行监督职能，防范委托人对信托过度控制

首先，私益信托的设立和管理具有高度的专业性，委托人自己很难实现有效监督。为此，聘任自己信任的律师、会计师或者第三方机构作为信托保护人提供专业支持，就成为一种替代选择。此外，信托保护人还能够弥补因委托人自身事务繁忙、无法提供更多时间对信托管理运行监督的不足，特别是因个体生命时限而带来的对信托管理运行监督的不能。

其次，信托委托人通常不愿意放弃对信托的实质性控制，甚至可能因控制权的过度保留导致信托财产丧失独立性。信托保护人的合理设置，可以在很大程度上实现对委托人控制权的屏蔽，使得委托人的正当意愿可以通过信托保护人实施，同时也降低了成为虚假信托的不确定性风险。

2. 监督及协助受托人

受托人作为信托财产的管理人和信托事务的执行人，通常对信托财产的管理效果和信托目的的实现程度具有决定性影响。针对规模较大、受益人情况复杂、期限较长的私益信托，应设置专业的信托保护人，可以制约和平衡受托人关联交易、投资组合等信托管理和运行行为。

信托财产的管理日趋专业化，这对于受托人而言同样是一种挑战。例如，在信托受托人需要行使信托文件中所赋予的"自由裁量权"时，信托保护人作为专业第三方，可以作出独立、公允的决策建议，并且保护人的决策建议是受托人正当行使自由裁量权的有力证明。

3.保护受益人利益

为未成年人、病弱者或者残疾人的利益管理运用信托的时候，有时可能无法期待受益人自己行使信托法上的各项权利，也无法期待受益人积极地监督受托人。而委托人因某种原因无法行使或无法完全行使对受托人或信托其他事项的监督和救济，从而导致可能无法约束受托人、实现信托目的时，通过设置信托保护人可以实现对受益人更好的保护。

4.保障信托目的实现

私益信托具有家族财富保护、传承和资产管理、子女教育、家族治理等定制化事务管理功能。因此，信托受托人除对信托财产进行资产管理外，还应当根据委托人的具体需求承担一些事务性管理职能。信托保护人的设置可以监督受托人更好实现事务性管理职能，维护受益人权益，并引导受益人尽可能按照委托人意愿使用信托财产和收益分配。

（三）信托保护人的设置

1.设置信托保护人的可行性

《信托法》第六十四条规定："公益信托应当设置信托监察人。信托监察人由信托文件规定。信托文件未规定的，由公益事业管理机构指定。"《中华人民共和国慈善法》（以下简称《慈善法》）第五十条规定："慈善信托的委托人根据需要，可以确定信托监察人……信托监察人发现受托人违反信托义务或者难以履行职责的，应当向委托人报告，并有权以自己的名义向人民法院提起诉讼。"我国立法之所以为公益慈善信托设置了信托监察人角色，主要是考虑到公益慈善信托的受益人具有不确定性，由受益人对受托人的信托活动进行监督缺乏可操作性，故通过设置信托监察人，达到对受托人进行监督的目的。

保险金信托为私益信托，能否设置保护人呢？根据私法自治原则，在不违反法律、行政法规强制性规定的情况下，可以参照公益信托有关信托监察人的相关规定，由委托人通过信托文件来指定信托保护人，并赋予其相应的监督职能。

2. 信托保护人的适格主体

《信托法》未明确规定信托监察人的适格要求，实务中不同信托公司对保险金信托保护人的主体资格也设置了不同的门槛要求，如要求保护人类型仅限于自然人，或要求保护人与委托人必须具备一定的亲属关系等。基于信托保护人承担的监督职责，信托保护人应符合以下要求：

（1）行为能力要求。信托保护人应当由具有完全民事行为能力的自然人或能够履行监督职责的法人、非法人组织担任。

（2）信用水平要求。信托保护人的诚信情况对于履职具有重要影响，因此信用水平较低的人，如被列入失信被执行人名单、限制高消费名单的主体以及被宣告破产的主体[1]不宜担任信托保护人。

（3）独立性要求。信托保护人应当具有独立性，且与受益人不存在利益冲突（委托人同意豁免除外），委托人、受益人的家庭成员、亲朋好友可以担任信托保护人，但应平等地对待每位受益人。

（4）专业性要求。信托保护人应当具备履行监督职责的专业能力。为了增加保护人的稳定性和专业性，很多委托人选任律师、会计师等专业人

---

[1] 参见《深圳经济特区个人破产条例》（深圳市第六届人大常委会公告第208号）、《浙江法院个人债务集中清理（类个人破产）工作指引（试行）》。

士担任保险金信托保护人，或同时指定委托人的亲朋好友与专业人士担任共同保护人，或成立保护人委员会，以起到相互监督和相互补充的作用。

3. 信托保护人的设立方式

根据我国《信托法》第六十四条的规定，公益信托的信托监察人由信托文件规定。信托文件未规定的，由公益事业管理机构指定。鉴于我国目前还没有有关私益信托保护人的相关规定，结合国内外相关立法及实践，私益信托保护人的设定可采取以下三种方式：

（1）委托人通过单独指定的方式设立。委托人可以通过信托行为在信托文件中直接指定信托保护人，或者明确信托保护人的适格主体和选任规则。

（2）以共同受托人的形式设立保护人。基于《信托法》第三十一条关于共同受托人的规定，委托人也可以设置共同受托人，将信托保护人设置为第一受托人、信托公司设置为第二受托人，通过信托合同的方式设置共同受托人并明确其分工和权利义务，使得第一受托人实际上扮演了信托保护人的角色。举例来说，在信托合同中约定信托财产管理职能由第二受托人行使，第一受托人无权直接管理信托财产；但第一受托人可以通过审批信托事务处理情况报告、信托财产状况报告、信托清算报告、信托分配方案等形式，达到对第二受托人进行监督与制衡的效果。

（3）法院依申请或依职权设立。虽然我国《信托法》未赋予人民法院指定保护人的职权，但有些国家和地区的信托法律规定法院可以依申请或依职权设立保护人，例如日本《信托法》第131条规定，法院可根据利害关系人的申请，选任信托监察人。

4. 信托保护人的权利设置

信托保护人享有的权利范围应仅限于监督、保护职责的履行。因信托保护人享有的监督权产生于其作为委托人代理人的身份，因此信托保护人监督权的具体范围应小于或与委托人的监督权内涵一致。基于此，信托保护人的权利设置应主要考虑以下权利内容：（1）知情权；（2）调整受益人和受益权份额的权利；（3）建议或请求解任受托人的权利；（4）对受托人职责终止时出具的处理信托事务报告提出异议的权利。此外，信托保护人还可根据信托文件接受委托人赋予的其他权利，如认可信托事务处理报告或提出异议的权利、控制受托人投资管理行为的权利、代替受益人接受信托利益的权利、请求支付报酬的权利、对履职必要支出请求补偿的权利、传递委托人意思表示等。

信托保护人是否可以独立行使诉权，目前并没有统一的观点。本书认为，参照我国《信托法》公益信托监察人制度设计及域外相关立法，应赋予私益信托保护人以自己的名义向人民法院提前诉权的权利，包括但不限于：申请撤销受托人不当行为、恢复信托财产原状、赔偿信托财产损失、按照信托合同约定执行信托事务及提起执行异议/执行异议之诉等权利。

总之，依据我国目前私益信托发展现状，对信托保护人的权利设置应当采取保守的态度，基于其"监督人"的地位，保护人的权限不宜过大，以免妨碍受托人职责的行使。同时，对于影响信托存续或信托目的实现等实质性内容的权利，包括但不限于更换受托人、接受受托人辞任、选任新受托人以及终止信托等权利，不宜授权信托保护人直接行使。

第二节　保险金信托的监管

保险金信托是人身保险与财富管理服务信托的结合，需要保险公司与信托公司之间的相互配合，在展业时面临双重监管，保险产品与保险公司受到保险业监管，保险金信托与信托公司受到信托业监管。监管的内涵包括制定规则和监督管理，虽然这两方面内容经常被当作近义词使用，但是两者具有不同的内涵和关注点。制定规则的主要关注点是从业机构的运营，目标是制定从业机构和从业人员应遵守的法律标准或规范框架；监督管理则是通过监督从业机构的展业活动，评估从业机构和从业人员遵守法律或规则规范的程度，动态地实现监管机构既定目标的过程。制定规则和监督管理相互依存、不可或缺，两者共同构成了监管体系。

一、保险业的监管

保险监管最初的目的是通过监督保险公司的偿付能力以及商业行为来保护消费者，前者称审慎监管，后者称行为监管。经济学理论认为，在运作良好的市场中，消费者能够对企业施加足够的影响，使企业的经营方式与消费者的偏好大体一致。这种影响往往是消费者通过更换服务供应商而产生的。但是保险市场则存在市场失灵的情况，尤其是对接保险金信托的年金险和寿险保单，因期限较长且退保面临损失等原因，大大降低了消费者更换保险公司与保险产品的能力。有鉴于此，外部监管则成为预防市场失灵的重要手段。这就是必须对保险进行外部监管的理论基础。

现代保险业经营监管的目标有三个：维护保单持有者利益、确保保险业整体稳定发展、发挥保险业对社会经济的推动作用。[①]保险本质上是一种风险分担工具，是为了满足人类社会对安全保障的追求与心理期望而建立起来的一种风险防范、管控与分散机制。在这个机制中，投保人、被保险人、保险公司、监管机构及保险中介组成了风险共同体。为了共同体的

---

① 张洪涛、郑功成主编：《保险学》，中国人民大学出版社2002年版，第601页。

可持续存在，在私法领域，要实现被保险人与保险公司的权益平衡，而在保险公法领域，监管机构要精心地呵护风险共同体的平衡。①

现代意义的保险监管被认为最早出现在美国，1851年美国的新罕布什尔州设立了保险部门（Insurance Department）并任命保险监督官（Commissioner），专门负责监督保险业务的经营及颁布保险经营许可，1855年和1859年马萨诸塞州和纽约州也设立了类似的保险监管机构。为协调对各州保险公司的监管，各州的保险监督官在1871年成立了美国保险监督官协会（National Association of Insurance Commissioners，NAIC），设立协会的主要目的是为寿险公司制定统一的财务报告。目前NAIC已成为美国保险监管规则的制定者及监管支持机构，与各州保险监管机构共同构成美国的州一级监管体系。②

在我国，保险业的监管体系形成于20世纪末。1995年7月，中国人民银行成立保险司，专司对中资保险公司的监管。同时，中国人民银行加强了系统保险监管机构建设，要求在省级分行设立保险科，省以下分支行配备专职保险监管人员。1998年，中国保险监督管理委员会成立，负责统一监督管理全国保险市场，维护保险业的合法、稳健运行。2018年3月，中国银监会和中国保监会合并组建为中国银保监会。2023年3月，国务院机构改革方案出炉，在中国银保监会的基础上建立国家金融监督管理总局（以下简称"金管总局"），不再保留中国银保监会。2023年5月18日，金管总局挂牌，标志着我国保险监管体系进入了一个全新的时代。

---

① 李志强：《对价平衡原则的证成——从保险合同到保险业监管的考察》，载《法学》2017年第9期。

② 中再集团课题组：《【年度课题】构建有效的保险审慎监管制度研究（上）》，载微信公众号"中国保险学会"2021年8月10日，2025年1月9日访问。

保险监督管理机构对保险业的监管主要体现在两个层面：一是对保险公司的监管，具体监管方式包括但不限于市场准入监管、公司股权变更监管、公司治理监管、内部控制监管、资产负债监管、资本充足性及偿付能力监管等。二是对保险产品的监管，我国目前实施产品分类监管及属地监管相结合的政策，使用示范产品的机动车辆商业保险、中央财政保费补贴型农业保险产品由金管总局负责备案并监管；其他产品由属地分局负责备案并监管，具体监管方式包括保险产品备案、组织实施非现场检查、强化产品退出机制等。

二、信托业的监管

信托制度成立伊始，就存在严重的信息不对称问题：受托人违反信义义务、隐瞒关键信息、侵占信托财产、利用关联交易或内部信息为自己牟利等现象屡见不鲜，使得信托目的无法实现、受益人的合法权利无法保障。为了防范受托人利用信息不对称违反信义义务，有必要将信托置于外部监管之下，确保受托人履行信息披露义务、提高信托行为透明度、维护受益人权益，这是必须对信托进行外部监管的理论基础。

我国现行信托监管体系包括对信托公司的监管和信托业务的监管两大方面。我国对信托公司形成了"一体三翼"的监管架构，"一体"是指原中国银保监会信托部（现金管总局资管机构监管司），"三翼"是指中国信托业协会、中国信托登记有限责任公司（以下简称"中信登"）和中国信托业保障基金。金管总局资管机构监管司作为信托业的主要监管机构，通过制定和实施各类监管政策，对信托公司进行全面、持续的监管。信托监管机构发布的主要监管法规包括《信托公司管理办法》（中国银行业监督管理委员会令2007年第2号）、《信托公司净资本管理办法》（中国银行业监督管理委员会令2010年第5号）等。对信托业务的监管基本覆盖了信托公司的重点业务，包括信托发行、登记、交易、运营、清算、估值、信息披露等主要环节。中国信托业协会作为信托业的自律组织，通过制定行业自律和标准化指引，提升信托业整体管理水平和服务质量。中信登为信托产品、受益权信息及其变动提供登记服务，保障信托受益人的合法权益，同时提供信托产品的发行、交易、清算、结算等基础服务，推动信托业的市场化进程。中国信托业保障基金为行业互助基金，由信托业市场参与者共同筹集，用于化解和处置信托业的风险事件，提高信托业抵御风险的能力，维护行业稳定。

三、保险金信托的监管

（一）保险金信托的监管规则

保险金信托业务涉及保险业和信托业，由于我国从1993年开始实行金融体制的分业经营、分业监管模式，在很长一段时间内保险和信托都分属于不同的监管体系。直到2018年国务院机构改革方案整合了原保监会和原银监会的职责，保险和信托的监管机构统一为原银保监会。但是在原银保监会内部，信托与保险分属于不同版块，监管仍然是由不同部门和人员负责。虽然《信托分类通知》首次为"保险金信托"颁发了"身份证"，随后颁发的《指导口径（一）》也为保险金信托业务的开展提供了初步的方向，但仍然缺乏高位阶的监管规则。[①]

[①] 参见《指导口径明确细则 信托分类改革"打补丁"》，载央广网，https://news.cnr.cn/native/gd/20230711/t20230711_526324685.shtml，2025年5月29日访问。

（二）保险金信托的监管模式

目前针对保险金信托的监管主要以信托登记备案的形式体现。信托公司开展保险金信托业务需要在中信登的信托登记系统进行登记。根据《信托登记管理办法》（银监发〔2017〕47号）和《中国信托登记有限责任公司信托登记管理细则》的相关规定，信托登记系统目前已经实现信托产品全流程登记功能，包括预登记、初始登记、变更登记、终止登记、更正登记等环节，涵盖了信托产品名称、信托类别、信托目的、信托期限、信托当事人、信托财产规模、信托利益分配等信托产品及其受益权信息和变动情况。但是，中信登仅对登记信托进行形式审核，不对信托效力、信托财产合法性、受托人适格性等实质内容进行承诺或保证。

（三）保险金信托的监管要求

因缺乏实务操作指引，目前并没有明确、清晰、系统的监管要求，导致不同信托公司在保险金信托设立门槛、信托财产估值、收取的费用类别及金额、保单追加等诸多方面存在很大差异。以"配偶同意函"为例，保险金信托的委托人配偶是否需要签署配偶同意函，仅是保险金设立时的一个细节，却是关乎保险金信托效力的一个重要问题。有些信托公司认为，在保险金信托1.0模式下，无须签署配偶同意函，在保险金信托2.0和3.0模式下则必须签署配偶同意函，有些信托公司一律要求签署配偶同意函。

在实务中，信托公司为了避免合规风险，通常会参照资产管理信托的监管要求开展保险金信托的运营，如仍然将委托人视为投资人，在推介过程中遵守投资者适当性义务、对委托人进行风险等级评估、推介及签署过程录音录像等。

(四)保险金信托的监管展望

基于保险金信托的行业交叉性,有必要建立针对保险金信托的监管规则,以保障保险金信托业务在法律法规的框架内规范、流畅、高效地推进。本部分从基本信托要素入手,就如何进一步完善保险金信托监管制度提出展望。

1. 委托人的范围

《信托分类通知》明确,保险金信托的委托人为单一自然人,或单一自然人及其家庭成员共同作为委托人。《民法典》首次在立法层面对"家庭成员"进行了定义,家庭成员包括配偶、父母、子女和其他共同生活的近亲属。[①]"委托人及其家庭成员"的范围看似很大,却存在一定不合理之处,即未与委托人共同生活的亲属均被排除在共同委托人之外。在当代社会,以夫妻和子女组成的"核心家庭"[②]成为主流,父母、祖父母、外祖父母、兄弟姐妹等近亲属共同生活的情况越来越少,因此否定未共同生活但关系亲密的近亲属的共同委托人资格,造成了共同受托人范围限缩的客观结果。

此外,实务中还有一些值得思考的问题,例如:

(1)共同设立信托的家庭成员数量是否存在上限?《信托分类通知》并未限定共同委托人的数量,参考《信托法》并未限制共同受托人的数量,本书认为共同委托人的数量也不应作出限制。

(2)共同委托人设立信托是否会被认定为集合信托?本书认为,共同委托人设立的保险金信托应坚守财富管理服务信托的服务内容和特点,不得涉及资金募集行为,不得通过财产权信托受益权拆分转让等方式为委托

---

① 《民法典》第一千零四十五条。
② 编者注:"核心家庭"是指一对夫妻及其未成年或未婚子女组成的家庭。

人募集资金，信托目的应限于保障、传承等目的，不得以资产增值为唯一目的。如此，则不会被认定为集合信托。

（3）信托设立后，家庭成员关系解除（如夫妻离婚）是否影响信托的合法存续？本书认为信托设立后家庭成员关系解除不影响信托的效力及存续，但共同委托人认为信托的存续已经无法满足信托目的的，可以将保险金信托分立或终止。

2. 设立门槛

《信托分类通知》没有对保险金信托的设立门槛作出明确要求，而是交由市场规则来决定。实务中，保险金信托的设立门槛大幅低于家族信托，客观上有利于信托工具"飞入寻常百姓家"。本书认为，只要受托人具有为大量委托人提供服务的能力，不应限制保险金信托的设立门槛。

需要进一步规范的是保险金信托设立规模的认定标准，实务中既有以保费规模为准，也有以保额规模为准，或者不同保险种类适用不同认定标准的做法，标准的不统一容易造成信托规模虚高，将降低大数据统计的客观性与指导价值。

3. 信托财产的范围

《指导口径（一）》明确了保险金信托的信托财产范围，即"保险金信托设立时的信托财产中，可以包括保单和后续用于缴纳保费的现金，但不得包括资管产品等其他财产或用于其他用途的现金"，[1]"信托财产同时包含保险金请求权和其他财产的家族信托均归入家族信托"。[2] 据此，监管机构

---

[1] 参见《指导口径明确细则 信托分类改革"打补丁"》，载央广网，https://news.cnr.cn/native/gd/20230711/t20230711_526324685.shtml，2025年5月29日访问。

[2] 参见《监管下发信托业三分类新规配套文件 明确债券回购及衍生品等业务开展要求》，载赣州市人民政府网站，https://www.ganzhou.gov.cn/zfxxgk/c100289/202307/506e0d20dfc84bab928d8d372dc8c4a9.shtml，2025年5月29日访问。

对保险金信托的分类是从信托财产类型及用途的角度作出的，信托财产仅限于"保险合同权益"和保费，不允许混同其他类型的资产。在此等标准下，保险金信托3.0模式，或者保险金信托1.0模式或2.0模式下信托账户中含有多余资金，均应归类为家族信托，设立门槛将大大提高。

4. 配偶同意函

在委托人以夫妻共同财产设立资产服务信托的情形下，为了保证信托效力，信托设立时委托人配偶需要签署《配偶同意函》，以避免信托设立后委托人配偶对信托财产的追索。

具体到保险金信托中，如果信托财产只包括"保险合同权益"，是否还需要委托人配偶签署《配偶同意函》？这涉及保险法律规范与婚姻法律规范的交叉问题。

首先，"保险合同权益"并非夫妻共有的权利。"保险合同权益"不是单纯的财产权，而是具有财产性权利和人身性权利的复合体，投保人的身份权能（如与投保人具有保险利益、指定及变更保险受益人等）应当由投保人单独行使，投保人有权单独行使投保、退保、解除保险合同、变更保险受益人等处分行为，无须取得配偶同意。而"保险合同权益"中的财产性权利对应的财产利益，如现金价值、保单分红等，属于夫妻共同财产。

其次，在保险金信托1.0模式下，"保险合同权益"中的财产性权利依然由委托人行使，并未交付给受托人，委托人配偶也未丧失针对上述权利的财产利益，因此无须签署《配偶同意函》。但需要注意的是，在保险金信托1.0模式下，投保人配偶是否同意虽不影响保险金信托的有效设立，但可能影响保险金信托的存续与稳定性。根据《第八次全国法院民事商事审判工作会议（民事部分）纪要》（法〔2016〕399号，以下简称《八民纪要》）的规定，投保人在婚姻关系存续期间以夫妻共同财产投保的，离婚时投保人配偶有权分割保单的现金价值，投保人应补偿相当于保单现金价值的一半给配偶方；如投保人无力支付该笔补偿资金，则配偶方有权主张投保人行使保险合同解除权并分割保险公司返还的现金价值。一旦保险金信托中装入的保单因投保人离婚而解除，则可能影响保险金信托的存续。

最后，在保险金信托2.0模式下，上述财产性权利已无偿转让至信托，委托人配偶享有的财产利益也一并让渡给信托，因此需要取得配偶的同意。

综上所述，本书认为：（1）从信托设立有效性角度来看，保险金信托1.0模式下无须签署《配偶同意函》，保险金信托2.0模式下需要签署《配偶同意函》。（2）从信托存续稳定性角度来看，建议不区分保险金信托的模式，统一将《配偶同意函》作为保险金信托成立的配套文件。在保险金信托1.0模式下，《配偶同意函》的重点内容在于委托人配偶放弃离婚时对保单现金价值的追索，在保险金信托2.0模式下，《配偶同意函》的重点内容在于委托人配偶同意委托人以"保险合同权益"设立信托，并同意该资产及对应利益独立于夫妻共同财产。

5. 投资风险偏好

保险金信托中可用于投资的资金分为两部分：一是后续用于交纳保费的现金；二是理赔至信托账户的保险金。《指导口径（一）》对第一类资金的投资风险偏好进行了指导，即"闲置资金使用应当与保险金信托的信托目的和风险特征相一致，不能变相开展其他业务"，[1]针对保险金的投资偏好则没有明确。

---

[1] 参见《指导口径明确细则　信托分类改革"打补丁"》，载央广网，https://news.cnr.cn/native/gd/20230711/t20230711_526324685.shtml，2025年5月29日访问。

实务中，信托公司通常以委托人最后一次有效的风险承受能力测试结果作为保险金信托投资偏好策略的制定依据。但参考《指导口径（一）》对闲置资金投资使用的指导意见，本书认为，委托人的风险承受能力测试结果仅能作为风险等级的最高上限，保险金的投资风险偏好依然要以信托目的为主要依据。比如，信托目的在于保障和风险隔离，则投资偏好应以稳健为主；如以保值增值和传承为信托目的，则投资偏好可适当配置中高风险产品。

6. 受益人的范围

《信托分类通知》没有明确保险金信托受益人的范围，实务中多遵照家族信托受益人的范围进行确定。相比于"37号文"，《信托分类通知》对家族信托的受益人范围进行了扩张：（1）从"家庭成员"扩张为"亲属"，根据《民法典》第一千零四十五条的规定，亲属包括配偶、血亲和姻亲；（2）家族信托涉及公益慈善安排的，受益人可以包括公益慈善信托或者慈善组织。本书认为，将保险金信托受益人范围界定为委托人的"亲属"及"公益慈善信托或慈善组织"，已经可以满足现实中委托人的绝大部分需求。

7. 保险公司的穿透审查义务

根据保险公司的反洗钱义务，订立保险合同时，保险公司应识别投保人身份，确认投保人和被保险人之间的关系，以及被保险人和保险受益人之间的关系。因此，在保险金信托业务模式下，出现了一个新的问题，即保险公司是否需要履行如下穿透核查义务：

（1）在保险金信托模式下，保险受益人变更为信托公司，但真正享有信托利益的是信托受益人，保险公司是否要穿透信托法律关系，核实被保险人与信托受益人的关系？

（2）在保险金信托3.0模式下，由信托公司作为投保人，保险公司是否要穿透至信托的委托人进行核保，以履行身份识别义务？

（3）在保险金信托3.0模式下，由信托公司作为投保人，被保险人为自然人，是否要穿透至信托的委托人，核实确认信托委托人与被保险人之间是否存在保险利益？

实务中这样操作的保险公司寥寥无几，一是保险金信托是近年来新兴起的业务模式，除了《信托分类通知》《指导口径（一）》，尚无其他监管文件对保险金信托业务开展和运作提出实质要求；二是穿透核查没有明确依据，且费时费力，影响业务拓展；三是目前保险业的反洗钱经验不足，缺乏有力指导。监管机构可从操作层面设置规范要求，防范洗钱风险，如要求委托人非特殊事由不能撤销保险金信托，防止洗钱分子利用退保的方式漂白资金，以及将信托受益人的范围限定为委托人及被保险人的近亲属或有真实密切联系的人，防止洗钱分子利用信托转化资金性质。

第三节　保险金信托的救济

《中华法学大辞典·法理学卷》中将"救济"定义为："公民、法人或其他组织的民事合法权利遭受侵害时，法律上给受损害一方的补偿方法。"[1] 救济又分为私力救济与公力救济。私力救济是指权利主体在法律允许的范围内，依靠自身的实力，通过实施自卫行为或者自助行为来救济自己被侵害的民事权利。公力救济是指当权利人的权利受到侵害或者有被侵害之风险时，权利人行使诉讼权，诉请法院依民事诉讼和强制执行程序保

---

[1] 孙国华主编：《中华法学大辞典·法理学卷》，中国检察出版社1997年版，第251页。

护自己的权利的措施。

保险金信托作为一种民事法律关系,在当事人的信托权利遭到侵害时,同样需要救济。一定意义上,本章第一节所述的保险金信托的监督,可以认为是保险金信托当事人的私力救济。在私力无法实现权利救济时,采用向法院提起民事诉讼和强制执行保护自己权利的措施,则属于公力救济。本节将从信托的公力救济出发,探讨保险金信托的公力救济问题。

一、我国信托救济措施与发展现状

(一)我国信托救济措施

我国信托救济措施分为民事救济措施和刑事救济措施,法律依据包括《民法典》《信托法》《刑法》等。《信托法》规定的信托救济措施主要面向委托人,除赋予委托人返还财产、恢复原状、损害赔偿等《民法典》中已经列举的民事救济措施外,还赋予其信托行为撤销权、归入权等信托代表性救济措施。刑事救济措施在受托人背信运用信托财产或侵占信托财产时适用,由受害人追究受托人的刑事责任,涉及的罪名包括背信运用受托财产罪、合同诈骗罪、侵占罪等。

表7-1 我国信托救济措施

序号	救济措施	权利主体	适用情形	救济后果
1	针对强制执行信托提出异议	委托人 受托人 受益人	在《信托法》第十七条规定的情形[①]之外对信托财产强制执行	人民法院应当不予准许或立即解除保全措施

[①] 编者注:指以下情形:(1)设立信托前债权人已对该信托财产享有优先受偿的权利,并依法行使该权利的;(2)受托人处理信托事务所产生债务,债权人要求清偿该债务的;(3)信托财产本身应担负的税款;(4)法律规定的其他情形。

续表

序号	救济措施	权利主体	适用情形	救济后果
2	调整该信托财产的管理方法的请求权	委托人受益人	因设立信托时未能预见的特别事由，致使信托财产的管理方法不利于实现信托目的或者不符合受益人的利益	受托人应按照有利于实现信托目的或者符合受益人的利益的方式调整信托财产管理方法
3	撤销受托人的处分行为	委托人受益人	受托人违反信托目的处分信托财产或者因违背管理职责、处理信托事务不当致使信托财产受到损失	受托人恢复信托财产的原状或者予以赔偿，信托财产的恶意受让人返还信托财产
4	解任受托人	委托人受益人	受托人违反信托目的处分信托财产或者管理运用、处分信托财产有重大过失	依照信托文件的规定解任受托人，或者申请人民法院解任受托人
5	信托报酬请求权的限制	未明确	受托人违反信托目的处分信托财产或者因违背管理职责、处理信托事务不当致使信托财产受到损失	在未恢复信托财产的原状或者未予赔偿前，受托人不得请求给付信托报酬
6	受托人以信托财产偿还债务或优先受偿权的限制	未明确	受托人违背管理职责或者处理信托事务不当对第三人所负债务或者自己所受到的损失	受托人以其固有财产承担债务或损失
7	归入权	未明确	受托人利用信托财产为自己谋取利益	受托人所得利益归入信托财产
8	恢复原状请求权	未明确	受托人将信托财产转为其固有财产	恢复信托财产原状，赔偿信托财产损失
9	赔偿请求权	未明确	受托人将其固有财产与信托财产进行交易或者将不同委托人的信托财产进行相互交易	赔偿信托财产损失

续表

序号	救济措施	权利主体	适用情形	救济后果
10	受托人责任解除的限制	委托人受益人权利归属人	受托人职责终止或信托终止时,受托人作出的处理信托事务报告或清算报告未经委托人、受益人、权利归属人认可	受托人不得就报告中所列事项解除责任
11	信托解除权	委托人	存在《信托法》第五十一条第二款[①]规定的情形	信托中止,信托财产归属于信托文件规定的人或按法定顺序确定归属
12	信托财产留置权	受托人	信托终止后,受托人依法行使请求给付报酬、从信托财产中获得补偿的权利时	受托人可以留置信托财产
13	控告(刑事)	委托人	受托人违背受托义务,擅自运用信托财产,情节严重;或受托人骗取、侵占信托财产	对信托机构及直接责任人员处以刑罚

(二)我国信托救济现状

因我国私益信托实践仅十余载,尚未形成全面而有效的私益信托救济机制,保险金信托与其他私益信托的救济都面临着一系列挑战和问题。本书认为至少存在以下几个方面的问题:

1. 权利主体不明确

表7-1中的第5—9项救济措施,并没有明确有权采取救济措施的主体。依据《信托法》的内在逻辑判断,有权主体应当是委托人,受益人仅

---

① 编者注:指以下情形:(1)受益人对委托人有重大侵权行为;(2)经受益人同意;(3)信托文件规定的其他情形。

在《信托法》有明确规定时才享有委托人的权利。在委托人缺位的情况下，受益人、保护人能否发起救济程序，并不明确。

2. 缺乏具体的救济措施

《信托法》规定的受托人信义义务并未一一对应救济措施，如《信托法》第十八条规定受托人固有财产产生债务与信托财产产生的债权不能互相抵销、第二十九条规定的分别管理义务、第三十三条规定的保存完整记录义务和信息披露义务等，均无具体的救济措施。

3. 救济措施难以发挥应有作用

司法实践中，救济措施难以发挥应有作用主要体现在：

（1）由于没有具体的救济措施，委托人或受益人只能追究受托人的违约责任。

（2）受益人、保护人缺乏行使权利的依据，无法介入信托救济程序。

（3）司法裁判过程中，以合同法思维对信托纠纷进行裁判，倾向于将受托人的责任认定与损失挂钩，没有造成损失则没有责任。这种引用合同法原则追究受托人的违约责任而非引用《信托法》追究信托责任的审判观念，造成了"归入权"等信托代表性救济措施难以发挥应有作用。

二、衡平法信托救济措施借鉴

（一）衡平法院对信托的介入

在英美法系，信托财产的"普通法上的所有权"由受托人所有，同时衡平法院对信托行使固有的司法管辖权：信托的执行应当在法院的控制之下，如果受托人死亡，法院则可以亲自执行信托；如果信托管理不善，法院也可以对信托条款进行适当的调整。衡平法院强势介入有效地保障了信托的持续运行，确保受托人严格按照信托契约为受益人的利益管理和处分信托财产。根据英国信托成文法、相关案例以及英国学者丹尼尔·克莱里（Daniel Clarry）的观点，英国法院对信托的救济大致分为信托事务的管理、受托人的管理、信托财产的管理以及信托的变更四大方面。①

随着信托数量的增多以及信托事务的复杂化，这种全方位的介入也加大了英美法院的负担。于是英国法院于19世纪20年代进行了改革：第一，从法院全方位介入信托改为必要时才介入；第二，开始重视受托人的自由裁量权，逐渐减少对受托人行使自由裁量权的干预；第三，探索出司法建议制度，改变之前完全依赖诉讼程序介入信托的做法；第四，衡平法院开始设立专门监督信托的信托法庭，并将除司法外的事项交由专业人士处理。

（二）衡平法追踪

衡平法对受托人违反信义义务的救济，基本规则要求受托人返还信托财产；如果无法返还信托财产，受托人就有责任支付足够的赔偿恢复信托财产。但在受托人破产或无力赔偿的情况下，受益人可以请求追踪救济，从信托财产持有人处取回信托财产或代表信托财产的其他财产。因而，追踪救济的主要优点是受托人违反信托造成信托财产损失的，受益人不会因受托人破产或没有赔偿能力而失去救济。②取得信托财产的人即便对信托的存在不知情，但如果其不构成善意第三人，受益人仍然可以向其主张衡平法上的对物性财产权利。

（三）禁令

如果受益人知悉受托人拟实施违反信托的行为，无须等到违反信托的

---

① 韩良、秦涛：《应如何构建民事信托的法院监督机制》，载《当代金融家》2022年第8期。
② 何宝玉：《信托法原理与判例》，中国法制出版社2013年版，第523—550页。

行为实际发生时再申请救济，受益人可以向衡平法院申请一项禁令，禁止受托人实施违反信托的行为。随着其他衡平法救济的普遍适用，禁令这项重要的衡平法救济在信托方面的适用已经不像早期那样常见。[1]

三、我国保险金信托救济的发展展望

（一）保险金信托救济情形与救济措施

1.受托人未妥善履行保险合同的救济

在保险金信托中，受托人作为保险受益人，或同时兼具投保人与保险受益人的身份，应当积极行使保险合同权利、履行保险合同义务。如怠于或放弃行使相关权利、未履行或未完全履行保险合同义务，造成不利法律后果，从而损害信托财产及受益人利益的，法院应给予信托委托人及/或受益人以司法救济。委托人及/或受益人可能针对受托人未妥善履行保险合同的救济情形包括但不限于：

（1）怠于行使或擅自放弃行使保险金请求权。保险受益人如果仅代表自己的利益，法律并不强制保险受益人一定要及时行使保险金请求权，保险受益人甚至有权放弃保险金请求权。但在保险金信托法律关系下，受托人应当以信托受益人的最大利益行事，如其怠于或擅自放弃行使保险金请求权，则可能导致保险金取得滞后甚至保险公司拒赔的法律后果。

（2）未依据保险合同交纳保费。除保险合同另有约定外，自保险人催告之日起超过30日或者超过约定的期限60日未支付当期保险费的，可能产生合同效力中止或者保险金额减少的法律后果。自合同效力中止之日起

---

[1] 何宝玉：《信托法原理与判例》，中国法制出版社2013年版，第550—551页。

满 2 年保险人与投保人未达成协议的，可能产生保险合同解除的法律后果。①

（3）未履行保险事故通知义务。故意或者因重大过失未及时通知，致使保险事故的性质、原因、损失程度等难以确定的，保险人对无法确定的部分，不承担赔偿或者给付保险金的责任。②

针对作为保险受益人的受托人以上行为，信托委托人、受益人或保护人可以向法院申请以下救济措施：①受托人怠于行使保险金请求权的，法院可以发布"命令"要求受托人尽快履行；造成保险金延迟理赔至信托账户的，可以请求受托人支付利息。②造成保额减少或保险金减少的，受托人应当就减少部分承担赔偿责任。③造成保险公司拒赔的，应当认定受托人管理运用、处分信托财产存在重大过失，可以裁定解任及更换受托人，同时要求受托人就保险金全额承担赔偿责任。

2. 对受托人和其他受信人权利行使不当的救济③

（1）对受托人权利行使不当的救济

受托人滥用自由裁量权的行为主要表现为：①受托人滥用自由裁量权，如存在利益冲突行为，可能导致信托目的不能实现以及受益人利益受损的后果；②受托人未有效行使自由裁量；③因共同受托人意见不一致导致自由裁量权的行使陷入僵局。针对第一种情形，保险金信托委托人、受益人或保护人可以申请法院裁定受托人停止侵害或者侵权行为，也可以根据权利人请求，增加或减少受托人的报酬甚至更换受托人。对于后面两种情形，法院可以向受托人提供"向专业人士进行咨询"的司法建议。

---

① 《保险法》第三十六条、第三十七条。
② 《保险法》第二十一条。
③ 韩良、秦涛：《应如何构建民事信托的法院监督机制》，载《当代金融家》2022 年第 8 期。

（2）对其他受信人权利行使不当的救济

其他受信人是指以保护人为代表的监督类受信人、以受益人代理人为代表的执行类受信人、以投资顾问为代表的顾问类受信人。不同于受托人在信托中的核心地位，其他受信人主要发挥监督、辅助等作用，通常不直接对信托财产享有权利，而是通过受托人、受益人或其他受信人等主体的活动对信托运行施加影响。

其他受信人权利行使不当时，保险金信托委托人及/或受益人、保护人等可以请求法院提供以下救济：①撤销其他受信人的监督、执行或者顾问行为；②更换不称职受信人。

3.对受托人不当管理保险金信托财产的救济

法院不宜直接介入信托财产的管理事项是两大法系的通例，在保险金信托委托人及/或受益人、保护人等权利人与受托人就信托财产管理发生争议时，存在以下救济措施：①针对受托人管理信托财产的方式、方法不当等争议，法院可以向受托人提供"向专业人士进行咨询"的司法建议。②针对撤销受托人不适当的财产管理行为的请求，法院可以裁定支持。③经全体受益人同意，可对信托财产管理方式进行变更；部分受益人同意变更信托条款而其他受益人不同意时，可由法院以全体受益人的整体利益为标准作出裁决。④在受托人未获得信托文件或法律授权的情况下，法院可依信托目的及受益人整体利益之需要，给受托人相应授权以使其更加灵活、适当地处理信托财产的管理事宜。

4.对受托人不当管理保险金信托事务的救济

（1）对保险金信托信息保存和披露的救济

根据《信托法》的要求，受托人应保存处理信托事务的完整记录，每年定期将信托财产的管理运用、处分及收支情况，报告委托人和受益人。[①]具体到保险金信托的应用场景中，受托人应当保留的记录包括但不限于信托合同及附属文件、保险合同及依法变更投保人（如有）、保险受益人的批单、保险事故通知记录、保险理赔资料及申请记录、保险金进入信托账户的银行凭证、保费资金（如有）及保险金投资方案、投资历史及损益记录、委托人及受益人的身份信息、受益人或受益权变更记录、信托利益分配方案与分配记录、信托清算报告及终止报告等。保险金信托受托人进行信息披露的方式主要包括定期报告、临时报告，在保险金信托1.0模式下，在保险理赔前无资金形式的信托财产，可以暂时豁免受托人的定期披露义务；在保险金信托2.0和3.0模式下，受托人需要定期披露将来保费资金及闲置信托资金（如有）的管理运用情况。除定期报告外，一旦发生可能影响信托财产价值或受益人权益的重大事件，受托人必须立即启动临时报告机制，这类事件可能包括"保险合同权益"减损或灭失、保险金理赔完毕、投资失策、市场重大波动、法律环境变化等情况。

针对委托人、受益人、保护人要求披露信托信息的，法院可裁令受托人提交与请求相关的全部资料，由法院进行审查。如属于权利人知情权范围，法院可下令由受托人向权利人进行披露。如虽不属于权利人知情权范围但属于受托人应当保存的范围，但受托人未提供或辩称不属于受托人保存范围的，法院可裁令或指示受托人采取补救措施并妥善保存相关信托记录。如法院确认受托人的上述行为违反信义义务的，可告知委托人、受益人、保护人，由相关权利人自行决定是否寻求救济。

（2）对保险金信托利益分配的救济

保险金信托受益分配涉及分配的数额、方式、时间等问题，当出现争

[①] 《信托法》第三十三条。

议时，可由法院根据法律及信托条款判定信托利益分配是否符合信托目的。基于保险金信托的特点，保险金理赔至信托账户时方可启动信托分配程序，此时距离信托设立可能已经历数十年，信托目的如与现实情况不符或信托条款已不符合公平原则，则法院可以基于受益人、保护人的申请介入信托、修改信托条款并裁定合理的利益分配方案。

5. 对保险金信托变更争议的救济

（1）对保险金信托条款变更的救济

我国《信托法》虽然对信托的变更与终止作出了相应规定，但并不完善。尤其是信托变更，《信托法》只赋予了委托人变更信托的权利，对受托人、受益人、保护人等变更信托事宜并未作出规定。在未来的信托审判实践中，遇有信托条款变更争议的，可借鉴英国Saunders v Vautier判例中所确立的信托变更规则进行裁判：①受益人均具备完全民事行为能力；②全体受益人的共同意思表示；③终止信托无须受托人同意，但变更需受托人同意；④即便客观上与委托人意愿背离，也可以变更或终止信托。

（2）对保险金信托当事人变更的救济

保险金信托当事人的变更主要包括受托人和受益人的变更。①受托人变更：在大陆法系下，出现不得已之事由（如受托人丧失民事行为能力）或受托人违背其信义义务，法院可以更换受托人。我国法院在未来司法实践中，也可借鉴此做法。②受益人变更：对受益人的变更包括受益人资格的变更与受益权的变更。我国《信托法》第五十一条规定了委托人可以变更受益人或者处分受益人的信托受益权的四种情形，但对在委托人去世或者丧失民事行为能力的情况下，如何变更受益人或者处分受益人的信托受益权的情形则没有规定，司法实践中，有待法院对上述情形进行创设性裁决。

（二）保险金信托救济适用的司法程序

衡平法对信托的救济侧重于程序正义，我国法院可以参考借鉴衡平法救济措施，以更好地保护信托当事人的权利和利益。本书认为，对保险金信托救济适用的司法程序可以包括调解程序、特别程序、简易程序及普通程序。

1. 调解程序

《民事诉讼法》采取调解与司法确认相结合的方式解决民事争议，是我国具有鲜明特色的替代性争议解决机制。优先通过调解的方式解决信托内部争议，不仅有利于维护当事人的隐私和信托的顺利运行，而且快速高效，可以减轻法院的司法负担。特别是在多重法律关系交织的保险金信托纠纷中，如直接采取诉讼方式，可能造成缺乏裁判依据、无法突破合同相对性、具体"行为请求"难以强制执行等现实困境。通过调解，保险金信托的当事人及权利人之间加深了对信托目的及财产管理方式的理解，彼此之间也会加深信任和了解，达成纠纷解决路径，为信托的顺利、主动运行奠定良好的基础。

2. 特别程序

如保险金信托利害关系人要求法院裁令受托人履行保险事故通知义务、行使保险金请求权、保存或者提交信托信息的争议，保险金信托利害关系人可能并不具有相应的请求权基础，且上述事项并不具有诉讼程序的特征，应该借鉴我国《民事诉讼法》关于特别程序（如督促程序）规定，待时机成熟时增加关于保险金信托救济的特别程序。

3. 简易程序及普通程序

保险金信托产生民事纠纷时，如案情简单，可以适用简易程序；如当事人争议大、案情复杂，可以适用普通程序进行审理。在审理保险金信托纠纷时，法院应当秉持穿透审判思维，对法律关系进行深入探查，厘清各方真实权利义务，查明真实意思表示和准确适用法律，必要时突破合同相对性原则，允许委托人、受益人介入保险法律关系及信托法律关系，或赋予其相应的请求权。

（三）保险金信托救济适用的司法裁判文书

无论是适用简易程序、普通程序还是特别程序，法院都可使用一般民事审判中常用的判决书、裁定书或调解书作出裁决。但在未来的司法实践中，法院可引入以下形式的裁判文书对信托纠纷作出裁决：

1. 司法"命令"

英美法系下，法院除通过诉讼程序以判决的方式作出裁判外，还发布各种法庭命令来解决信托纠纷。新西兰2019年《信托法》规定法院可就受托人的任免、受托人的报酬、受托人的投资决策等事项发布命令。日本《信托法》也规定，日本法院可就信托管理人的任免与报酬、过渡时期内信托财产的管理方式、特殊情形下信托的变更等事项发布命令，且可以变更或撤销已发布的命令。法院命令旨在让某人为某一行为或禁止某人为某一行为，目前我国法院所能发布的命令仅为支付令、搜查令等，尚无其他可适用于信托纠纷的命令，而诸如信托信息披露、受托人任免、受托人行使保险合同权利及履行保险合同义务等事项，非常适合法院以命令的方式作出裁决。本书建议在保险金信托纠纷处理的特别程序中考虑法院命令制度的完善，针对不同的事项规定不同的命令制度。

2. 司法建议

英美法系中的司法建议（Advises）则是指受托人若对信托文件中的条

文解释有疑问，或受托人希望修改信托文件，或受托人就投资问题存在疑问等事项向法院寻求的建议。不同于英美法系的司法建议，我国的司法建议指的是法院行使审判权时，对与案件有关但不属于法院审判工作裁决的一些问题，向有关单位和个人提出的合理化建议，目的在于使有关单位堵塞漏洞、改进工作、完善制度、消除不利因素。

借鉴英美法系的司法建议对于保险金信托纠纷解决也具有积极意义。举例说明，《指导口径（一）》要求保险金信托中的闲置资金使用应当与保险金信托的信托目的和风险特征相一致，若委托人在保险金信托条款中保留投资权且指令信托闲置资金进行高风险投资，受托人既不能违反监管规定，又不能违背委托人的命令，此时受托人可以向法院申请司法建议，法院可以综合信托目的和信托条款给出指导建议。司法建议不具有强制执行力，受托人或受益人对司法建议可以接受也可以拒绝。本书认为，司法建议具有灵活解决信托争议的优势，应用于信托救济领域较为适宜。

第八章 保险金信托的典型应用场景与发展趋向

保险金信托充分发挥了保险的杠杆、复利增值功能以及信托的风险隔离与灵活分配功能，可被用于实现养老与生活保障、特殊人群保护、慈善捐赠等保护保障目的，或是婚姻与育儿祝福、学业进步奖励等激励目的，抑或防范企业家债务风险、婚变风险以及传承风险等风险隔离目的。本章将从保险金信托应用的典型场景出发，分析客户的需求与法律风险，并提出保险金信托方案的设计要点；同时，针对保险金信托的发展趋势及展望提出浅见。

第一节　保险金信托的典型应用场景

基于不同的信托目的，本节将通过保护保障、激励驱策、风险隔离三个典型场景分析保险金信托的应用与方案设计。

一、保护保障型保险金信托的应用场景

保护保障型保险金信托，是指以保障受益人[①]生活、满足养老需求、特殊人群照顾、慈善捐赠等目的而设立的保险金信托。

引导案例8-1

李先生和李太太经多年奋斗，积累了一定财富，两人名下除了住房、存款以外，还有李太太为自己和李先生投保的几份尚在交费期内的大额保单。李先生和李太太育有两个孩子，大女儿远嫁北方刚生完二胎，孩子小、工作忙，一年到头也很难回趟家看望父母；小儿子小李虽已成年，但患有先天性疾病，智力发育迟缓，生活无法全面自理，主要由李太太和保姆全天候照顾，定期进行康复治疗和特殊教育。不久前，李先生遭遇车祸，幸好并无大碍。但突发的意外，让李先生和李太太开始考虑以下问题：

①两人终有能力不足或离开的一刻，小儿子的未来生活该如何安排？

[①] 编者注：如无特别说明，本章以下所称"受益人"均指信托受益人。

②两人年龄越来越大，该如何安排未来养老？

③在抚养儿子的过程中，接触了大量失能失智青少年，李先生夫妻一直有意愿帮助这类人群，却一直没有找到一个比较好的办法。

（一）案例分析

1. 小李未来生活需求及可能面临的风险

（1）监护人的选择与监护风险

根据《民法典》的规定，李先生与妻子作为法定监护人，可以通过遗嘱指定近亲属担任小李的监护人。如果没有近亲属愿意担任小李的监护人，或者李先生和妻子没有指定或没来得及指定，依法将由：①祖父母、外祖父母；②兄、姐；③其他愿意担任监护人的个人或者组织（须经未成年人住所地的居民委员会、村民委员会或者民政部门同意），按顺序担任监护人，[①] 上述监护人也可以协商确定最终的监护人。[②] 虽然我国法律为特殊人群提供了依法确定监护人的制度设计，但从实际情况出发，位于第一顺序的小李的祖父母、外祖父母届时可能已经离世或年事较高不便于照顾小李，排在第二顺序的小李姐姐则面临地域、家庭的限制，而其他人自愿担任小李监护人的可能性也不大。如此一来，小李未来面临着无法获得有效监护与照顾的风险。

（2）被监护人的资产管理风险

《民法典》规定，监护人除为维护被监护人利益外，不得处分被监护人的财产，[③] 但现实情况中，监护人霸占或擅自处分被监护人财产的案例频

[①] 《民法典》第二十七条。
[②] 《民法典》第二十九条、第三十条。
[③] 《民法典》第三十五条。

发。在天津市南开区人民法院（2020）津0104民特8号民事判决书中，原监护人擅自将被监护人所有并实际居住的房屋以低于市场的价格出售给其子，并将销售房款据为己有，严重侵犯了被监护人的合法权益，最终人民法院依《民法典》第三十六条的规定，撤销了原监护人的监护人资格，为被监护人另行指定监护人。这样的判决虽然最终维护了被监护人的利益，但撤销监护权属于事后救济，显然无法及时保护被监护人的权益。结合上述案例中被监护人面临的情况，如果李先生夫妻将财产直接转移到小李名下，就可能面临监护人不当处置甚至侵占财产等风险，从而导致小李的基本生活无法得到保障。而小李除了日常生活所需，还需要持续性的康复治疗和特殊教育，资金需求较大。由此可以确定：李先生夫妻留给小李的资产不仅需要进行专业性管理，还需要在保持流动性的前提下，实现一定的增值。

2. 李先生夫妻未来养老需求及可能面临的风险

（1）无人赡养或照顾可能带来的养老风险

我国《民法典》规定，成年子女对父母负有赡养、扶助和保护的义务；①《中华人民共和国老年人权益保障法》（以下简称《老年人权益保障法》）也规定，家庭成员应当关心老年人的精神需求，不得忽视、冷落老年人，与老年人分开居住的家庭成员，应当经常看望或者问候老年人。②但李先生夫妻面临的现实问题是：女儿远嫁北方，有两个孩子需要抚养，未来可能还有公婆需要赡养，面临着个人家庭经营、养育子女、事业发展等多重压力，再加上地域的限制，客观上导致难以照顾到李先生夫妻。小李尚需李先生夫妻照顾，也没有能力为李先生夫妻的老年生活提供帮助、

---

① 《民法典》第二十六条。
② 《老年人权益保障法》第十八条。

履行赡养义务。

（2）资产规划不当无法满足养老需求

养老生活需要持续性的资金支持，以应对日常生活花销以及养老机构支出、医疗支出等硬性费用支出。李先生夫妻名下有不动产、现金及大额保单等资产，随着年龄的增大，对资产的管理会越来越心有余而力不足。一旦李先生夫妻出现失能或失智的现象，只能依赖代理人或监护人对资产进行管理。如不能实现资产的保值增值，甚至遭遇欺诈而导致财产损失，将很难保证未来的养老需求；如果李先生夫妻提早将资产过户给女儿或未来交由代理人或监护人保管，又可能出现被侵占、挥霍的风险。

3. 进行慈善捐赠可能面临的风险分析

李先生夫妻想通过慈善捐赠，帮助到更多像小李一样的青少年，但并不想简单地"一捐了之"，他们面临选择合适的慈善方式以及慈善资金使用的监督风险：

（1）慈善方式的选择风险

开展慈善活动的方式多种多样，包括直接捐赠给受助对象、捐赠给慈善组织、设立专项基金、设立基金会、设立慈善信托等。

表8-1 各类慈善方式对比

慈善方式	运行模式	优势	局限
直接捐赠	捐赠人直接向捐赠对象捐赠钱款或物资。	捐赠人可快速帮助受助对象，减少中间的沟通和管理成本。	捐赠人需自行筛选受助对象、负责捐款或运送物资，故对其时间精力要求较高，且不能取得捐赠票据，无法享受税收优惠政策。

续表

慈善方式	运行模式	优势	局限
慈善组织捐赠	捐赠人与慈善组织约定捐赠财产的用途和慈善受益人，由慈善组织按约定管理和运用捐赠款项或物资。	对捐赠人来说省心省力。	慈善组织数量众多，开展慈善活动的业务范围不同且发展情况参差不齐，可能面临慈善组织财务管理不透明、慈善管理能力不足等问题，需要捐赠人认真筛选。
专项基金	发起人在基金会项下设立专门用于资助某一特定慈善事业的基金。	捐赠人参与性更高，可以冠名、选择慈善项目受助群体及明确资金的使用情况。	不具备独立法人资格，不能以独立组织的名义开展募捐或其他活动，须符合各基金会宗旨、业务范围以及其他内部规定要求等。
基金会	属于非营利性法人，利用自然人、法人或者其他组织捐赠的财产，以特定的慈善公益目的为宗旨从事公益事业。	基金会在我国发展时间较长，各项制度相对完善，税收优惠政策明确。	原始基金不得低于200万元，对住所、章程、内部治理机构、年度公益支出最低比例、年度工资福利和行政办公支出上限、信息披露等都有严格要求。
慈善信托	委托人基于慈善目的，依法将其财产委托给受托人，由受托人按照委托人意愿以受托人名义进行管理和处分，开展慈善活动。	我国对于慈善信托的规定较为原则，没有初始资金限额，也没有慈善支出、管理费支出的强制性要求，灵活性较高。	我国对于慈善信托的规定较为原则，没有初始资金限制，且在管理、运用信托财产方面的灵活性较高。

可见，各类慈善方式的具体要求不同，适合的慈善主体也各有不同，均有各自的优势与局限性。如果选择了不适当的慈善方式，可能造成慈善愿望落空等风险。

（2）慈善资金使用的监督风险

无论李先生夫妻选择哪种慈善方式，如果对慈善资金的管理和使用监督不力，都将面临慈善资金使用不规范甚至被私吞、挪用的风险。例如，某市某慈善基金会成立登记后，副理事长叶某某利用职务便利，以借款名义私自将基金会165万元慈善资金转移至自己名下某公司账户，且该慈善基金会拒不追回慈善资金，最终被吊销登记证书，叶某某因涉嫌挪用基金会资金的行为被立案侦查。[①]以此为鉴，李先生夫妻开展慈善活动时应当加强对慈善资金使用的监督力度，否则无法保障慈善财产安全和慈善目的的实现。

（二）保险金信托方案设计

通过上述需求和风险分析，如果李先生夫妻名下的不动产暂不考虑变现或作其他安排，建议李先生夫妻先通过遗嘱对这部分资产作出安排。而对于二人名下的现金资产和大额保单，可以考虑设立保险金信托，以期实现照顾儿子、养老及慈善等目的。

1. 保险金信托模式的选择

鉴于李先生夫妻二人名下已有较为充裕的现金资产和大额保单，李先生夫妻可以选择保险金信托1.0模式或2.0模式。但在保险金信托1.0模式下，李先生夫妻只将保险受益人变更为受托人，受托人只有在未来保险公司支付保险金的情况下，才能向相应的受益人进行支付，一方面信托财产有限，另一方面分配时间受限，恐难以满足李先生夫妻设立信托的多重需

[①] 中国社会组织动态：《社会组织领域风险防范化解典型案例》，载微信公众号"中国社会组织动态"2023年1月30日，https://mp.weixin.qq.com/s/6ziBOPJeQZMpF9TOPj_miQ，2025年1月13日访问。

求。因此，对于李先生夫妻而言，保险金信托2.0模式更能满足其公益与私益相混合的信托目的，原因如下：

（1）具备设立保险金信托的财产基础

李先生夫妻二人名下有较充裕的现金资产和大额保单，具有设立保险金信托2.0模式的财产基础。保险金信托2.0模式在放入"保险合同权益"的同时，还可放入现金资产，既能保障多个信托目的的实现，也可充分利用现有财产并发挥其最大功效。

（2）防止保单现金价值作为遗产被继承

若作为投保人的李先生或李太太意外离世，因名下保单的保费尚未支付完毕，在未设立第二投保人或未与保险公司协商变更投保人的情况下，则该保单的现金价值可能作为遗产被继承。在保险金信托2.0模式下，投保人已变更为信托受托人，保费也已提前进入信托账户，可以规避保单现金价值被继承的风险。

2. 保险金信托财产管理

保险金信托财产的投资管理应当在满足信托分配的前提下开展，而不能单纯追求信托财产的快速增值。在投资方向方面，根据《指导口径（一）》的要求，闲置资金使用应当与保险金信托的信托目的和风险特征相一致，[①]因此，受托人不应进行风险过高的投资。在投资周期方面，应匹配受益人未来资金分配的金额大小和频率。例如，小李需定期进行康复治疗和特殊教育，保险金信托应预留充足的流动资金，用以持续支付治疗与教育费用；李先生夫妻离世后，小李的日常生活也需要由信托保障，因此受托人应保障信托财产的稳定增值。而对于李先生夫妻的养老需求，两人

---

① 参见《指导口径明确细则 信托分类改革"打补丁"》，载央广网，https://news.cnr.cn/native/gd/20230711/t20230711_526324685.shtml，2025年5月29日访问。

在失去自理能力前，可能所需资金较少，此时信托财产可以进行长周期投资；一旦李先生夫妻出现失能失智的情形，需要入住养老机构或聘请家政人员，需要得到的养老支持费用将显著增多，那么信托财产应以支付相关费用为前提，调整原来的投资种类、额度和周期。如信托财产开展慈善活动，也应考虑慈善支出的规模、时间等因素，以满足李先生夫妻的捐赠需求。

3. 保险金信托财产分配

针对李先生夫妻的家庭情况，在制订保险金信托分配方案时可以设置分配次序的优先性：信托分配优先用于儿子的生活保障，待李先生夫妻退休后再获配信托利益用于自己的养老生活保障，除此之外，如信托财产有盈余，可以用于公益慈善事业。

（1）对小李的信托分配

小李的监护人在保险金信托设立后可以定期领取信托利益，用于支付小李的生活费或直接向医疗机构、康复机构、教育机构支付相关费用，以及向监护人支付补贴或报酬（如李先生夫妻的遗嘱中有明确指示）。实践中，有的信托公司可以接受按季度分配，但有的信托公司只能接受按年分配或半年度分配。委托人需与信托公司提前就分配要求进行沟通。

（2）对李先生夫妻的信托分配

李先生夫妻作为受益人，在入住养老机构前，由受托人定期支付必要的生活费；一旦入住养老机构，受托人则直接向养老机构、医疗机构支付相关费用。关于分配金额，需要考察李先生夫妻所在城市的养老和生活消费水平、意向养老机构以及可能的特殊医疗费用支出等，并以此确定基础分配金额，再考虑意外支出以及通货膨胀等外部原因，确定每年的分配增长比例。

（3）用于公益慈善事业的信托分配

针对公益慈善支出，李先生夫妻可以选择两种捐赠模式：一是直接捐赠给受益人；二是捐赠给慈善信托或慈善组织。模式一之下，如受赠人范围固定、人数不多，可以由李先生夫妻自主选择受益人；如果受益人过多，则需与受托人沟通确认每个受益人的分配要求和条件。由于模式一较为烦琐，李先生夫妻可以选择模式二，将慈善信托或慈善组织作为保险金信托的受益人，并根据慈善活动的需要对其进行分配。

4. 保护人的设置

目前，我国法律法规并未强制要求保险金信托设立保护人。但为了保障保险金信托在李先生夫妻的耄耋之年仍能有效执行，特别是考虑到小李作为特殊关照需求者，建议为保险金信托设置保护人，以保障受益人利益实现、监督受托人义务履行。保护人可以由委托人信任的亲戚、朋友或第三方机构担任，定期核查受托人对信托财产的投资与管理是否得当、向受益人分配信托利益是否符合信托文件的要求等。

二、激励驱策型保险金信托的应用场景

激励驱策型保险金信托，是指为受益人提供学业、创业、婚姻与育儿等方面的支持和祝福，以驱策受益人发展进步、实现幸福人生而设立的保险金信托。

引导案例8-2

周先生与秦女士夫妻二人早年共同打拼，后周先生成为一家上市公司的高管。夫妻二人名下拥有数套房产及体量较大的现金资产和大额保单等

金融资产。二人育有一子一女，儿子周围留学归国后，想在互联网科技领域自行创业，年近三十目前单身。女儿周觅即将去国外读高中，他们希望女儿未来能到更高学府深造。近期，周先生任职的上市公司经营业绩下滑，周先生夫妻希望能稳妥规划手里的资产，不仅能保证有稳定的家庭生活来源，且能保证并鼓励后代的学习提升，在适当的时候为儿子的创业提供资金支持；同时，他们希望子女都能在合适的年龄早日结婚生子、家庭幸福，并能为后辈创造良好的生活和成长环境。

（一）案例分析

1.周先生女儿未来学习可能面临的风险

家庭财产的安全性对孩子的教育会产生重要影响，因为家族生意失败、家长意外身故等原因，导致"留学断供"的情形不在少数。产生这类风险的原因主要在于，家长没有将孩子的教育经费与其他家庭财产进行风险隔离。周先生的女儿即将去国外读高中，尚需要不菲的资金支持，如果不提前作出财产规划安排，就可能面临因后续欠缺资金支持而导致学业中断的风险。

2.周先生儿子创业可能面临的风险

周先生的儿子进行自主创业，需要解决资金、人员、技术等一系列问题，其中资金问题又是重中之重。特别是企业在发展初期，往往难以有充足的资金支持，从而成为创业失败的直接因素。

3.周先生子女婚育可能面临的风险

当前，结婚率下降、离婚率上升，现实生活中还有多次结婚等诸多复杂形态。

周先生夫妻在可能面对儿女晚婚的同时，还面临着儿女晚育甚至拒绝生育的问题。儿女的婚姻生育观念可能与长辈的传统观念相悖，从而造成家庭矛盾。

（二）保险金信托方案设计

为实现支持子女学习、创业及早日结婚生子的目的，周先生夫妻可以通过保险金信托设立具体的奖励与祝福机制。

1. 保险金信托模式的选择

如果周先生夫妻没有面临大额负债或存在将来背负大额负债的风险，可以考虑保险金信托1.0模式。但考虑到周先生儿子周围和女儿周觅因创业、学习或结婚生子等受益分配需求较大，仅以保单设立保险金信托，受保险公司支付保险金的时间、金额等因素影响，信托可能无法及时获得足额资金用于多重分配。基于此，需要在信托中放入现金资产。但目前在保险金信托1.0模式中放入大量其他用途的现金资产，尚缺监管支持，故周先生夫妻选择保险金信托2.0模式或3.0模式更具有现实性，也能全面实现周先生夫妻设立信托的目的和需求。

2. 保险金信托财产管理

周先生夫妻的女儿周觅求学需要持续的现金流支持，因此保险金信托所获得的保险金及资产投资产生的收益，首先，应满足周觅的学费及生活费支出；其次，应根据儿子周围的创业情况，预留支持资金；最后，在周围、周觅结婚及孙辈出生的时间节点，预留好相应的祝福金。如果周先生夫妻只设立一个保险金信托，则信托财产不应进行过长期限或过高风险的投资，以免无法进行上述分配。如果以子女分别为受益人设立两个信托，则可考虑不同受益人重点人生节点的资金需求采用不同的投资方案。例如，以保障女儿周觅求学为目的设立的保险金信托，在近期可以考虑稳健保守的投资方案，待女儿学有所成，又尚未结婚生子的阶段，则以财产增值为主要投资目的。以保障儿子周围创业及婚姻祝福为目的设立的保险金信托，则以增值为主要投资目的，以满足远期需求，如婚姻祝福、创业支持、孙辈扶养等；待周围需要资金支持时，则转为灵活性的投资方案，以便随时变现用于分配。

3. 保险金信托财产分配

（1）用于学业支持和奖励

学业支持标准易于衡量，如女儿周觅作为受益人，可以凭缴费通知书获得等额受益分配，但学业奖励的具体标准则应在信托文件中明确，如考入重点中学、名牌大学，取得硕士或博士学位等该如何奖励。以女儿周觅考取国外名牌大学为例，给予支持和奖励需明确以什么样的大学排名名单为准。例如，国际大学有泰晤士、QS、U.S.News等多种排名方式和评估手段。因此，周先生夫妻有必要细化奖励机制，以保障保险金信托的顺利执行。

（2）用于创业支持

周先生夫妻需明确给予儿子创业支持的具体情形。例如，是儿子设立公司即提供，还是在儿子有融资需求时提供？如果儿子首次创业失败，儿子再次进行创业是否予以支持等。为防范债务风险，建议周先生夫妻在信托合同中明确信托受益权不可转让，更不能用于偿还债务。

（3）用于子女及后代的婚姻和育儿祝福

周先生夫妻可以将家族后代及其配偶都作为受益人，但需明确其身份的认定或受益条件，如在信托文件中约定：受益人首次或每次领取结婚证、每次育儿时可以获得的信托分配金额；当后代婚龄超过一定年限，还可以给予额外奖励；如果子女或后代与其配偶分居达一定期限，不予分配；如离婚则其配偶丧失信托受益权等分配条件。

4.保护人的设置

周先生夫妻可以根据家庭情况酌定是否设立保护人，以监督受托人勤勉尽责地履行职责，同时监督受益人是否存在骗取信托利益的情况，最大限度地实现信托目的。

三、风险隔离型保险金信托的应用场景

风险隔离型保险金信托，是指为防范资产混同、婚姻变动、传承目的落空等风险，以保护家庭财产、家族财富为目的而设立的保险金信托。

引导案例8-3

孙先生与林女士夫妻俩经营一家颇具规模的水泥公司，两人育有两子一女，均已成年。大儿子孙林对夫妻经营的水泥公司不感兴趣，在外创立了自己的公司，但企业运营需大量资金，正在考虑引入战略投资者。二儿子孙森无心事业、贪图享乐，加之能力平平，目前来看，不具有接班经营企业的可能性，所以夫妻二人在考虑将企业出让、将出资变现。小女儿孙丽正准备结婚，夫妻二人准备给女儿300万元现金作为陪嫁。客户经理拜访孙先生夫妻过程中，孙先生表示：总体看自己这一生还是比较幸运的，不仅事业有成，而且家庭和睦、子女孝顺，虽然孙森不是很争气，但将来给他留下一笔钱，保他衣食无忧就可以了，其他没什么需要特别操心的了。但在客户经理就孙先生家庭可能面临的财富及传承风险作出分析后，孙先生夫妻意识到很多事情并不像自己考虑得那么简单。

（一）案例分析

1.孙先生及家人可能面临的企业经营风险

（1）家企资产混同风险

在我国，公司具有独立法人地位，公司以其自有财产承担公司债务。[①]但《公司法》第二十三条第一款规定："公司股东滥用公司法人独立地位和股东有限责任，逃避债务，严重损害公司债权人利益的，应当对公司债务承担连带责任。"可见，在公司治理不规范的情况下，公司债务可能会波及股东个人财产甚至家庭财产。孙先生夫妻及大儿子孙林都从事公司经营，如果公司经营中存在公司账户与个人账户混用或资金往来较多等人格混同的情形，难以证明公司财产独立于个人财产，在公司出现债务危机时，就可能导致孙先生夫妻或孙林对公司债务承担连带责任。

（2）担保之债风险

即便股东行使权利及公司经营规范，也可能因公司经营过程中的融资或经营需要，债权人要求股东个人提供担保；在企业融资失败或未能履行债务时，由股东用个人财产承担连带责任。如果担保时有配偶签字同意，或虽没有配偶签字，但债权人能证明借款用于夫妻共同生产经营，该债务作为夫妻共同债务，还需用家庭财产进行清偿。

2.孙先生及家人可能面临的婚姻风险

（1）婚内财产混同风险

婚前财产及夫妻关系存续期间取得的财产归属，可以依双方协议加以确定，在没有采用约定财产制的情况下，就要适用法定财产制加以确定。

---

① 《公司法》第三条。

法定财产制情形下,"夫妻一方的个人财产,不因婚姻关系的延续而转化为夫妻共同财产",[①]但婚姻关系存续期间取得的投资收益,除孳息和自然增值外,均属于夫妻共同财产。[②]如孙先生夫妻不希望陪嫁资产与女儿的婚后共同财产发生混同,可以考虑让女儿孙丽与配偶签订分别财产制协议,在基于感情等多方面因素考虑无法签署分别财产制协议的情况下,孙丽就要尽可能做到将陪嫁金存在独立开设的银行账号里,并保证该账户不存入婚后取得的工资薪金等非个人财产收入。即便如此,如使用账户内现金资产进行投资,所产生的投资收益也属于夫妻共同财产。显然,日常生活中要满足上述要求且持续做到资产隔离是非常困难的,或者说个人财产与夫妻共同财产混同是很难避免的,而一旦个人财产因混同被认定为夫妻共同财产,就可能面临离婚分割、债务承担等风险。

就保单部分,根据最高人民法院发布的《八民纪要》第4条的规定,如果孙先生夫妻为子女购买年金险,在子女婚姻关系存续期间获得的保险金,存在被认定为夫妻共同财产(双方另有约定除外)的风险。

(2)共同债务风险

基于传统和习俗,我国大部分家庭都适用法定夫妻财产制。在适用法定财产制的情况下,婚姻关系存续期间一方所负债务是否构成夫妻共同债务,就需要依据《民法典》第一千零六十四条的规定加以甄别。一方面,在婚姻关系存续期间为"家庭日常生活所需"所负债务为夫妻共同债务,故夫妻一方以个人名义超出家庭日常生活需要所负的债务,不属于夫妻共同债务。另一方面,如果债权人能够证明夫妻一方"超出家庭日常生活所需"的负债:①用于夫妻共同生活;②用于共同生产经营;③基于夫妻双

---

① 《最高人民法院关于适用〈中华人民共和国民法典〉婚姻家庭编的解释(一)》第三十一条。
② 《最高人民法院关于适用〈中华人民共和国民法典〉婚姻家庭编的解释(一)》第二十五条、第二十六条。

方共同意思表示产生，则该债务仍为夫妻共同债务。尽管夫妻双方可以通过财产协议约定债务负担问题，但一是该类协议法律专业性要求较高，很容易因约定不当导致效力瑕疵或整体无效；二是即便约定有效，该类约定也通常不具有对抗第三人（债权人）的效力，也就是说还是需要夫妻双方对债权人共同承担债务，但约定不负担债务的一方享有向另一方事后求偿的权利。

（3）意外发生后的继承风险

即便婚后一方的个人财产没有发生混同，但如财产所有人意外离世，且离世前未就财产归属作任何安排，就可能发生以下风险：①配偶虽并非被继承人所属意的继承人，但因其为法定第一顺序继承人，仍将依法继承被继承人的财产；②被继承人未成年子女继承遗产后，被继承人配偶作为子女的法定监护人，将依法代为管理子女所继承的遗产，配偶可能侵占、挥霍或擅自处分子女继承的遗产，违背被继承人的生前意愿。

（4）离婚后弱势配偶方或子女的生活风险

现实中，部分女性在生育子女后回归家庭，全职照顾子女和家庭生活，一旦遭遇离婚，不仅自己可能面临未来的生活困境，在争取子女抚养权的过程中，还会因为没有稳定良好的收入来源、无法满足子女未来学习成长需要而不得不放弃抚养权。

3.孙先生及家人可能面临的财富传承风险

（1）法定继承面临的风险

根据我国现行法律规定，在财产权利人未就财产归属作出安排的情况下，一旦其离世，名下财产都将作为遗产，适用法定继承而被分割，除无法实现遗产给到属意之人的目的外，还可能面临以下传承风险：①部分遗产可能因代持等原因而难以查明；②因子女未成年，法定监护人代为管理继承财产所致侵占、不当处置等风险；③已婚子女基于法定继承取得的财产属于夫妻共同财产，如果子女离婚，继承所得遗产将被分割；④如被继承人离世时父母健在，则父母将作为第一顺序继承人继承遗产，父母离世后遗产将再次被继承，由此导致被继承人子女需要与叔、姑、姨、舅等人共同分割父母留下的遗产；⑤法定继承须经全体继承人申请继承权公证，或通过诉讼获得法院判决，方可实现被继承财产的权属变更，过程中存在诸多问题和风险；⑥即便顺利完成遗产分割，如继承人负债，所继承财产作为其责任财产可能被追偿甚至被人民法院强制执行；⑦所继承财产可能被继承人挥霍殆尽等。

（2）遗嘱继承可能面临的风险

被继承人通过遗嘱对自己名下的财产作出安排，虽然一定程度上可以规避法定继承的问题和风险，但遗嘱继承也面临遗嘱无效等诸多问题。遗嘱全部或部分无效的原因包括但不限于：①遗嘱人行为能力欠缺；②遗嘱非遗嘱人的真实意思表示；③遗嘱处分财产权属不清；④并非每页都有遗嘱人签名和书写日期；⑤需要见证的遗嘱，见证人签字不符合形式要求或见证人未全程见证；⑥打印遗嘱部分内容手写、部分内容打印等遗嘱形式不合规等。特别需要明确的是，即便遗嘱有效，通常也需要经继承权公证方可完成遗产的权属变更，其间也可能面临其他继承人不配合遗嘱继承人公证等问题。

（3）多继承人争产风险

现实中，因为继承导致兄弟阋墙、婆媳反目等情形比比皆是。孙先生夫妻有三名子女，无论是法定继承中遗产份额的确定，还是遗嘱继承中继承人可能认为自己继承遗产份额不足，都可能引起家庭争议，不仅导致继承人无法顺利继承，还可能对家族企业的正常经营产生重大影响。

（二）保险金信托架构设计

1.保险金信托模式的选择

在保险金信托1.0模式下，保单存在被执行的风险。基于1.0模式的局限性，在孙先生夫妻手里持有大量现金资产且存在债务风险的情况下，建议在充分考虑保费、保额及现金资产进入信托的额度后，再选择保险金信托2.0模式或3.0模式。在保险金信托2.0模式下，孙先生或林女士可以自己或子女为被保险人购买大额年金险和大额寿险。在保险金信托3.0模式下，受托人可根据委托人孙先生或林女士的指示，以其或其子女为被保险人投保大额年金险或大额终身寿险。

基于信托财产的独立性，上述模式可有效实现资产保全，防范传承中的财产分割等风险，同时可以实现资产的保值增值、满足日常家庭生活需要及养老、创业、祝福金等惠及子孙后代的安排，并从根本上防范了继承人不当挥霍财产的可能。

2.保险金信托财产管理

对进入保险金信托的现金财产及可能取得的保险金的投资管理，需要考虑孙先生夫妻对子女确定的信托利益分配情形，考虑委托人的风险承受能力、每年保费需求额度等，在做部分相对稳健投资的同时，对部分资金可以考虑高收益风险投资，投资周期应在保证保费交付或满足其他目的性安排的情况下，选择中长期投资。

3.保险金信托财产分配

关于受益人范围，作为委托人的孙先生或林女士，可以将自己、配偶、子女及子女的配偶等确定为受益人，如资产量较大，并希望实现多代传承，可以将"晚辈直系血亲"也确定为受益人。

对于信托分配情形，孙先生夫妻可设定定期分配，以满足日常生活、养老等需求。此外，委托人可以根据自己的意愿设定特殊分配事项，特殊事项包括但不限于：①对子女创业的鼓励支持。但为防范债务风险，建议孙先生在信托合同中明确信托受益权不可转让，更不能用于偿还债务，在受益人成为债务人的情况下，受托人有权中止受益人的信托受益权。②对子女婚姻幸福的祝福。可将子女及其配偶均设定为受益人，但各自的信托受益权明确约定为个人财产，不属于夫妻共同财产，受益人不得将信托受益权用于偿还债务或设定担保，防范因受益人婚姻变动造成财富稀释。为更好地促使家庭和睦幸福，可以在信托文件中明确，在满足分居、离婚等一定条件下，受益人的配偶丧失受益权。③对生育后代的奖励支持。但需明确后代的确认标准，如非婚生子女、继子女、养子女是否可以获得信托受益权等。

4. 保护人的设置

考虑到家族财富要对家族后代进行分配，为避免后代之间产生争议，委托人可结合信托目的与受益人的具体情况，酌定设置保护人，监督受托人义务的履行，保障信托目的实现。

第二节 保险金信托的发展趋向及展望

一、保险金信托的发展趋向

结合本书各章节的论述及应用案例，本书认为，未来保险金信托2.0及3.0模式将会拥有更大的发展空间，主要理由在于：

（一）债务隔离功能更强

结合本书第三章第三节"保险金信托财产的独立性"部分的论述可知，保险金信托1.0模式目前已无法完全彰显信托财产独立性的特征，也意味着无法发挥信托制度的本质优势——风险隔离，根本原因在于委托人依然保留投保人身份。一旦投保人负债或离婚析产，债权人或配偶有权申请强制执行投保人享有的保单现金价值，从而导致保险合同解除，转移至保险金信托的信托财产（保险合同权益）随之灭失。而在保险金信托2.0和3.0模式中，由于投保人变更为受托人或初始投保人即为受托人，保险合同项下的全部"保险合同权益"已经完全转移至信托或自始由信托持有，委托人不保留任何保单权利，故风险隔离功能可以得到充分彰显，能够应对委托人设立保险金信托后的负债或破产风险。

（二）信托公司的展业积极性更高

尽管保险金信托的发展前景普遍被业内看好，但信托公司在开展保险金信托业务时却面临着一系列挑战，这些挑战影响了信托公司的展业积极性。信托公司在开展保险金信托业务时，需要投入大量的时间和资源进行市场培育、系统建设、团队培训等。而在保险金信托1.0模式下，信托公司的盈利模式尚不清晰。实务中，在保险金信托初期信托公司只能收取设立费，为了抢占市场份额，甚至不少信托公司都会免收设立费，只能待保险金进入信托账户后方能收取管理费或信托报酬，因此盈利往往是远期的事情，短期内难以实现投入产出平衡。

在保险金信托2.0和3.0模式中，由于信托设立初期便有资金进入信托账户，对于信托公司来说，既可以收取费用，又可以提高总体信托规模，还可以在长久服务中增加客户信任与黏性，更有利于提高信托公司对保险金信托业务的积极性。

（三）将大大提升客户财富管理维度空间

保险金信托2.0和3.0模式的功能类似于家族信托，能够为受益人提供多场景、多维度的财富管理服务，可以从空间维度和时间维度来分析。

在空间维度上，保险金信托2.0和3.0模式可以提供五大价值：[①]①"信托账户"价值，信托账户具有专属性、金融学、社会性、隔离性、独立性和综合性等特征；②"多元服务"价值，涵盖金融、资产管理、投资组合、受托管理、财产分析等理财服务，同时提供保险保障、退休计划、财富传承、子女教育、慈善事业等社会服务；③"财产独立"价值，实现财产规划、传承与分配；④"资产投向"价值，实现资产的最优配置和风险控制；⑤"公益慈善"价值，帮助客户在财富传承的同时实现慈善意愿，形成物质与精神财富的双重传承。

在时间维度上，保险金信托2.0和3.0模式可以扩展出"家庭保单"模式，将全部家庭成员的保单置入信托中统一进行管理，还可以由委托人留下"意愿书"，指示受托人为将来出生的子孙后代投保保单。基于保单的杠杆功能，再加之合理的信托分配方案，可以在一定意义上实现信托财产永续并最终实现信托永续。

[①] 《财富管理服务信托的五大价值》，载微信公众号"中国信托业协会"2024年7月23日，https://mp.weixin.qq.com/s/V9xaTixSF5EyCfMPvQnbYQ，2025年1月13日访问。

二、保险金信托的发展展望

（一）信托委托人范围的扩张

根据我国台湾地区信托相关规定，当信托委托人与受益人非同一时，该信托将被视作赠与行为，自成立之时即需缴纳赠与税。鉴于此，我国台湾地区保险与信托业界共同探索出了一种新模式，即允许保险受益人直接作为信托委托人设立保险金信托，以解决税负增加问题并推动业务的发展。

随着经济的持续增长和人民生活水平的日益提高，我国保险业与信托业亦呈现蓬勃发展态势。然而，在保险金信托的设立模式上，仍面临一定的局限性。比如，只能由投保人作为信托委托人，但投保人又不实际享有保险金，从而引发对信托委托人适格性的探讨。又如，虽然我国大陆地区尚未开征遗产税及赠与税税种，但关于遗产税和赠与税何时开征的猜想从未停歇，保险金信托未来是否会被征收遗产税、赠与税也时常引发热议。我国台湾地区关于信托委托人资格的实践，以及信托与遗产税、赠与税的平衡经验，值得借鉴。

本书建议我国放开保险受益人作为信托委托人设立保险金信托的模式。具体实施方案可包括：一是鼓励信托公司采取更为开放的合作态度，允许未成年保险受益人在其监护人的配合下先行以未来可预期的保险金设立信托，同时辅以投保人及被保险人签署的"不再变更保险受益人承诺函"。当保险受益人签署信托合同时，信托宣告成立；保险金进入信托账户时，信托随即生效。在此模式下，保险受益人既可作为信托受益人，又作为委托人对信托拥有更强的掌控力，从而确保信托目的的实现。二是允许保险受益人以未来可预期保险金设立信托，即保险公司在给付条件满足时依据合同约定，将保险金直接划付至信托账户，信托公司将依据与信托委托人（即保险受益人，亦是信托受益人）签署的合同，对信托财产进行合理运用并分配信托利益。由于保险金不属于遗产，设立信托的行为自然也不会被征收遗产税；此时保险金信托作为自益信托，也不属于赠与税的课税范围。

以保险受益人作为保险金信托委托人的制度设计可以带来以下好处：①为保险受益人提供了更加灵活多样的财产管理方式，有助于实现财产的长期、稳定增值。②因保险金信托的设立不再被视为赠与，从而优化了税收结构，降低不必要的税收负担。③促进保险与信托业务的融合发展，为行业注入新的活力。当然，在推行此模式时，亦需关注相关风险和挑战，例如保险金信托何时成立？何时生效？保险金信托财产是保险金请求权抑或保险金债权？未成年人是否具备作为委托人设立保险金信托的民事行为能力？

综上所述，辩证思考与借鉴我国台湾地区的保险金信托模式，我国大陆地区可以探索放开保险受益人作为信托委托人设立保险金信托的模式。通过这一创新模式的引入和完善，有利于为保险受益人提供更加优质、高效的服务体验，同时有助于推动保险行业与信托行业的健康发展。

（二）"保单所有权"概念的引入

由于我国没有"保单所有权（the Ownership of Insurance Policy）"的概念，且依据我国《保险法》的规定，投保人变更保险受益人还需要额外取得被保险人的同意，造成我国开展保险金信托存在如下困境：一是投保人无法享有全部保单权利，从而引发了投保人是不是适格委托人的疑问；二是无法准确指出保险金信托的信托财产，只能通过概括性的表述将信托财产指向"保险合同的权利与利益""保险合同权益"等。如能在保险法律规范中确定"保单所有权"的概念，明确"保单所有权"具体指向的权利范围，对于厘清保险金信托的法理极有助益。

在美国，保险法律关系主要涉及保单所有人、被保险人和保险受益人三方。其中，保单所有人指的是投保并支付保费，对保单享有法定权利的个人或实体，类似于我国《保险法》中的投保人。保单所有人拥有指定或变更保险受益人、退保并获得现金价值、转让保单所有权以及取得预期分红等多项权利。这些权利的集合构成了保单所有权，使得保单所有人能够全面掌控保单的相关事宜。在终身寿险中，保单所有人更是唯一能够触及保单现金价值的主体。因此，保单所有人可以通过转让其保单所有权来设立保险金信托。在信托设立后，受托人作为新的保单所有权人，有权将自己变更为保险受益人，进而实现对未来保险金的管理与信托财产的分配。

在美国，保单持有人与被保险人通常为同一人，因为根据美国税法，如保单持有人与被保险人不是同一人，则可能存在赠与税的问题。但由此又引发了另外一个税负问题：若被保险人在去世时仍对保单享有附属权利，则保险金将被视为其遗产。不可撤销信托的出现源于优化税务安排的初衷：保单持有人将保单所有权转让给信托，并将受托人变更为保险受益人。此举既能有效规避被保险人及保险受益人在遗产税方面的问题，又能最大限度地实现信托委托人的家庭照顾等目的。

为破解我国保险金信托发展面临的困境，建议在深入研究"保单所有权"概念的基础上，对我国现行保险法律规范进行适度改革与创新。具体而言，可在《保险法》中适时引入"保单所有权"的定义，明确包括保单转让权、质押权、指定或变更保险受益人等在内的权利范畴，以及这些权利在何种情况下可以行使、如何行使等具体规则。这将为保险金信托的设立与运作提供更为明确的法律支撑与实务指导。

（三）对接保险金信托的保险类型的扩展

许多国家保险金信托的发展，都经历了从接受单一或几种保险扩展为接受多样化保险类型的过程。以美国保险金信托发展为例，终身人寿保险是最早作为可以"装入"保险金信托的底层保险类型，因其几乎确定的赔付概率和较高的保险金额，成为早期保险金信托业务的主要选择。然而，随着市场的不断发展和成熟，美国市场陆续推出了包括残障者保险金信托、医疗保险金信托、住院保险金信托等多样化的产品，以满足不同客户的需求。

在我国保险金信托发展实务中，通常仅接受人身保险中的年金险、终身寿险、两全险"装入"保险金信托，不接受意外险、健康险等保险产品，原因不仅在于无法满足财产确定性要求，还在于信托公司开展保险金信托的成本高昂，如无法确保将来有确定性的保险金进入信托，则高昂成本无法通过收取信托报酬的方式进行弥补。

随着信托公司金融科技的进步，提升信托服务潜能、降低展业成本已成为可能。加之普惠金融理念的确立，信托服务面向普惠化、便民化发展亦成为必然。在借鉴其他国家和地区保险金信托业务经验与做法的基础上，依托金融科技进步和普惠金融理念，未来我国保险金信托业务的发展，势必要朝着对接更多类型的保险产品，扩大保险金信托业务覆盖范围的方向努力。

本书认为，保险金信托对接的保险类型的扩展至少应包含以下两个方面内容：一是在保险金信托的发展规范化和成熟化后，可以考虑降低保险金信托的设立门槛、简化设立流程，探索将更多的保险产品类型纳入信托框架之下，包括但不限于健康保险、意外伤害保险等，以满足不同客户群体日益多样化的需求。通过扩展对接信托的保险种类，将保险金信托的应用场景向医疗、康复、长期护理等日常生活领域扩展。二是深入研究并开发出更多贴合实际需求的保险金信托业务模式。比如，针对残障人士、老年人、高风险职业者等特殊群体，可以设计出更加细致和个性化的保险金信托方案。具体来说，残障人士保险金信托可以确保残障人士的生活质量和尊严得到有效保障，老年人保险金信托则应专注于为退休生活提供稳定的资金来源，对于高风险职业者来说则可通过保险金信托确保本人及其家庭在经济来源突然中断时的财务安全。此外，住院保险金信托、医疗保险金信托以及慈善保险金信托等新型产品，都可以在确保客户利益的同时，增强保险金信托业务的活力和社会影响力。

总之，保险金信托对接的保险种类的扩展，不仅可以提升保险金信托业务的吸引力，还可以增强其社会和经济效益，更好地服务于社会公众的广泛需求。

第九章 跨境保险金信托的设计与税务筹划

本章中所讨论的跨境保险金信托，主要是指在中国大陆设立的、信托受益人[①]具有中国大陆以外法域税收居民身份的保险金信托。这主要是考虑到两点：一是根据税法理论，受托人是域外税收居民时，其受托管理保险金信托本身会被认定为域外的信托，已经超出了本章的讨论范围，因此本章对于受托人属于域外税收居民的保险金信托情形不作论述。二是在当前中国大陆的服务信托实践中，大部分信托公司尚不具有为域外税收居民委托人提供信托服务的条件，[②]因此本章仅对委托人是域外居民的保险金信托情况作简要论述，重点内容还是聚焦于受益人具有域外税收居民身份时受益人本人及保险金信托可能面临的税负成本增加问题，并就此提出跨境保险金信托的方案设计建议。

[①] 编者注：如无特别说明，本章以下所称"受益人"均指信托受益人。
[②] 编者注：实务中已有部分信托公司可以为具有我国香港地区税收居民身份的委托人提供信托服务。

第一节 设立跨境保险金信托需要考量的风险因素

一、税负增加风险

税收管辖权的两大原则分别为属人原则及属地原则。属人原则是指只要纳税主体是本国居民，则不论其在境内还是在境外，都适用本国税法对其予以征税。属地原则是指不论是本国人、外国人还是无国籍人，只要其经济活动或财产位于本国境内，或者有源于本国境内的所得，则适用本国税法对其予以征税。一般对于间接税类（如增值税、营业税等），大部分法域采取属地原则，而对于直接税类（如遗产税、赠与税、所得税等），大部分法域会将两个原则结合起来，采取属人兼属地原则。

跨境保险金信托可能导致的税负增加风险即源于大部分国家和地区采取了属人兼属地的税收管辖权原则，受益人可能需在多个国家和地区就取得的信托利益缴纳税款。设立跨境保险金信托需要考量的税种主要包括遗产税、赠与税和个人所得税。

（一）遗产税及赠与税的考量

对于设立跨境保险金信托来说，需要考量是否应当根据域外税法缴纳遗产税或赠与税。[①]遗产税是以财产所有人死亡时其所遗留的财产为征税对象，以遗产管理人或遗产继承人、受遗赠人为征税主体所征收的一种

[①] 苏冷然、许光建：《遗产税国际经验的比较与借鉴》，载《中国物价》2018年第6期。

税。目前美国、英国、日本等部分经济发达国家征收遗产税，加拿大、澳大利亚、新加坡等国家开征一段时间后又停征了遗产税。

赠与税则是以财产所有人向其他个人无偿转移的财产为征税对象的税种，不以赠与人死亡为征税条件。赠与税通常与遗产税共存，一定程度上用于弥补通过赠与方式规避遗产税的漏洞。

（二）个人所得税的考量

跨境保险金信托是否缴纳个人所得税，需要依据域外税法对信托收益的税收规定来确定，总体原则是针对信托财产的增值部分需要缴纳个人所得税。但个人所得税的纳税主体如何确定、信托累计收益是否缴税等问题，各国规定差异较大。以美国为例，美国税法将外国信托区分为外国授予人信托（Foreign Grantor Trust，FGT）和外国非授予人信托（Foreign Non-Grantor Trust，FNGT）。外国授予人信托的纳税人是委托人，外国非授予人信托的纳税人是受益人或信托本身。

总之，跨境保险金信托的运用和设计需要认真考量税负增加的影响。实践中，如果受益人为其他法域的税收居民，信托公司一般都会综合考虑法律和税务意见后再决定是否叙做相关业务。

二、信托利益直接汇出境外时的外汇管制风险

我国实行严格的外汇管理制度，取得境外身份的受益人要将信托利益直接汇出境外（以下简称"信托利益出境"），必须遵守相关外汇规定。

（一）个人财产直接汇出境外相关的外汇管理要求

对于个人财产直接汇出境外（以下简称"个人财产出境"），我国根

据个人身份及交易项目的不同，适用不同的外汇管理要求。首先，我国外汇管理将个人身份分为境内个人与境外个人。取得境外护照、港澳居民来往内地通行证、台湾居民来往大陆通行证的受益人，在我国属于"境外个人"；如仅取得境外永久居留权（俗称"绿卡"），则属于"境内个人"，但根据外汇管理部门的意见，需按"境外个人"管理。[①]因此，受益人无论取得何种境外身份，均需遵守境外个人的管理规定。其次，我国外汇管理将交易项目分为经常项目与资本项目两类。经常项目，是指国际收支中涉及货物、服务、收益及经常转移的交易项目等，如进口货物、保险费、劳务服务、出境旅游、投资利润、借款利息、股息、红利等。资本项目，是指国际收支中引起对外资产和负债水平发生变化的交易项目，包括资本转移、直接投资、证券投资、衍生产品及贷款等。不同身份及交易项目下，个人财产出境的路径不同。

1. 经常项目项下个人财产出境的路径

我国对个人经常项目用汇实行年度便利化额度管理，境内个人和持有外国人永久居留身份证的境外个人每人每年分别享有等值5万美元的结汇额度及购汇额度，其他境外个人每人每年只享有等值5万美元的结汇额度。在年度便利化额度内，符合条件的境外个人凭本人有效身份证件即可在银行办理购汇，将个人财产直接汇出境外。

对于超过年度便利化额度的经常项目合法人民币收入，境内个人与境外个人需凭本人有效身份证件和有交易额的购汇资金来源材料（含税务凭证）在银行办理购汇后汇出。

---

① 参见国家外汇管理局河北省分局网站，https://www.safe.gov.cn/hebei/2015/0924/565.html，2025年2月8日访问。

2. 资本项目项下个人财产出境的路径

资本项目项下，个人财产出境主要分为移民财产转移与继承财产转移两个路径。根据《个人财产对外转移售付汇管理暂行办法》第二条的规定："移民转移是指从中国内地移居外国，或者赴香港特别行政区、澳门特别行政区定居的自然人（以下简称移民），将其在取得移民身份之前在境内拥有的合法财产变现，通过外汇指定银行购汇和汇出境外的行为。继承转移是指外国公民或香港特别行政区、澳门特别行政区居民（以下简称继承人）将依法继承的境内遗产变现，通过外汇指定银行购汇和汇出境外的行为。"移民财产转移和继承财产转移都需经外汇管理部门审批，除身份证明文件外，申请人还需要提交财产来源合法证明、税务证明等资料。

（二）信托利益出境的外汇管制风险

目前我国法律法规并未明确信托利益出境属于经常项目还是资本项目，在法律法规明确前，受益人如有信托利益出境需求，需要在两类项目项下进行尝试。

受益人如在取得境外身份前就已经取得信托利益，由于信托利益不属于遗产，无法适用资本项目项下的继承财产转移，就该部分资金的汇出，可尝试采用移民财产转移。需注意的是，移民财产转移通常要提交完税证明，因我国尚未对信托利益征税，受益人通常无法提供税务证明，进而面临无法采用移民财产转移路径对外汇出信托利益的风险，故需提前与外汇管理部门、税务部门沟通确认。

对于受益人取得境外身份后获得的信托利益，在资本项目项下可能暂时无法找到对应的路径，受益人可尝试将信托利益作为经常项目项下的合法人民币收入汇出。在经常项目项下，如受益人持有外国人永久居留身份证，可利用年度便利化额度直接购汇汇出，此类受益人超出5万美元的部分及未持有外国人永久居留身份证的受益人需提供有交易额的购汇资金来源材料（含税务凭证）在银行办理购汇。不过通过该路径进行信托利益出境依然具有较大风险：首先，受益人提供的信托利益来源资料能否作为适格购汇材料，不同经办银行的操作口径可能不一致；其次，由于受益人无法提供纳税凭证，可能导致购汇材料不完整或不适格，从而影响信托利益的汇出。

三、CRS、FATCA等涉税信息情报交换风险

（一）CRS涉税信息情报交换

CRS是Common Reporting Standard的英文缩写，意为"统一报告标准"，它是由经济合作与发展组织（Organization for Economic Co-operation and Development，OECD）于2014年7月发布的金融账户涉税信息自动交换标准（AEOI标准）中的一部分。AEOI标准主要包括四大部分：第一部分是主管当局协议范本（CAA）；第二部分是统一报告标准（CRS）；第三部分是CAA和CRS模型；第四部分是相关附件。CRS是AEOI标准的核心组成部分，因此通常用CRS指代整个AEOI标准。中国于2018年开始进行CRS交换，截至2025年1月24日，与中国建立信息交换出境关系的管辖区有84个；建立交换回中国的管辖区有107个。[①]CRS的信息报送主体为报告金融机构（以下简称"金融机构"），分为四类：存款机构、托管机构、投资机构和特定保险机构。

---

① 参见经济合作与发展组织网站：激活CRS信息的交换关系，https://www.oecd.org/tax/automatic-exchange/international-framework-for-the-crs/exchange-relationships/，2025年2月6日访问。

CRS的实施初衷是为了报送和交换信息，并不一定导致税负增加。但随着CRS的实施，在受益人不是本国税收居民的情况下，信托公司及银行须依照CRS的规定向国家税务总局报告属于域外税收居民的受益人的相关信息，国家税务总局再根据交换规则将相关信息交换到受益人所在的法域，可以减少受益人利用信息差进行逃税漏税等不良行为。在跨境保险金信托中，会涉及参与CRS的各国税务局之间对相关税收居民的金融账户信息进行交换，包含信托账户和银行账户。

如信托账户持有人为域外税收居民，信托公司应报告的各账户持有人账户余额或价值见下表：[1]

表9-1 信托公司报告的账户余额

账户持有人	账户余额或价值	总支出
委托人	所有信托财产总值	报告期内向委托人支付的总额（如有）
受益人：固定受益人[2]	所有信托财产总值	报告期内向固定受益人分配的总额
受益人：全权受益人[3]（在收到分配之年）	0	报告期内向全权受益人分配的总额
任何其他实施最终有效控制的人	所有信托财产总值	报告期内向该人分配的总额
债权权益持有人	债权本金	报告期内支出总额
账户销户	账户销户的事实	账户销户前的报告期内分配或支付给账户持有人的总额

---

[1] 参见经济合作与发展组织网站：Standard for Automatic Exchange of Financial Account Information in Tax Matters: Implementation Handbook，https://www.oecd.org/ctp/exchange-of-tax-information/implementation-handbook-standard-for-automatic-exchange-of-financial-account-information-in-tax-matters.htm，2024年4月12日访问。

[2] 编者注：固定收益人是指依据信托文件的约定可以定期从信托财产中获得信托利益的受益人。

[3] 编者注：全权受益人是指不享有定期从信托财产中获得信托利益的权利，而是由受托人依据信托文件规定自由决定向其进行信托利益分配的受益人。

（二）FATCA 涉税信息情报交换

美国并没有加入 CRS，而是通过其国内的《海外账户税收合规法案》（Foreign Account Tax Compliance Act，FATCA）来要求各国金融机构向美国国内税务局（Internal Revenue Service，IRS）报送美国税收居民在海外的金融资产信息。所以，涉美受益人的跨境保险金信托需要考虑 FATCA 的影响。

美国政府已先后与全球多个国家和地区达成了遵守 FATCA 金融行动政府间协定。协定有两种合作模式：模式一的交换路径为"金融机构—缔约国—美国税务局"，模式二的交换路径为"金融机构—美国税务局"。目前美国已与我国就模式一政府间协定达成实质一致，但尚未生效。

虽然我国与美国关于 FATCA 的政府间协定尚未生效，但根据美国《海外账户税收合规法案》，美国 IRS 通常要求外国金融机构和某些其他非金融外国实体报告其美国账户持有人持有的海外资产，否则须就可扣缴款项缴纳预扣税。为避免被扣留税款，外国金融机构（Foreign Financial Institutions，FFI）会选择向美国 IRS 登记，并同意向美国 IRS 报告其美国账户的部分信息，包括由美国所有人实际持有的特定境外实体账户。截至 2025 年 1 月 27 日，中国已经有 4272 个金融机构在美国 IRS 登记。①

根据美国《国内税收法典》第 1471（d）(5) 条的规定，外国金融机构包括存款机构、托管机构、投资机构、证券公司以及特定的保险公司。对于保险和信托，FATCA 报告的范围如下：

---

① 参见美国国内税务局：FATCA 外国金融机构名单，https://apps.irs.gov/app/fatcaFfiList/flu.jsf，2025 年 2 月 6 日访问。

表9-2　美国FATCA要求外国金融机构需审查、识别或报告的账户

外国金融机构需审查、识别或报告的账户		截至2014年6月30日已有账户	2014年7月1日及以后新设账户
自然人账户	现金价值保险合同或年金合同（a Cash Value Insurance Contract or an Annuity Contract）账户	截至2014年6月30日，余额或价值超过25万美元	在日历年结束或其他适当报告期，余额超过5万美元
	其他账户	截至2014年6月30日，余额或价值超过5万美元	
实体账户		截至2014年6月30日，余额或价值超过25万美元	
		截至2014年6月30日余额或价值未超过25万美元，但在2015年最后一日或后续任何日历年余额或价值超过100万美元	

（三）CRS与FATCA的区别

CRS与FATCA的主要区别在于信息交换方式、影响人群、金额标准以及金融机构的分类范畴不同。第一，信息交换方式不同。CRS是基于完全互惠模式的自动信息交换，发生在国家与国家之间。FATCA的信息交换主要发生在美国和金融机构之间，表面上看是双边互换，但在实际执行时美国往往采取单边强制，对于不配合的外国金融机构，其来源于美国的包括股息、利息在内的收入将会被强加30%的预提所得税作为惩罚。第二，影响人群不同。CRS涉及100多个签约国持有域外金融账户的税收居民，FATCA主要影响在美国域外持有账户的美国税收居民。第三，金额标准不同。CRS针对个人账户没有设定可以豁免尽职调查及申报的金额限制，FATCA针对申报期末不超过5万美元的个人存款账户可以豁免尽职调查和

信息申报。

但 CRS 和 FATCA 在保险和信托的申报方面，申报范围基本上是一致的。只是对于保险金信托而言，保险公司和信托公司可能同时具有申报义务。因此，在设计保险金信托时要考虑这一点。

综上所述，跨境保险金信托面临法律环境复杂、多重税收政策适用、资金跨境流动管制等风险或障碍，在设计和运用跨境保险金信托架构时，需要综合考虑以上风险因素的影响，以作出合理决策。

第二节　涉及遗产/赠与税法域的保险金信托方案设计

引导案例9-1

秦女士今年35岁，父母今年60岁左右，刚刚退休。秦女士与丈夫育有一女，女儿小琴出生在美国，具有美国国籍，尚未成年。三年前，秦女士的丈夫不幸因病去世，今年母亲又罹患了癌症。秦女士感到世事无常，需要提前做好打算，妥善安排好父母未来的养老以及女儿的教育及生活问题。

一次偶然的机会，秦女士了解到保险金信托，对这种灵活支付的保障型信托很感兴趣。秦女士想了解针对自己家庭的情况，在设计保险金信托方案时需要考虑哪些事项？

美国是一个实行全球征税原则的国家，对于受益人为美国税收居民的保险金信托，需要重点考虑受益人在美国可能产生的纳税义务、涉税信息交换的问题。

（一）美国税法下外国信托的纳税义务

1.美国税法下外国信托的分类

从美国税法的视角来看，一个信托同时满足"法院测试（Court Test）"和"控制测试（Control Test）"两项标准，则构成美国的国内信托（US Trust），任一项不符合则属于美国的外国信托。一般情况下，在中国设立的保险金信托属于美国的外国信托。对于外国信托中具有美国税收居民身份的受益人（以下简称"涉美受益人"）的纳税义务，需要根据该信托为FGT还是FNGT两种情况进行分析。

FGT是外国信托（Foreign Trust）和授予人信托（Grantor Trust）的融合体，是指信托财产在一定程度上被视为由委托人所有的外国信托，通常是由非美国税收居民的委托人为具有美国税收居民身份的家庭成员的利益而设立的，可以达到合理降低税负的目的。

根据美国《国内税法典》（Internal Revenue Code，IRC）的规定，FGT通常需要满足以下任一条件：①委托人有权在未经任何人同意或经从属第三方同意的情况下撤销信托，即委托人必须保留对信托资产的控制权。[①]在委托人丧失行为能力时，其监护人必须拥有撤销权，以便信托继续符合外国授予人信托的资格。②在委托人生前，委托人及/或委托人的配偶是信托的唯一受益人。[②]若不符合以上任一条件，则该信托构成FNGT。

[①] IRC§672（f）（2）（A）（i）。
[②] IRC§672（f）（2）（A）（ii）。

2. FGT项下的纳税义务

（1）委托人的纳税义务

在美国联邦所得税层面，由于委托人对授予人信托保留了实质控制权利，因此将授予人信托视为税收透明体，信托本身没有纳税义务，直接向委托人征税。由于FGT并非美国税收居民，因此仅需就来源于美国或与美国有实质关联的信托收益向美国缴纳税收，对于美国境外的收入无须向美国纳税，但委托人可能需要按其居民国的税收规定缴税。

（2）受益人的纳税义务

当FGT向涉美受益人分配时，信托分配将被视为委托人的一项赠与，而类似性质的赠与并不会构成涉美受益人的美国应税个人所得。对于FGT，涉美受益人获得的信托分配，无须向美国税务机关缴纳个人所得税。尽管无须纳税，但是FGT向涉美受益人分配信托本金及信托收益时，受益人必须向美国IRS填写3520表格[①]进行申报；如果每年分配金额在等值10万美元以下，可免于申报。

3. FNGT项下的纳税义务

（1）委托人的纳税义务

在美国税法下，设立非授予人信托（Non-Grantor Trust）的委托人如果是美国税收居民，按信托本金金额缴纳赠与税，委托人死亡时不再缴纳遗产税。但如果FNGT的委托人为非美国税收居民，则无须向美国缴纳赠与税，但可能需要按其居民国的税收规定缴税。

---

① 编者注：3520表格的全称是《与外国信托和收到外国赠与年度报告表》（Annual Return To Report Transactions With Foreign Trusts and Receipt of Certain Foreign Gifts），需要注意的是，3520表格只是一个信息申报的文件，而不是纳税的文件。

（2）FNGT及受益人的纳税义务

FNGT在美国税法上被视为独立的纳税主体，对于信托取得的收益，如果不分配，由信托财产缴纳所得税，并且由受托人代扣代缴；如果分配给受益人，则由受益人缴纳个人所得税。

FNGT受益人取得信托分配中的本金部分不涉及税收，增值部分要区分不同的增值种类，如利息、股息、租金、利润等，填写1041表格[①]申报缴纳个人所得税。

4. FGT转变为FNGT的纳税义务

一旦FGT的委托人去世，FGT将会自动转变为FNGT，在信托就委托人生前所产生的累计收入（Accumulated Income）向涉美受益人分配时，作为反递延纳税措施之一，该分配还将进一步适用"回溯原则（Throwback Rules）"，即不区分收入或所得是否来源于美国境内，该分配将从信托实现该笔收入或者所得当年开始计算，按照历年最高的所得税率标准征收所得税，同时还将根据该等收入或所得过往所累积的时间，按照年度交纳数额不等的利息或者罚息。

（二）结合案例9-1分析保险金信托方案设计

1.秦女士家庭的需求及风险分析

首先，秦女士中年丧偶，是家庭财富的唯一创造者，秦女士的父母和女儿都需要秦女士赡养或抚养，一旦秦女士丧失收入能力，一家人的生活可能陷入困顿，因此需要为父母、自己和女儿创造稳定的现金流入。

---

① 编者注：1041表格的全称是《美国遗产和信托所得税申报表》（U.S. Income Tax Return for Estates and Trusts），是针对国内死者遗产、信托的受托人，或破产财产等需要缴纳个人所得税时使用该表格，要求申报遗产或信托的收入、扣除额、收益、损失等。

其次，秦女士的女儿尚幼，如果一次性收到一笔巨款，难免会受到亲朋好友的觊觎，因此最好随着女儿的成长，逐笔向女儿分配收入，作为对女儿的成长、教育、婚姻等人生重要节点的支持。

最后，秦女士的女儿拥有美国国籍，因此为美国税收居民，在向女儿传承财产时，需要尽可能地降低税负，实现财产的保值增值。

2.涉美跨境保险金信托方案设计

（1）保险方案设计

因秦女士家庭的需求是为了父母、自己和女儿创造稳定的现金流入，因此在保险类型的选择上需要分开讨论：①秦女士可以为父母、自己及女儿投保年金保险，以便取得稳定的生存金。②一旦秦女士发生意外或丧失劳动能力，需要为女儿储备充足的成长基金，因此秦女士可以利用保单的杠杆功能，为自己投保终身寿险。

（2）保险金信托方案设计

因秦女士的女儿为美国税收居民，通过设计将在我国设立的保险金信托构建成FGT，是一个比较理想的选择。在信托当事人的选择上，秦女士不具有美国税收居民身份，因此可以作为委托人，由中国信托公司作为受托人，秦女士的全部家庭成员作为受益人。在信托架构的具体设计上，应当通过信托文件的约定，保证秦女士对信托享有实质控制权，以符合美国税法对FGT的认定标准。

3.FGT项下的涉税及申报义务分析

（1）秦女士女儿小琴的纳税义务

首先，因信托财产来源于我国，小琴在获得信托利益分配时，应根据我国税收规定缴纳税款。但由于目前我国对信托收入还没有明确的纳税依据，所以税务局尚未就此收入来源征收个人所得税。

其次，由于该信托属于美国税法上的FGT类型，相当于该信托财产属于委托人秦女士所有，小琴作为FGT的受益人，在母亲秦女士生前，从信托中获取的信托利益分配，无须向美国IRS缴纳所得税。

（2）秦女士女儿小琴的申报义务

若小琴每年获得信托的利益分配超过10万美元，则需要向美国税务机关通过3520表格申报该收益。3520表格申报截止日期与个人所得税报税截止日期相同，但要单独申报。如未能及时申报3520表格，美国税务机关有可能会对小琴处以罚款，初始罚款为1万美元，最高可以达到赠与金额的35%。

（3）中国信托公司向美国IRS的信息报告义务

目前中美签署的FATCA《政府间协议（互惠性）》[Intergovernmental Agreement（Reciprocal），IGA 1a]双边互换模式尚未正式生效，因此小琴的信息不会被自动交换回美国，但信托公司仍然需要根据《非居民金融账户涉税信息尽职调查管理办法》（国家税务总局、财政部、中国人民银行、中国银行业监督管理委员会、中国证券监督管理委员会、中国保险监督管理委员会公告2017年第14号）的相关要求，了解小琴的税收居民身份，识别非居民金融账户，收集并报送账户相关信息。但由于中美之间签署了《中华人民共和国政府和美利坚合众国政府关于对所得避免双重征税和防止偷漏税的协定》，其第二十五条也规定了两国情报交换的义务，因此小琴的信息可能会通过两国政府间的情报交换路径到达美国IRS。

4.涉美跨境保险金信托方案注意事项

还是以秦女士家庭设立的跨境保险金信托为例，分析FGT在方案设计和运作维护时应该注意的事项。

首先，设立符合美国FGT标准的信托。FGT的最显著特点是委托人有权在未经任何人同意或经从属第三方同意的情况下撤销信托，因此外国税收居民设立的可撤销信托是最典型的FGT。我国并没有"可撤销信托"这一信托类型，我国《信托法》第二十二条虽然规定了委托人的撤销权，但该"撤销权"并非美国可撤销信托之撤销权，如何通过信托文件的设计使之满足美国FGT的认定标准，是一项复杂而细致的工作。美国FGT的主要特征是委托人可以无须其他人同意而随时变更或终止信托，并享有请求返还信托财产的权利。我国《信托法》赋予了委托人诸多权利，如通过在信托文件中另行约定的方式，委托人可以变更受益人、处分受益人的信托受益权、解除信托以及在信托终止后获得剩余财产。[①]通过在信托文件中赋予委托人以上权利，可以靠近美国FGT信托的标准。

其次，需要考虑委托人离世后的信托处理规则。受限于"回溯原则"，委托人去世后FGT自动转变为FNGT，涉美受益人将面临巨大的税收风险，因此需要提前规划应对方案。实务中的应对方案是通过信托文件约定，一旦委托人去世，将触发信托提前终止机制，或涉美受益人自动丧失受益人资格，再由另外一位非美国税收居民设立一个新的FGT，并将美国税收居民指定为受益人。

[①] 《信托法》第五十一条、第五十四条。

第三节　涉及无遗产/赠与税法域的保险金信托方案设计

一、涉及加拿大受益人的保险金信托方案设计

引导案例9-2

窦女士现年60岁，丈夫张先生现年62岁，两人育有一子。独子小张32岁，已取得加拿大国籍，小张的儿子小明最近刚刚在加拿大出生。窦女士和张先生暂无移民的打算，依然保持中国国籍。窦女士早年为自己及张先生投保了不少人寿保险，保险受益人都是小张。

窦女士有意将财产留给儿子和孙子，但又听闻加拿大的税负很重，具体该选择什么工具进行财产传承呢？

（一）加拿大税收居民进行财富传承的涉税规定

本部分结合案例9-2的情况，探讨一下中国税收居民向加拿大税收居民进行财富传承的主要方式，以及不同方式下涉及的主要税收规定。加拿大没有遗产税和赠与税，因此在分析中主要考虑个人所得税的影响。

1. 赠与及继承

如果窦女士作为非加拿大税收居民，将其在中国的财富通过赠与或继承的方式传承给作为加拿大税收居民的儿子小张，因加拿大不征收遗产税或赠与税，因此该赠与或继承财产本身不涉及税收，但小张每年须就其在拥有财产期间的利息收入、理财收入在加拿大申报及缴纳个人所得税。

当小张去世将财产再次传承给儿子小明时，小张作为加拿大税收居民则需要缴纳个人临终所得税，即个人去世后需要进行一次个人所得税税务清算，被继承人的全部资产视同以当天市场价出售，即"过世形同出售"。如果有增值的需要就增值部分缴纳个人所得税。按照加拿大税法，个人纳税人不但要缴纳联邦所得税，而且要缴纳地方所得税。联邦政府征收的个人所得税税率最高为33%，而各省的个人所得税税率最高为21%，两者相加高达54%，相当于个人收入的一半。交完最后一次个人所得税后，加拿大税务局会出具一份完税证明（Clearance Certificate），这时遗嘱执行人才可分配遗产。

2. 人寿保险

在加拿大，大部分保险收入都是需要报税的。人寿保险收入主要申报特定保险单上积累的收益，可以通过保险公司每年给纳税人发的收益单据确定，对于外国保险的收入，也需要申报个人所得税。但因被保险人死亡收到的保险赔偿金不需要申报。

3. 信托

加拿大《个人所得税法》将信托分为居民信托和非居民信托（Non-resident Trust，NRT）。加拿大居民信托需要就其在全球范围内取得的收入和实现的资本利得缴纳所得税和资本利得税，NRT仅需要就其取得的源自加拿大的收入和资本利得缴税。

（二）加拿大关于非居民信托的涉税规定

1. 加拿大非居民信托的认定规则

在加拿大设立的信托一定属于居民信托，设立在加拿大境外的信托原则上被认定为非居民信托，但根据加拿大《所得税法》第94条规定，对于以下情形的加拿大境外的信托，可能被认定为加拿大的居民信托：（1）信托资产的贡献者包括加拿大税收居民，即便所有的受益人都不是加拿大的居民，但以公平交易的方式将资产转移给信托的除外；（2）信托的受益人包括加拿大税收居民，而且信托资产的贡献者在转让资产或是离世之前的60个月内曾经是加拿大居民，或是转让资产以后60个月内成为加拿大居民。

如果加拿大非居民信托的受益人为加拿大税收居民，该受益人如何纳税呢？加拿大将非居民信托的受益人纳税区分为全权信托（也称为"酌情信托"或"自由裁量信托"）和非全权信托。全权信托是指委托人设立信托后，委托人仅通过信托合同说明分配意愿和原则，不参与财产的具体管理和具体分配，将全部权利交给受托人。反之，若委托人参与信托财产的具体管理和分配，则为非全权信托。全权信托和非全权信托受益人的纳税义务是不同的。

2. 非居民信托中全权信托受益人的纳税义务

如果加拿大非居民信托是全权信托，加拿大受益人要对信托财产分配中来自加拿大的所有收入和来自外国的资产的增值部分缴税，也就是说非居民信托的本金部分分配给加拿大受益人无须纳税，但收益部分需要纳税，纳税时点是受益人实际收到分配时。

举例说明，中国税收居民在中国设立了保险金信托，该保险金信托（NRT）符合加拿大税务局中的全权信托的要求，2022年，1000万元的保险金进入信托账户，受益人是委托人子女（加拿大税收居民），2023年，通过投资银行理财产品增值30万元。根据信托合同约定，此时需向受益人分配100万元，则报税人和数据见下表：

表9-3　加拿大保险金信托分配金额涉税分析

资金性质	1000万元初始信托资金	2023年向受益人分配100万元	
		其中当年增值的30万元	其中70万元（100万元-30万元）本金部分
是否需要纳税	任何时候分配均不向加拿大政府纳税（但需申报）	受益人需要就30万元增值部分缴纳加拿大个人所得税	70万元本金部分不需要缴纳加拿大个人所得税

3. 非居民信托中非全权信托受益人的纳税义务

如果在中国设立的保险金信托是非全权信托，信托中某个加拿大受益人持有超过所有受益人的信托利益（Interests in the Trust）市场价值的10%，则加拿大相关法律将该非居民信托视为一个国外分支机构，相当于受益人持有国外分支机构的利益，则涉及就该分支机构的全球所得向加拿大政府报税。

（三）结合案例9-2分析保险金信托涉税方案设计

1. 涉加拿大保险金信托方案设计

考虑到通过赠与、继承或保险的方式向儿子小张和孙子小明传承财富，都会面临税负增加风险，设立非加拿大居民信托是一个较为理想的选择。

（1）信托当事人方案设计

在中国设立的保险金信托可以指定加拿大税收居民为受益人，但为了避免信托受到加拿大税法的管辖，委托人应为非加拿大税收居民，此外委托人向信托交付资产前60个月开始到此后60个月结束的整个期间不得成为加拿大税收居民。在案例9-2中，窦女士和张先生均没有移民打算，可以成为委托人的潜在选择，但还需要审查窦女士和张先生在过往60个月内是否具有成为加拿大税收居民的情形，如是否存在某个课税年度内在加拿大居住183天以上的情况。

（2）信托架构方案设计

为了满足加拿大非居民信托的认定标准，避免成为"视同加拿大居民信托"导致中国境内的信托在加拿大承担纳税义务，在信托架构设计上应注意以下几点：第一，信托财产建议全部来源于境内；第二，信托的主要管理和控制地点应当在中国；第三，信托的类型应为全权委托型信托，委托人在信托中不保留控制权；第四，信托利益分配规则上，因信托本金分配可以达到税收筹划的效果，受托人每年度应将增值部分转积为本金，并将上年度本金和本年度增值区分清晰。

2. 涉加拿大保险金信托的申报义务分析

（1）涉加拿大受益人的信息报告义务

涉加拿大受益人对于收到来自非居民信托的利益分配需要填报《T1142-非居民信托资产分配和借款情况申报表》。[①]

（2）中国信托公司向中国税务局的信息报告义务

涉加拿大受益人获得信托利益分配，中国信托公司需要根据中国CRS规定向中国税务局报送相关信息并与加拿大税务局进行信息交换。

二、涉及澳大利亚受益人的保险金信托方案设计

引导案例9-3

吴先生现年45岁，妻子韩女士40岁，夫妇俩育有两名子女。几年前，韩女士带着两名子女移民澳大利亚并已取得澳大利亚绿卡，吴先生在国内

---

① 编者注：T1142表格是由加拿大税收居民作为受益人从外国非居民信托获得信托分配或信托借款时填报的信息报告表，该表仅是信息报告表，不是纳税申报表。

操持生意，尚未取得澳大利亚绿卡。吴先生偶尔会前往澳大利亚看望妻儿，但不会久居。吴先生希望未雨绸缪，利用早年投保的保单设立保险金信托，为妻子的生活及儿女的教育做好安排。但澳大利亚税负较高，吴先生决定在设立信托前咨询专业人士，避免盲目决策导致的高昂税收成本。

（一）澳大利亚税法下外国信托的纳税义务

1. 涉澳大利亚受益人信托的居民身份判断

如果在澳大利亚域外设立的信托中包含澳大利亚受益人，在分析该信托在澳大利亚税法下的纳税义务之前，需要判断该信托在澳大利亚税法上属于居民信托还是非居民信托。澳大利亚对居民采取全球征税原则，因此居民信托需要就全球收入在澳纳税，而非居民信托通常仅需就来源于澳大利亚的收入在澳纳税。

根据澳大利亚的居民身份测试规则，居民信托是指在一纳税年度内的任何时间，信托的任一受托人是澳大利亚居民，或者信托的主要管理和控制在澳大利亚。非居民信托是指信托的受托人不是澳大利亚居民，或者在收入年度的任何时候，信托的主要管理和控制都不在澳大利亚。

利用以上居民身份测试规则，可以对在中国设立的涉澳大利亚受益人保险金信托是否构成澳大利亚居民信托进行判断：首先，针对判断规则一，因受托人为中国信托公司，即中国税收居民，故"信托的任一受托人是澳大利亚居民"规则无法满足。其次，针对判断规则二，如果涉澳大利亚受益人不在保险金信托中享有任何控制权，如担任信托的保护人或指令权人，因信托的管理行为均发生在中国，则"信托的主要管理和控制在澳大利亚"规则也无法满足。因此，可以得出结论：通常情况下，在中国设立的涉澳大利亚受益人保险金信托属于非居民信托，但如果涉澳大利亚受益人对信托享有控制权，或因委托人去世导致涉澳大利亚受益人享有信托控制权，则在中国设立的涉澳大利亚受益人保险金信托可能会构成居民信托。

2. 非居民信托的纳税义务

非居民信托的委托人一般情况下不涉及澳大利亚所得税，但澳大利亚信托税法中规定了"转让人信托措施（Transferor Trust Measures）"，[①]澳大利亚税收居民如果向非居民信托直接或间接转移资产或服务，信托的利润归属于转让人，即使转让人未收到信托分配，也必须将信托利润纳入可评估收入中，需要就上述利润纳税。满足以下任意条件即成为上述转让人：（1）任何时期向非居民全权信托转让资产或服务；（2）在1989年4月12日19:30后向非居民非全权信托转让了资产或服务，且无对价或小于公允价值；（3）视同转让情形（Deemed Transfer），如果某转让行为与之后向信托转让相连接，向另一实体转让财产或服务可能被视同为向信托转让。比如，实体甲向实体乙转让财产，实体乙再向信托转移财产，此种情况实体甲被视同向信托转移了财产。基于转让人信托措施，如果委托人是澳大利亚税收居民并且在中国设立保险金信托，则会涉及委托人对整个信托的利润在澳大利亚缴纳所得税。基于此，不建议任何澳大利亚税收居民通过任何形式向在中国设立的保险金信托注入资产。

非居民信托中的澳大利亚税收居民受益人仅在应当获得信托收益分配时才需缴纳澳大利亚所得税。然而，当非居民信托持有应税澳大利亚财产（Taxable Australian Property），[②]澳大利亚居民受益人无法享有50%的资本

[①] 参见澳大利亚税务局：Part 1 Are you subject to the transferor trust measures?，https://www.ato.gov.au/forms-and-instructions/foreign-income-return-form-guide/chapter-2-transferor-trust-and-related-measures/part-1-are-you-subject-to-the-transferor-trust-measures，2024年8月18日访问。

[②] 编者注：应税澳大利亚财产包括澳大利亚不动产，澳大利亚不动产的间接权益，澳大利亚的采矿权、采石权或探矿权，通过在澳大利亚的常设机构开展业务取得的资本利得税资产等。

利得税折扣。下面就着重分析澳大利亚受益人在非居民信托中的纳税义务。

（1）受益人不属于无行为能力人时的纳税义务

根据澳大利亚《所得税核定法》第97条规定，在信托财产的受益人在法律上不属于无行为能力人的情况下，作为纳税人的受益人的可征税收入中包含由该信托财产所产生的净收益的分配份额，"净收益（Net Income）"是指由信托财产产生的可征税收入的总额，减去所有允许的扣减费用。

基于澳大利亚《所得税核定法》第95A条第2款规定，如果受益人针对信托财产的收益拥有一种既定的和不可取消的利益，但是当前没有权利享有信托财产收益的份额，在这种情况下，受益人仍然应该被视为当前有权利享有信托财产收益的份额。根据澳大利亚的相关判例，如果受益人尚未获得利益分配，但"当前有权利享有份额（Presently Entitled to a Share）"，也应就其有权利享有份额的部分进行纳税。"当前有权利享有份额"在信托税法中是一个关键的法律概念，它指的是一种法律权利，即受益人有获得立即收益的权利，该权利指的是一种存在状态，而不是指受益人已经获得利益的事实。换言之，信托财产的受益人当前有权利享有信托财产收益的份额，无论受益人当前是否实际获得信托收益的分配。

（2）受益人为无行为能力人时的纳税义务

根据澳大利亚《所得税核定法》第98条规定，如"当前有权利享有份额"的受益人在法律上属于无行为能力人，[①]此时，受托人将会被要求代表受益人缴纳由净收益份额产生的所得税，税率依照受益人应该适用的税率。

---

① 编者注：在普通法法系中，一个人在法律上属于无行为能力是指不能够对受托人进行的信托收益分配做出有效的回应，具体情况包括：（1）18岁以下的人；（2）未清偿债务的破产者；（3）在精神上无行为能力的人等。

在澳大利亚，未满18岁的未成年人取得的收入适用特别规则，[①]适用的税率比成年人高，该规则主要用于阻止父母将收入转给未成年子女。但在以下几种情况中，未成年人与成年人享受同等税率：

①根据澳大利亚《所得税核定法》第102AC（2）条规定，如果未成年人是"例外人士（Excepted Person）"，即该人已经完成全日制学习并且正在进行全职工作，或者有残疾，或者有权享有双重孤儿抚养津贴（Double Orphan Pension）。在此情况下，未成年人与成年人享受同等的税率，并且该税率适用于未成年人收到的所有收入。

②根据澳大利亚《所得税核定法》第102AE（2）条规定，如果未成年人收到了"例外收入（Excepted Income）"，包括受雇或经营收入、福利署的支付或者来自已故人士遗产的收入。在此情况下，未成年人与成年人享受同等的税率，并且该税率适用于所收到的"例外收入"。

表9-4　2024—2025税务年度澳大利亚未成年税收居民作为受益人的税率与澳大利亚成年税收居民和未成年税收居民税率比较[②]

成年纳税人可征税收入	成年纳税人税率	未成年纳税人可征税收入	未成年纳税人税率
$0—$18200	0	$0—$416	0
$18201—$45000	19%	$417—$663	66%
$45001—$135000	32.5%	>$663	所有收入（不包括"例外收入"）的45%
$135001—$190000	37%		
$190001—	45%		

---

① 参见澳大利亚税务局：Your income if you are under 18 years old，https://www.ato.gov.au/Individuals/Income-deductions-offsets-and-records/Income-you-must-declare/Your-income-if-you-are-under-18-years-old/，2024年8月18日访问。

② 参见澳大利亚税务局：Individual Income Tax Rates，https://www.ato.gov.au/rates/individual-income-tax-rates/，2024年8月18日访问。

（二）结合案例 9-3 分析保险金信托方案设计

1. 涉澳保险金信托的信息报告义务分析

韩女士及其子女是澳大利亚税收居民，中国信托公司需根据中国 CRS 的具体规定向中国主管税务机关报告韩女士及子女的金融账户信息，包括账户持有人名称、地址、纳税人识别号、账户余额等信息。中国和澳大利亚都是《金融账户涉税信息自动交换多边主管当局间协议》的签署国，中国主管税务机关需要将韩女士及其子女的金融账户信息交换至澳大利亚税务局。

2. 涉澳保险金信托方案设计

（1）信托当事人方案设计

从 CRS 涉税信息交换的视角，委托人如果是澳大利亚的税收居民，中国信托公司有向中国税务机关进行信息报告的义务，加重了受托人的负担。从税收负担的视角考虑，根据澳大利亚税法的相关规定，如果澳大利亚税收居民担任非居民信托的委托人，委托人可能负担向澳大利亚税务局缴纳个人所得税的义务，税负较重，所以建议由中国税收居民作为委托人在中国设立涉澳大利亚保险金信托。在案例 9-4 中，可以由吴先生本人作为委托人，受益人范围可以包括吴先生夫妇及两名子女。

在信托方案设计中，还有一点需要特别注意：如果吴先生用于设立信托的财产属于夫妻共同财产，则可能视为作为澳大利亚税收居民的韩女士也向信托注入了资产，从而触发澳大利亚信托税法中的"转让人信托措施"，导致较重的税负。因此，建议吴先生设立保险金信托前，先与韩女士订立分别财产制协议或析产协议，以个人财产投保并转移至保险金信托。

（2）信托主要管理和控制方案设计

根据澳大利亚的居民身份测试规则，为了避免涉澳大利亚保险金信托被认定为居民信托，信托的主要管理和控制不能位于澳大利亚，因此，建议不要赋予涉澳大利亚受益人任何信托控制权利。在委托人保留权利的情况下，需要提前确定委托人去世或失能后的继任指令权人人选，继任指令权人不建议指定为涉澳大利亚受益人。

（3）信托分配方案设计

由于澳大利亚是针对受益人的"当前有权利享有份额"缴纳个人所得税，即使受益人没有真正取得收益，只要根据信托文件规定应当有权获得，也应当纳税，因此在设计保险金信托条款时要充分考虑受益人未来风险合理设计收益分配时点。

此外，考虑到澳大利亚对于未成年人从信托取得收益分配采取较高的税率，建议在受益人成年前不向其分配信托利益。

图书在版编目（CIP）数据

保险金信托法理与案例精析 / 韩良主编；张言非，刘红玉副主编. -- 北京：中国法治出版社，2025.7.
ISBN 978-7-5216-5317-5

Ⅰ. D922.282

中国国家版本馆CIP数据核字第20257V7E96号

责任编辑：于 昆　　　　　　　　　　　　　封面设计：李 宁

保险金信托法理与案例精析
BAOXIANJIN XINTUO FALI YU ANLI JINGXI

主编 / 韩良
副主编 / 张言非　刘红玉
经销 / 新华书店
印刷 / 三河市国英印务有限公司
开本 / 710毫米×1000毫米　16开　　　　　　印张 / 19.5　字数 / 250千
版次 / 2025年7月第1版　　　　　　　　　　2025年7月第1次印刷

中国法治出版社出版
书号 ISBN 978-7-5216-5317-5　　　　　　　　定价：78.00元

北京市西城区西便门西里甲16号西便门办公区
邮政编码：100053　　　　　　　　　　　　　传真：010-63141600
网址：http://www.zgfzs.com　　　　　　　　编辑部电话：010-63141796
市场营销部电话：010-63141612　　　　　　　印务部电话：010-63141606
（如有印装质量问题，请与本社印务部联系。）